Ritterhude – New York – Ritterhude

Ulrike Hartung

Ritterhude – New York – Ritterhude

Gemeindevorsteher Christian Evers und die Geschwister Ries

Stiftungsgeschichte und Biografie in Briefen (1919 – 1964)

Herausgegeben von der Gemeinde Ritterhude

EDITION TEMMEN

Die Deutsche Bibliothek verzeichnet diese Publikation in der Deutschen Nationalbibliografie; detaillierte bibliografische Daten sind im Internet über http://dnb.ddb.de abrufbar.

Bildnachweis nach Abbildungsnummer (soweit nicht am Bild angegeben):
Gemeinde Ritterhude: 7, 8, 33, 36, 40
Akte Rathausbau: 26 (F. 3), 27, 30, 48 (F. 6)
Nachlass Evers: 4, 5, 6, 18, 19, 20, 21, 22, 30, 35, 36, 37, 38, 39, 41, 42, 43, 44, 45, 47, 50, 51, 52, 53, 54
Staatsarchiv Bremen: 46
Verein für Blinde, Bremen: 49
Bildarchiv Kurt Müller: 31
Privatbesitz Maria Lürßen: 28, 29
Privatbesitz Ilse Okken: 17
Privatbesitz Günter Schotge: 25, 34.
Privatbesitz Fam. Schuckmann: 23, 24, 32, 37

Titelbild: Lutz Rode

1. Auflage 2008

Hohenlohestr. 21
28209 Bremen
Tel. 0421-34843-0
Fax 0421-348094
info@edition-temmen.de
www.edition-temmen.de

Gesamtherstellung: Edition Temmen
ISBN 978-3-86108-124-1

Inhalt

»...möge unser kleines kommunales Schiff stets umsichtig, richtig und zum Wohle sämtlicher Gemeindemitglieder von dieser Stätte aus geleitet werden.«
(Chr. Evers in seiner Rede bei der Grundsteinlegung zum Rathaus am 19.2.1927)

Prolog

Die Idee zu diesem Buch entwickelte sich bei der Durchsicht des schriftlichen Nachlasses von Christian Evers. Dieser enthält bisher unbekannte Briefe, die Einblick in die einzigartige Stiftungsgeschichte von Ritterhude geben.

Christian Evers war von 1919 bis 1945 Gemeindevorsteher und Bürgermeister von Ritterhude und anschließend von 1948 bis zu seinem Tod 1964 Landrat von Osterholz. Über zwei Legislaturperioden (1951–1959) gehörte er außerdem dem niedersächsischen Landtag an. Das Amt des Gemeindevorstehers übernahm er als 21-Jähriger von seinem Vater, der es zuvor sechzehn Jahr lang inne gehabt hatte. Damit galt er als jüngster Gemeindevorsteher von Preußen.

21 Kisten und Kartons lagerten zehn Jahre lang unberührt im Ritterhuder Rathauskeller. Nach dem Tod der Tochter, Maria Margarete Voss, geb. Evers, im Jahr 1997 hatte der amtierende Bürgermeister Ingo Kurth dafür gesorgt, dass dieser Teil des schriftlichen Nachlasses vom Dachboden des Evers'schen Hauses ins Rathaus kam.

Ein Teil des Schriftguts war allerdings schon bald nach Christian Evers' Tod im Jahr 1964 in seinem Haus durch »höhere Gewalt« vernichtet worden. Vertreter des Kreisarchivs Osterholz hatten ihren Besuch angekündigt, woraufhin die im Haus lebende Tochter und ihre Tante Bebe viele Papiere im Herrenzimmer ausgebreitet hatten: auf der Couch, im Sessel, auf dem Schreibtisch, auf dem Fußboden – überall. In der Nacht vor dem Besuch des Archivars brach im darüber gelegenen Badezimmer ein Wasserrohr, was erst am nächsten Morgen bemerkt wurde. Durch das auslaufende Wasser seien drei Viertel der Papiere vernichtet worden, so Frau Voss.[1]

Der Nachlass spiegelt ein halbes Jahrhundert Zeitgeschichte wider und zeigt, wie eng die Geschichte des Ortes mit Christian Evers' Wirken als Gemeindevorsteher verknüpft ist. Der Nachlass ist bunt gemischt, enthält amtliche und private Korrespondenz. Den Schwerpunkt bilden Akten aus Evers' Landratszeit und als Mitglied des niedersächsischen Landtages, sowie Kreistagssitzungsprotokolle, die allein ca. 80 Prozent ausmachen. Weiter gehören private Handakten dazu, vor allem über Evers' Haus und seinen landwirtschaftlichen Hof.[2]

Der bedeutsamste Fundus des Nachlasses, gleichsam als Schatz zu bezeichnen, lagerte in einem besonders verstaubten Karton. Zwei rostige, schwarz verrußte Ordner, die über Jahrzehnte in der Nähe eines Schornsteins gelegen haben müssen, hatte Evers folgendermaßen gekennzeichnet:

1 Interview mit Margarete Voss, geb. Evers, und Bürgermeister a.D. Arnold Schölzl am 21.Januar 1992. Das Interview führte Margot Overath. Unveröffentlichtes Manuskript, S. 4

2 Akten, die seine Landratszeit betreffen, befinden sich inzwischen im Kreisarchiv Osterholz.

»Briefwechsel mit den Geschwistern Ries und Briefwechsel mit Verwandten und Bekannten, Auslandspost.«

Ich hielt originale, handgeschriebene Briefe der Brüder Ries in Händen! Das Papier ist bemerkenswert gut erhalten. Während die Handschrift des Gemeindevorstehers recht gut lesbar ist, konnte ich zunächst keinen einzigen Buchstaben der gleichförmig geschwungenen Sütterlinschrift des Korrespondenzpartners identifizieren. Das Datum in amerikanischer Schreibweise lieferte einen ersten Anhaltspunkt: Die älteste Briefkarte war im Januar 1920 verfasst worden. Auch der Absendeort ließ sich entziffern: New York. Das Auge übt sich. Bald ließ sich die Unterschrift entschlüsseln: Hermann H. Ries hatte diese Karte geschrieben. – Und es war nicht die einzige.

Ich bat die Ortschronistin Helga Müller um Unterstützung bei der Übertragung aus dem Sütterlin. Auch sie war überrascht, hatte sie doch bisher keine Originaldokumente der Brüder Ries gesehen. Mit geduldiger Hilfe der ehemaligen Ratsfrau Maria Lürßen konnten schließlich alle Briefe Wort für Wort übersetzt werden. Die Korrespondenz belegt erste Stiftungen der Brüder Ries an die Kirchengemeinde von Ritterhude nach dem Ersten Weltkrieg in den Jahren 1920 bis 1922. Darüber war auch den historisch Versiertesten nichts bekannt. Die Stiftungen waren vollkommen in Vergessenheit geraten.

Die Briefe belegen auch, dass es der 21-jährige Christian Evers war, der im November 1919 den Kontakt zu den Brüdern Ries in New York aufnahm. Er war soeben erst, als Nachfolger seines Vaters, zum Gemeindevorsteher gewählt worden. Der bisher verschollene Briefwechsel veranschaulicht den Beginn einer einzigartigen Stiftungsgeschichte.

* * *

In Ritterhude lernt jedes Schulkind, dass die hier geborenen Brüder Hermann und Johann Ries mit sechzehn Jahren nach Amerika auswanderten, dort zu viel Geld kamen und ihrem Heimatort fünf bedeutende Gebäude stifteten.

Die markanten Ries-Bauten prägen bis heute das Ortsbild entlang der später nach ihnen benannten Hauptstraße: die 1912 erbaute Turnhalle mit ihrer eigenwilligen Dachkonstruktion und dem quadratischen, durchbrochenen Turm; die drei im Stil einer Stadtvilla erbauten Häuser Linden-Apotheke (1925), Pfarrhaus mit Konfirmandensaal (1929) und Postamt (1931); das am Fuße des Geestrückens gelegene repräsentative, barock anmutende Rathaus (1927) und schließlich die damals größte Schule Preußens, die Ries-Schule (1930).

Innerhalb von nur sechs Jahren hatte sich das bis dahin von ländlichen, reetgedeckten Häusern geprägte Dorf rasant zu einem Ort mit städtischem Erscheinungsbild gewandelt. Die Brüder Ries stifteten ihrem Geburtsort Ritterhude 1,5 Millionen Reichsmark und damit eine einzigartige Geschichte und Identität.

Erstmals kommen in diesem Band die Ries-Geschwister selbst zu Wort. Über sie wurde schon vieles geschrieben, von ihnen selbst aber war bisher nichts Persönliches überliefert. Sie hatten keine Kinder. Briefe, die Hermann Ries Anfang des 20. Jahrhunderts an eine Brieffreundin namens Luise Steffens in Bremen geschrieben haben soll, sind bedauerlicherweise in den 1970er Jahren vernichtet worden.

Recherchen in der New York Public Library, der New York Historical Society und den Archiven der »New York Times« geben Auskunft darüber, wie die Ritterhuder Jungen nach ihrer Auswanderung in New York gelebt haben. Nach jahrelanger harter Arbeit im eigenen Lebensmittelgeschäft Ries & Brothers wurde für sie der Traum »Vom Ladenjungen zum Millionär« Wirklichkeit. Bevor sie an ihrem Lebensabend nach Deutschland zurückkehrten, hatten sie über 30 Jahre als Manager in einem der elegantesten und vornehmsten Hotels von New York gewohnt und gearbeitet, dem Hotel »Savoy«.

Passagierlisten der Ozeandampfer verzeichnen ihre Schiffsreisen von und nach New York.

Weitere Briefwechsel aus Evers' Nachlass zeigen, dass auch die Schwester der Stifter, Marie Bergmann, an den Planungen für die Stiftungen beteiligt war. Marie Bergmann wohnte in Bremen. Gleich ihren Brüdern wurde sie Ehrenbürgerin von Ritterhude. Sie hat ihre Brüder überlebt und beerbt. 1935 hinterließ sie ein Vermächtnis von fast zwei Millionen Reichsmark. An die fast vergessene Stifterin erinnern in Bremen heute ein Marie-Bergmann-Haus, eine Marie-Bergmann-Brücke und die Marie-Bergmann-Stiftung.

Hohen historisch-dokumentarischen Wert haben auch die handgeschriebenen Briefe des Gemeindevorstehers Christian Evers an seine eigene Verwandtschaft in New York. Sie vermitteln ein lebendiges Bild von Ritterhude zur Zeit der Weimarer Republik. Einerseits ist es gerade der subjektive Blick des jungen Gemeindevorstehers, der uns diesen Ort mit seinen Augen erkennen und seine Geschichte lebendig werden lässt, andererseits erzählen Evers' Briefe Ritterhuder Geschichte auch exemplarisch. Denn der Schriftwechsel mit der Verwandtschaft in New York beschreibt eine private Lebenssituation, die - von seinen Privilegien als Gemeindevorsteher einmal abgesehen - repräsentativ für die vieler anderer Familien gewesen sein dürfte. Welches Haus in Ritterhude hat keine Auswanderergeschichte!

Einen weiteren Schatz des Nachlasses bilden originale, handgebundene Exemplare einer von KPD und SPD am Ende der 1920er Jahre herausgegebenen »Ritterhuder Dorfzeitung«. Zeichnungen und Texte veranschaulichen die radikalen politischen Positionen und die Nöte dieser Zeit.

Während meiner Auswertung fand sich im Rathaus die seinerzeit von Evers angelegte »Akte Rathausbau«. Sie enthält weitere Briefwechsel des Gemeindevorstehers mit den Ries-Geschwistern, die die enge Zusammenarbeit mit dem Architekten beim Bau der Apotheke und des Rathauses offenlegen.

Hier fand sich auch die einzige Fotografie von John F. Ries - er ist zusammen mit Christian Evers zu sehen. Die Geschwister Ries-Bergmann mieden Einweihungsfeiern und öffentliche Auftritte. Offensichtlich ließen sie sich auch nicht gern fotografieren. So erscheinen in allen Publikationen entweder das einzige überlieferte Porträtfoto oder die Ablichtung eines gemalten Porträts. Von Marie Bergmann ist kein Bild überliefert.

Die Akte enthält auch die Trauerreden auf Hermann und John F. Ries, aus denen ich im Folgenden ausführlich zitieren werde.

* * *

Das ursprüngliche Vorhaben, allein die bisher unbekannten Ries-Briefe zur Stiftungsgeschichte der Jahre 1920 bis 1922 herauszugeben, hat sich im Verlauf der Recherchen wesentlich erweitert. Die Quellen gewähren eine Innenansicht von der Entstehung und Entwicklung der Stiftungsgeschichte von 1920 bis 1931, vor allem aus dem Blickwinkel des Gemeindevorstehers.

Überraschenderweise fand sich unter den Akten zu Evers' Entnazifizierungsverfahren eine aufschlussreiche Darstellung darüber, wie es diesem 1931 gelungen ist, John F. Ries, wie er sich jetzt nannte, und Marie Bergmann zum Kauf von Ländereien für die noch heute existierende Hundertjährige Ries-Stiftung zu bewegen.

Wo der Nachlass keine Auskunft gibt, wird die Stiftungsgeschichte durch die bereits bestehende umfangreiche Literatur zur Ortsgeschichte von Helga und Kurt Müller und Ernst Schütze sowie schriftlich festgehaltenen Anekdoten von Ritterhuder Bürgern wie dem ehemaligen Schulrektor Heinrich Schnackenberg ergänzt, der die Ries-Geschwister noch gekannt hat.

Das Anliegen dieses Bandes ist es, diejenigen Zeitzeugnisse aus Christian Evers' Nachlass der Öffentlichkeit zugänglich zu machen, die für die Geschichte der Gemeinde Ritterhude von besonderem Wert und Interesse sind. Dabei ergaben sich zwei miteinander verwobene Themenfelder: zum einen die Stiftungsgeschichte und zum anderen das Leben und Wirken des Gemeindevorstehers Christian Evers.

Die anschaulich geschriebenen Briefe und Anekdoten legten es nahe, eine Möglichkeit zu finden, diese selbst erzählen zu lassen: Es ist anhand historischer Quellen erzählte Geschichte. Die Briefe werden teils vollständig, teils auszugsweise abgedruckt. Das erste Kapitel enthält den vollständigen Briefwechsel von Evers mit den Brüdern Ries aus den Jahren 1920 bis 1922. In den folgenden Kapiteln werden die Quellen häufig auch auszugsweise zitiert, eingebettet in Berichte über das Wirken des Gemeindevorstehers und zeitgenössischen Kontext.

Die Briefe vermitteln Zeitgeist und Denkweise ihrer Verfasser. Obwohl sie in deutscher Sprache geschrieben sind, scheinen sie aus einer anderen Welt zu kommen. Sie klingen vertraut, doch aus ferner Zeit. Einige Redewendungen sind uns völlig fremd.

Den Rahmen und roten Faden des Bandes bildet das Leben und Wirken von Christian Evers als Gemeindevorsteher und Bürgermeister von 1919 bis 1948. Aus dem Zeitraum von 1919 bis 1933 sind aufschlussreiche Quellen überliefert. Das ändert sich mit dem Jahr der Machtübernahme der Nationalsozialisten. Bis auf wenige Ausnahmen ist der Nachlass von Akten aus der Zeit von 1933 bis 1945 bereinigt. Zeitzeugen erinnern sich, dass es in den Tagen vor der Kapitulation am 8. Mai 1945, dem Tag, an dem Christian Evers von der britischen Militärregierung des Amtes enthoben wurde, hinter dem Rathaus wiederholt gebrannt habe. Die erhaltenen Briefe von Christian Evers an Freunde und Verwandte veranschaulichen die Lage in Ritterhude zur Zeit des Zweiten Weltkrieges und in der Nachkriegszeit. Akten über Evers' Entnazifizierungsverfahren geben Aufschluss über seinen Eintritt in die NSDAP und sein Wirken als Bürgermeister zur Zeit des Nationalsozialismus.

Christian Evers konnte seine berufliche Karriere nach einer Unterbrechung von drei Jahren fortsetzen. Im Dezember 1948 wurde er zum Landrat des Kreises Osterholz gewählt. Diese Position bekleidete er bis zu seinem Tod 1964. Evers' Wirken als Landrat bedarf einer eigenen Studie. Dennoch sollen aus dem, was der Nachlass birgt, wesentliche Facetten der Person Evers aus dieser Zeit in aller Kürze skizziert werden. Dazu wurden auch Zeitzeugen befragt.

Geschichtsschreibung kann nur dokumentieren, was schriftlich oder mündlich überliefert ist. Fast alle hier genannten Informationen und Fakten über Christian Evers entstammen seinem eigenen Nachlass, der von ihm selbst gefiltert wurde. Überliefert ist, was er überliefert haben wollte. Das Quellenmaterial für dieses Buch ist somit - quasi naturgemäß - einseitig. Es birgt für die Autorin die Gefahr, die subjektive Sichtweise des Gemeindevorstehers zu übernehmen und eine neutrale Sicht auf die Person und die Sachverhalte zu verlieren - zumal wenn private und amtliche Korrespondenzen miteinander verschränkt sind. Die Briefe sprechen für sich - mit dem, was sie sagen und mit dem, was sie verschweigen.

Ich habe mich um eine neutrale, objektive Darstellung bemüht. Auf Urteile, Interpretationen und Bewertungen verzichte ich weitgehend. Diesen Ansatz konnte ich allerdings nicht konsequent durchhalten. Möge der Leser sich selbst ein Bild machen und dabei achtsam sein. Allein die Auswahl, die Evers für die Überlieferung seines schriftlichen Nachlasses getroffen hat, spricht für sich. Ohne seine zahlreichen meist handgeschriebenen, manchmal auch getippten Abschriften eigener Korrespondenz wäre dieses Buch nicht möglich geworden.

Christian Evers' Nachlass legt Zeugnis ab von erfreulichen Zeiten in der Ritterhuder Geschichte, als die Gemeinde trotz Weltwirtschaftskrise reich beschenkt wurde, aber auch von den schwierigsten Kapiteln des 20. Jahrhunderts, deren traumatische Erfahrungen bis heute der Heilung bedürfen.

Möge dieser Band der Klärung und Besinnung dienen.

* * *

Lesehinweis:

Manchem Leser wird die Schreibweise des Vornamens von Johann Friedrich Ries als John F. Ries ungewohnt erscheinen. Weil John F. Ries selbst ausnahmslos die amerikanisierte Namensvariante verwendet hat, erschien es angemessen, diese Form zu übernehmen.

Briefwechsel mit den Brüdern Ries 1919 bis 1922

Wie Christian Evers mit 21 Jahren Gemeindevorsteher wurde

Als Johann Christian Evers am 2. Mai 1898 in Ritterhude geboren wurde, hatten seine Eltern schon ein halbes Leben hinter sich. Sie bewohnten die Evers'sche Hofstelle Nr. 108, heute Riesstraße 19, die über Generationen väterlicherseits vererbt worden war. Die Hofstelle war, wie viele andere Ritterhuder Höfe auch, zu klein, um allein davon leben zu können. So hatte der Vater Georg Evers von seinem Vater neben der Landwirtschaft auch das Schuhmacherhandwerk erlernt.[3]

Georg Evers, geboren 1861, und Katharina Eleonore, geb. Evers, verwitwete Plump, hatten zwei Monate vor Christians Geburt am 2. März 1898 geheiratet. Katharina brachte aus ihrer ersten Ehe zwei Kinder mit. Sie hatte während eines Besuchs ihrer beiden ausgewanderten Brüder in New York den Erben des Ritterhuder Hauses Nr. 101, Dietrich Plump kennengelernt und geheiratet.[4] Nach dem frühen Tod ihres Mannes kehrte Katharina Plump mit den Kindern nach Ritterhude zurück. Margarete und Diedrich waren acht und neun Jahre alt, als ihr Halbbruder Christian Evers geboren wurde.

Christians schulische Laufbahn ist einem von ihm selbst verfassten Lebenslauf zu entnehmen.[5] Von 1905 bis 1908 besuchte er die örtliche Volksschule. Seit Ostern 1908 fuhr er nach Bremen, wo er zunächst die Schule »Vor dem Steintor« besuchte und nach zwei Jahren zur Realschule »In der Altstadt« wechselte. Ab Ostern 1916 besuchte er, bis zu seiner Einberufung am 29. November desselben Jahres, die Oberrealschule in der Dechanatstraße, die er mit dem Reifezeugnis für die Prima abschloss.

Christians Halbbruder Diedrich Plump gehörte zu den Jahrgängen, die gleich zu Beginn des Ersten Weltkrieges 1914 eingezogen wurden. Bis zum März 1916 waren schon 27 Soldaten aus Ritterhude gefallen. Im Januar 1917 waren von 2300 Einwohnern 450 im Krieg. Bis Kriegsende im November 1918 hatte der amtierende Pastor Degener die Namen von 82 Gefallenen und drei vermissten Soldaten notiert.[6] Diedrich fiel am 21. März 1918 nach vier Jahren Fronteinsatz im Alter von 29 Jahren.

3 Der Großvater trug auch den Rufnamen Johann Christian. Um 1859 aus den Vereinigten Staaten zurückgekehrt, hatte er mit dem dort verdienten Geld für den heimischen Hof zusätzliches Weideland gekauft. Vgl. Brief Friedrich (Fred) Evers aus New York an Christian Evers, 6. Dezember 1921. Nachlass Evers (Nl) Kor.m.Verw. 26 Bl. 3. Vgl. auch Müller, Helga: Verdiente Ritterhuder Kommunalpolitiker. Georg Evers. In: Ritterhuder Hefte, Nr. 21, S. 17-25, hier S. 17. Vgl. auch dies.: Johann Christian Evers, ebd., S. 40-48.

4 Katharina Evers, verw. Plump, geb. Evers wurde am 11. Januar 1864 geboren. Das damalige Haus Nr. 101 liegt noch heute neben dem Rathaus mit der Adresse Riesstraße 42. Dietrich Plump soll in New York mit den Brüdern Ries befreundet gewesen sein. Vgl.: Interview M. Overath mit Margarete Voss, a.a.O.

5 Lebenslauf Christian Evers, 1946. Nl Evers, Akte Entnazifizierung, Vorstellungsverfahren Christian Evers, Ritterhude, Hauptstraße 447.

6 Zum Vergleich: Am Krieg 1870/71 hatten 30 Ritterhuder teilgenommen, keiner ist gefallen, zwei oder drei wurden verwundet. Vgl.: Müller, H. und K.: Der Erste Weltkrieg. In: Vom Adligen Gericht zur Gemeinde Ritterhude, Lilienthal 1996. 287 S., hier S. 106,107.

Christian erlitt im Sommer 1917 eine Vergiftung durch Giftgas und musste infolge dessen über zwei Monate im Lazarett behandelt werden.[7] Dann hatte er Glück: Der amtierende Landrat von Osterholz, Dr. Ferdinand Becker, beantragte gegen Ende des Krieges seine vorzeitige Entlassung aus dem Militärdienst mit der Begründung, Evers habe »[...] die während des Krieges in Rückstand geratenen Gemeinderechnungen auf das Laufende und in Ordnung zu bringen«[8] und konnte sie auch durchsetzen. Die Papiere waren liegen geblieben, weil es dem Vater Georg Evers schon seit längerer Zeit gesundheitlich nicht gut ging. Er war seit 1902 Gemeindevorsteher, arbeitete zusätzlich als Schuhmacher und hatte den Hof zu bewirtschaften. Der Sohn wurde zu Hause dringend gebraucht. Christians Zeit als Soldat endete im September 1918.[9]

Im Februar 1919 erkrankte Georg Evers schwer an einer Mandelentzündung. Christian half auf dem Hof und übernahm zugleich vertretungsweise die Amtsgeschäfte des Vaters. Georg Evers erholte sich nicht von den Folgen der Krankheit, die mit einer Blutvergiftung einherging. Er starb am 29. Juni 1919 im Alter von 58 Jahren. Über 17 Jahre hatte er der Gemeinde Ritterhude als Vorsteher gedient.[10] Pastor Degener schrieb in seiner Chronik: »[...] *Wir haben im Sommer einen schweren Verlust erlitten. Herr Georg Evers ist uns durch den Tod entrissen.* [...] *Seit Juni 1902 gehörte Evers dem Kirchenvorstand an, wo ihm allmählich eine derartige Bedeutung stillschweigend zuerteilt wurde, daß man ohne ihn nicht gern etwas Wichtiges beschloß. Er hat die ganzen schwierigen Kämpfe mit dem Patronat miterlebt und durchgekämpft.* [...] *Im Schulvorstand hatte er die letzten 8 bis 9 Jahre den Vorsitz, im Armenvorstand, überall hatte er die führende Stellung, wie sie unter solchen Verhältnissen wie bei uns, dem Bürgermeister mehr oder weniger von selber zufällt.* [...] *er wurde am 2. Juli 1919 begraben.* [...] *Er ist Vater von Christian Evers, der aus dem Feld mit Gasvergiftung krank zurückkehrte, garnisondienstfähig wurde und* [...] *seines Vaters wesentliche Hilfe in der Verwaltung.*«[11]

Der Gemeindeausschuss bat Christian, der ja mit der Arbeit bereits vertraut war, das Amt bis zur Wahl eines neuen Gemeindevorstehers weiterzuführen.

Am 19. Oktober 1919 wählten dreizehn sozialdemokratische und fünf Vertreter bürgerlicher Parteien, die den 18-köpfigen Gemeindeausschuss bildeten, Christian Evers einstimmig zum Nachfolger seines Vaters Georg Evers. Landrat Becker bestätigte die Wahl am 14. November 1919. Zu diesem Zeitpunkt ist Christian Evers gerade 21 Jahre alt. Damit war er der jüngste Gemeindevorsteher Preußens und im Unterschied zu seinen Vorgängern nicht mehr ehrenamtlich, sondern hauptamtlich tätig.[12]

7 Er war vom 29. Mai bis 27. Juli 1917 in Lazarettbehandlung. Vgl. Ablehnung der Berufung, Schreiben des Versorgungsgerichtes in Stade, 20. Sept. 1927. Nl Evers, Personalia. Evers hatte 1925 den Antrag auf besondere Rentenversorgung in Folge der Gasvergiftung gestellt.

8 Dr. Ferdinand Becker, Landrat i. R. Geh. Reg. Rat., Bremen, 27.September 1946. Nl Evers, Akte Entnazifizierung.

9 Der offizielle Entlassungstermin war der 26. Januar 1919. Nl Evers, Personalia.

10 Lebenslauf Christian Evers, 1946, a. a. O.

11 Zit. n. Schütze, Ernst: Beiträge zur Geschichte der Ritterhuder Kirche V. Teil. In: Ritterhuder Hefte, 20, 1998, S. 3-22, hier S. 5. Pastor Friedrich Conrad Degener, geb. 1858 in Balje, Land Kehdingen leitete von 1889 bis 1928 die Ritterhuder Pfarre. Zuvor war er Schulrektor in Osterholz-Scharmbeck. Vgl. ebd. S. 4-6.

12 Die Zeitschrift STERN Nr. 23 muss in den 1950er Jahren einen Artikel über den jüngsten »Stadtvater« in Frankreich abgedruckt haben, der 23 Jahre alt war. Darauf bezieht sich der Leserbrief aus Bremen, abgedruckt im STERN Nr. 24 in dem der Autor auf den 21-jährigen Gemeindevorsteher von Ritterhude Chr. Evers verweist. In:

Die erste Kontaktaufnahme mit den Brüdern Ries in New York

Als eine seiner ersten Amtshandlungen setzte der junge Gemeindevorsteher am 7. November 1919 ein Schreiben an die in New York lebenden Brüder Ries auf. Leider ist es nicht erhalten. Überliefert ist aber die Antwort von Hermann Ries vom Januar 1920, die im Folgenden abgedruckt wird. Sie ist aus drei Gründen besonders wertvoll. Nach derzeitigem Kenntnisstand ist sie das älteste erhaltene Schriftzeugnis von Hermann H. Ries und das einzige aus New York überlieferte. Außerdem bezeugt die Briefkarte die erste Kontaktaufnahme mit der Gemeinde Ritterhude nach dem Ersten Weltkrieg.[13]

Sie zeigt auch, dass Christian Evers die Ries-Brüder zu einem Besuch nach Ritterhude eingeladen und zugleich seine Pläne für die Ortsentwicklung mitgeteilt hat. Außerdem hat er dem Brief Urkunden beigelegt. Welche Urkunden das waren, wissen wir nicht, darüber lässt sich spekulieren. Vermutlich stellt er sich als neuer Gemeindevorsteher ihres Geburtsortes vor und signalisiert zugleich, den zerrissenen Freundschaftsfaden neu knüpfen zu wollen.

Die Ries-Brüder werden Christian noch als Sohn seines Vorgängers Georg Evers gekannt haben, stifteten sie dem Ort doch in dessen Amtszeit im Jahr 1912 die Turnhalle. Schulrektor Schnackenberg sollte später schreiben:

Schon vor dem Ersten Weltkrieg hatten die Brüder Ries Ritterhude ein Geschenk gemacht. Sie hatten die Turnhalle bauen lassen. Was sie dann veranlasst hat, daß sie sich vollkommen zurückgezogen und keinem Wunsch zugängig waren, das entzieht sich meiner Kenntnis [...].[14]

Auch Evers wird später wiederholt erwähnen, der gute Kontakt zur Heimatgemeinde sei nicht nur aufgrund des Ersten Weltkrieges abgerissen - Genaueres erfahren wir aber auch von ihm nicht.[15]

Anlässlich der Turnhallenstiftung waren Hermann und Johann Ries zu Ehrenbürgern von Ritterhude ernannt worden. Die Vermutung liegt nah, dass der noch nicht einmal in seinem Amt bestätigte Gemeindevorsteher im November 1919 den Brüdern Ries als Zeichen seines guten Willens Urkunden über ihre Ehrenbürgerschaft zukommen ließ.[16] Sein Anliegen jedenfalls, den Kontakt wieder herzustellen, hatte Erfolg. Nach zwei Monaten kam im Januar 1920 aus New York eine Antwort. Hermann Ries hatte in seiner auffällig gleichförmig geschwungenen Sütterlin-Schrift folgende Zeilen auf einer Briefkarte verfasst:

Nl Evers, Personalia. Chr. Evers war auch Nachfolger als stellv. Vors. d. Kriegervereins in Ritterhude. Zur Rolle des Kriegervereins vgl.: Müller, Vom Adligen Gericht, S. 100.

13 Nl Evers BRiesBr 40.

14 Schnackenberg, H.: Zur Geschichte der Schule. In: 50 Jahre Riesschule Ritterhude. 1930 -1980. S. 9-20, hier S. 15. Eine mögliche Ursache für die Verstimmung ist der zwischen den Stiftern und der Gemeinde geschlossene Schenkungsvertrag für die Turnhalle. Er regelte, dass neben den Schulen nur der in Ritterhude bestehende Turnverein der Deutschen Turnerschaft »Frisch Auf« die Turnhalle nutzen durfte. Damit war die Arbeiterturnerschaft ausgeschlossen. Bei der knappen Abstimmung im Gemeindeausschuss von zehn zu neun (gegen die neun Stimmen der Sozialdemokraten) gehörte Georg Evers die entscheidende Stimme für die Annahme der Schenkung. Die Regelung führte bei vielen Ortsbewohnern zu Irritationen. Vgl. Müller, H.: Ein Denkmal für die Brüder Ries. In: Ritterhuder Heimat- und Bürgerzeitung, 21. Juni 1989.

15 Abschrift der 3. und 4. Anlage des Gemeinderatssitzungsprotokolls, 31. Juli 1931. Nl Evers BRiesBr 10-2, 10-3,

16 Vgl. Schenkungsurkunde betr. Rathaus Ritterhude. Akte Rathausbau.

New York Jan. 16 / 1920

Werter Herr Gemeinde Vorsteher:
Ihr wertes Schreiben v. Nov 7 / 19 sowie Urkunden haben wir vor kurzer Zeit erhalten und möchten wir hierdurch Ihnen sowie dem Gemeinde Ausschuß zu Ritterhude unseren herzlichen Dank abstatten für die uns erwiesene liebenswürdige Aufmerksamkeit und guten Wünsche.

Viel Interesse hatten auch Ihre Ausführungen über die beabsichtigte Versorgung od. vielmehr den Anschluss des Ortes an die im Bau begriffenen Überlandwerke oder elektrische Kraftanlage und wir sind ganz Ihrer Meinung: Ritterhude sollte diese fortschrittlichen Vorteile des elektrischen Stromes genießen - es ist unbedingt ein Schritt vorwärts.

Was jedoch uns anbetrifft, so müssen wir unbedingt - wie jetzt die Verhältnisse liegen eine abwartende Haltung einnehmen. Wir haben die feste Absicht sobald wie nur eben möglich nach drüben zu reisen; wenigstens wird einer von uns beiden kommen. D.h. wenn die Verhältnisse sich so weit klären und derart geworden sind, daß man überhaupt reisen kann.

Und dann werden wir bei Ihnen vorsprechen und mit Ihnen Rücksprache nehmen in Beziehung auf unsere weiteren Pläne und Absichten soweit unser Heimatort Ritterhude in Betracht kommt. Also vorläufig abwarten bis andere - bessere Verhältnisse vorhanden sind;

Aber augenblicklich hat es nach unserer Meinung gar keinen Zweck der Sache näher zu treten.

Wir wollen ernstlich hoffen, daß unserem gemeinsamen deutschen Vaterland bald wieder bessere und sonnigere Tage beschieden sein mögen, Tage wie ich sie noch aus unserer Jugend und meinem Jünglingsalter in Erinnerung habe; ja - wir wollen es wirklich hoffen und dann werden wir auch zu Ihnen kommen und mit Ihnen beraten was sich in dieser Angelegenheit tun lässt. Wir haben stets in der Hoffnung gelebt ein Besuch nach der alten Heimat ließe sich schon früher ermöglichen. - Aber - aber!! Man muss sich in das Unvermeidliche fügen = man lernt es mit der Zeit.

Wir senden Ihnen sowie jedem Mitglied der Gemeindevertretung unsere herzl. Grüße und lieben Wünsche für ferneres Wohlergehen.

Mit Hochachtung
Herm. H. Ries

Herrn
Gemeinde Vorsteher,
Chr. Evers

Im November 1921 war die Zeit gekommen: Hermann Ries war für mehrere Monate in Bremen zu Besuch. Ob er hier schon bei seiner Schwester, Marie Bergmann, geb. Ries, oder in Hillmann's Hotel am Wall gewohnt hat, ist offen.[17] Mit Christian Evers entwickelte sich in dieser Zeit ein reger Austausch.

Die der bisherigen Historiografie unbekannten Briefe aus den Jahren 1921 bis 1922 sollen hier erstmals abgedruckt werden, sind sie doch der Beginn einer einzigartigen Stiftungsgeschichte.[18]

17 Vgl. Jubiläumsheft Ritterhuder Freundschaftsbund 1884 bis 1934. Nl Evers, Diverses.
18 Nl Evers Bergmann/Ries Briefe (BRiesBr) 1-40.

Briefe 1921 bis 1922

Es war der ältere, Hermann, der für die Brüder die Korrespondenz übernahm. Sie beabsichtigen den Armen und Hilfsbedürftigen der Ritterhuder Kirchengemeinde eine Schenkung zu machen. Bevor die Kirchengemeinde der Schenkung zustimmen konnte, war die Frage der Besteuerung abzuwägen. Hermann Ries hatte sich erkundigt:[19]

Herrn
Gemeindevorsteher Evers,
Ritterhude

Bremen / November 4 / 1921

Sehr geehrter Herr Evers:
Bezugnehmend auf unsere gestrige Unterredung möchte ich Ihnen noch mitteilen, dass ich im Laufe des Abends noch Gelegenheit hatte mit zwei Herren von hier, die Schirmherren einer größeren Wohltätigkeitsanstalt sind, Rücksprache in bewusster Angelegenheit zu nehmen. Beide Herren gaben mir die Versicherung, daß sie in ganz ähnlichen Fällen von Legaten die ihrer Anstalt gemacht wurden, keine Staatsabgaben zu entrichten hatten. Ferner waren die Herren der Meinung, daß eine solch kleine Schenkung, wie wir sie im Sinn haben, ganz ruhig von der Kirchengemeinde angenommen werden könne und im Falle einer Steuerabgabe vom Staat verlangt werde, solche vorläufig zu entrichten und dann ebenfalls zu reclamieren. Die Herren waren sicher überzeugt, daß solches Vorgehen dann voraussichtlichen Erfolg haben würde.

Wenn Sie mein geehrter Herr Vorsteher, der Sie sich so viel liebevollen Anteil und selbstloses Entgegenkommen in dieser Sache bewiesen haben, nochmals bemühen wollten mit den Herren vom Kirchen Rat Rücksprache zu nehmen und Ihnen diese Ansichten anzutragen. Sollten dann die betreffenden Herren unter dieser sich ergebenen Sachlage geeinigt sein, die kleine Schenkung für die Armen der Kirchen Gemeinde Ritterhude annehmen zu wollen, dann könnten wir es allenfalls so einrichten, daß ich am Tage, wenn einer der Herren die Zinsen der jetzigen Anlage holt, denselben in der Sparkasse Osterholz treffen würde und die Sache könnte dann damit geregelt werden. Ich würde dann an dem von Ihnen zu bestimmenden Tage mit dem ungefähr 10 Uhr Mgs. hier abfahrenden Zug nach Osterholz kommen um ungefähr gegen 11 Uhr an der Sparkasse sein zu können. Möchte Sie ferner ersuchen mich baldmöglichst zu benachrichtigen und mir falls Sie erfolgreich sind mir gefl. (geflissentlich, sic!) den offiziellen Titel der Summe des Geldes im Sparkassen Buch eintragen und mitteilen zu wollen damit der Scheck richtig ausgefertigt und von der Bank nicht beanstandet werden kann.
Ihnen im Voraus für Ihre freundlichen Bemühungen meinen Dank
verbleibe ich mit Hochachtung
Herm. H. Ries

19 Nl Evers BRiesBr 39.

Evers antwortete:[20]

Gemeindevorstand
Ritterhude
2406
1. Akte I G. *Ritterhude, den 9. November 1921*
Abschrift

Sehr geehrter Herr Ries:
Ihren mich hocherfreuten Brief vom 4. d. Mts. habe ich bekommen und teile Ihnen mit daß ich mit den Vertretenden des Kirchenvorstandes Herrn Pastor Degener über den Sachverhalt gesprochen habe. Herr Pastor Degener erklärte mir, daß nach Lage der Sache absolut kein Bedenken vorläge die Schenkung anzunehmen im Gegenteil, Ihnen der Kirchenvorstand zu großem Dank verpflichtet sei. Muß Ihnen jedoch leider mitteilen, daß die Zinsen schon bereits am Montag abgehoben und gestern an die Hilfsbedürftigen verteilt sind.

Da ich am kommenden Freitag in Osterholz und gleichfalls in der Amtssparkasse zu tun habe, hat der Kirchenvorstand mich bevollmächtigt die Schenkung unter Dank und Ehrerbietung entgegen zu nehmen.

Ich möchte Sie, sehr geehrter Herr Ries nun bitten am Freitag, den 11. d. Mts. mit dem in Bremen um ca.10 Uhr abfahrenden Zuge nach Osterholz zu fahren, ich werde Sie dann in Osterholz am Bahnhof erwarten. Sollte Ihnen jedoch der Tag nicht passen so schadet es auch nicht weil ich doch dort zu tun habe, in diesem Falle würde ich Ihrer weiteren geschätzten Antwort entgegen sehen.

Das fragliche Sparkassenbuch bei der Amtssparkasse Osterholz lautet auf den Namen »Kirchenvorstand Ritterhude, Legat Ries Buch Nr. 4486«.

Unter vorzüglicher Hochachtung
verbleibe ich Ihr
Chr. Evers
Gemeindevorsteher

Der Kirchenvorstand bevollmächtigte den Gemeindevorsteher zum Empfang der Schenkungen von 9000 und 16 000 Mark:[21]

Vollmacht

Nachdem der unterzeichnende Kirchenvorstand davon Kenntnis erhalten hat, daß Herr Ries den hiesigen Armen - Ä [unleserl., sic!] *zu dem bei der Amtssparkasse zu Osterholz designiertem Buch Nr. 4486 zu den schon vorhandenen 9000 M noch 16000 Mark durch Schenkung hinzufügen will, erklärte er sich selbstverständlich mit großer Freude und herzlichem Dank*

20 Nl Evers BRiesBr 38.
21 Nl Evers BRiesBr 37.

bereit, diese Schenkung anzunehmen und sinn- und herkommensgemäß das Ganze nach seinen Erträgen weiter zu verwalten.

Um dies zu verwirklichen, geben wir dem hiesigen Gemeindevorsteher, Herrn Landwirt Chr. Evers hierdurch Vollmacht, nach den vorgenannnten Instruktionen die Schenkung, also die 16000 Mark von Herrn Ries zu empfangen, darüber zu quittieren und sodann das Geld zu dem genannten Sparkassenbuch Nr. 4486 bei der Amtssparkasse zu Osterholz zu belegen.

Herrn Evers wird zur Ausführung dieses genannte Sparkassenbuch zeitweilig anvertraut.
Ritterhude, den 9. November, 1921

Der Kirchenvorstand von Ritterhude.
Pastor Degener, Vorsitzender
G. Heilshorn
Fr. Luerßen
Joh. Plump

Hierdurch wird unter Beifügung des Dienstsiegels öffentlich bezeugt, daß obige Vollmacht von mehr als der Hälfte der Mitglieder des Kirchenvorstandes und seinem Vorsitzenden unterschrieben ist.

Ritterhude, den 9. November, 1921.
Pastor Degener

(Dienstsiegel)

Zwei Monate später wurde ein zweites Sparbuch über 25 000 Mark mit der Absicht eröffnet, die Zinsen des unkündbar festgelegten Kapitals jährlich am 27. Januar zum Andenken an den Geburtstag der Mutter der Ries-Geschwister an die Armen der Kirchengemeinde zu verteilen.[22]

Bremen Jan/16/1922

Sehr geehrter Herr Evers:
Es liegt in unserer Absicht der Kirchen Gemeinde Ritterhude vor Ende des Monats eine weitere Stiftung von 25.000 Mark zu machen und möchten es so einrichten, daß die etwaigen Zinsen von dieser Summe am 27 ten Januar eines jeden Jahres unter die Hilfsbedürftigen der Kirchen Gemeinde verteilt werden. (Zum Andenken an den Geburtstag unserer Mutter). Wir nehmen an, da dieser Tag gerade in die Mitte des Winters fällt, daß eine kleine Hilfe in dieser Zeit von den Bedürftigen umso angenehmer empfunden wird. Wir gedenken diese Summe als festgelegtes Kapital bei der Amtssparkasse Osterholz zu belegen und wo auch dann ja die etwaigen Zinsen in jedem Jahr zu erheben sind. Da Sie nun geehrter Herr Vorsteher bei der vormaligen Angelegenheit so liebevoll und so prompt Alles geregelt haben, so möchten wir Sie fragen ob Sie auch dieses mal sich wieder bemühen würden um diese Sache für uns zu regeln -. Möchten Sie für uns in Erfahrung bringen ob der Kirchenvorstand diese Summe für den oben angedeuteten Zweck anzunehmen gewillt ist und ferner ob unter denselben

22 Nl Evers BRiesBr 36.

Bedingungen wie bei der vormaligen Stiftung, nämlich das etwaige Unkosten über Staatsabgaben von der Gemeinde getragen oder übernommen werden. Mit anderen Worten: es ist unser Wunsch daß diese Summe von 25.000 Mark als festgelegtes (unkündbares) Kapital ohne irgendwelche Abzüge also als Ganzes bei der Kirchen Gemeinde erhalten bleibt und die jährlichen Zinsen an genanntem Tage in jedem Jahr unter die Hilfsbedürftigen der Kirchen Gemeinde verteilt werden.

Möchte Sie deshalb gefl. ersuchen mir mitteilen zu wollen wie der Kirchen Vorstand darüber denkt. Sollten Sie, was ich voraussetze erfolgreich sein, dann brauchen Sie dieses nur mitzuteilen - denn Mühe sollen Sie von der Sache nicht haben - ich werde dann schon alles andere selbst regeln. Werde ein neues Sparkassenbuch nehmen und es Ihnen später zur Überweisung zustellen.

Ihnen im Voraus für Ihre Bemühung bestens dankend
verbleibe mit vorz. Hochachtung
Herm. H. Ries

Evers antwortete: [23]

Gemeindevorstand Ritterhude
2654
Abschrift
Ritterhude, den 19. Januar 1922

Sehr geehrter Herr Ries!

Ihren mich hocherfreuten Brief vom 16. d. Mts. habe ich empfangen und teile Ihnen mit, daß der Kirchenvorstand selbstverständlich Ihre Freizügigkeit begrüßt und Ihre Stiftung unter den von Ihnen angegebenen Bedingungen anzunehmen gewillt ist. Da ich am kommenden Sonnabend in Bremen zu tun habe, werde ich mir erlauben so gegen 11/2 Uhr mal bei Ihnen vorzusprechen.

Mit großer Freude u. herzlicher Dankbarkeit verbleibe ich mit vorzüglicher Hochachtung

Evers
Gemeindevorsteher

Die Formalitäten wickelte Hermann Ries am 26. Januar 1922 an der Amts Sparkasse in Osterholz ab. Anschließend informierte er Evers: [24]

23 Nl Evers BRiesBr 35.
24 Nl Evers BRiesBr 34.

Bremen Jan 30/22

Sehr geehrter Herr Evers:
Möchte Ihnen nur mitteilen, daß ich am letzten Donnerstag, Januar, 26. bewusste Angelegenheit in Osterholz an der Amts Sparkasse geregelt habe und möchte Sie ersuchen wenn Sie einmal gelegentlich oder geschäftlich nach hier kommen gefl. vorsprechen zu wollen damit ich Ihnen dann das Sparkassen Buch überreichen kann mit der Bitte es dem Kirchenvorstand zuzustellen.

Einliegend Mark 15 für die mir freundlich zugesandten Scheine. Nochmals meinen verbindlichen Dank für alle mir erwiesene Aufmerksamkeit,

Mit vorzügl. Hochachtung
Herm. H. Ries

Am 7. April kam aus Bremen die Mitteilung, der Kirchengemeinde weitere 150 000 Mark stiften zu wollen. Hermann schreibt:[25]

Sehr geehrter Herr Evers:
Es liegt in unserer Absicht der Kirchengemeinde in Ritterhude eine weitere Stiftung von 150.000 Mark zu machen und zwar 75.000 Mark für jedes der beiden Bücher so dass das festgelegte Kapital für jedes Buch 100.000 Mark beträgt. Dürfte ich Sie abermals bemühen diese Angelegenheit für mich gefl. ordnen zu wollen und mit dem Kirchen Vorstand Rücksprache zu nehmen ob derselbe gewillt ist diese Stiftung anzunehmen und zwar unter ganz denselben Bedingungen wie vormals d.h. daß diese Kapital Anlage glatt ohne zinslicher Absetzung der Form von Steuern oder Staatsabgaben den Armen der Kirchengemeinde Ritterhude erhalten bleibt. Also etwaige Unkosten sind von der Kirchengemeinde od. Gemeinde zu tragen.

Sollten Sie, was ich voraussetze in dieser Angelegenheit erfolgreich sein, dann möchte ich Sie ferner ersuchen mir gefl. mitzuteilen an welchen Tag in kommender Woche oder In der darauffolgenden Woche ich Sie in Osterholz antreffen könnte um die Sache in Ordnung zu machen. Ich nehme an daß Sie doch fast in jeder Woche dort geschäftlich zu tun haben. Natürlich würden wir dann beide Bankbücher mitzubringen haben.

Ihnen im Voraus meinen aufrichtigen Dank für alle liebevolle Mühe.

Mit vorzüglicher Hochachtung
Herm. H. Ries

25 Nl Evers BRiesBr 33.

Christian Evers:[26]

Gemeindevorstand
Ritterhude

Ritterhude, den 11. April 1922

Sehr geehrter Herr Ries!

Empfing Ihren werten Brief vom 7.d.Mts. und kann sagen, daß der Brief mir eine Freude bereitet hat, wie von den vielen Briefen, die ich so tagtäglich bekomme es bisher keiner vermochte - also empfangen Sie schon jetzt im Namen der späteren Empfänger oder Nießnutzer des Geldes meinen aufrichtigen Dank für Ihre Opferwilligkeit, so will ich's mal nennen! Ich teile Ihnen ferner mit, daß ich mit den Herrn vom Kirchenvorstand Rücksprache genommen habe, und daß von diesen Herrn Ihr Anerbieten in derselben Weise begrüßt wurde, wie von mir, und zwar zu den von Ihnen angegebenen Bedingungen.

Da ich nun am Mittwoch dieser Woche in Osterholz zu tun habe, könnten Sie, falls Ihnen der Tag passt schon mit mir die Sache ordnen. Herr Pastor Degener möchte auch gerne am Osterfeiertag in dem meist voll besetzten Kirchenhause der Öffentlichkeit dann Mitteilung machen. Ich werde Sie dann mit dem Zuge, ab Bremen 10 Uhr 8 Minuten, in Osterholz erwarten.

Sollte Ihnen Mittwoch nicht passen erwarte ich von Ihnen eine andere Zeitbestimmung.

Mit vorzüglicher Hochachtung
Ihr zu weiteren Diensten bereiter
Chr. Evers.

Somit hatten die Herren Ries der Kirchengemeinde im April 1922 als Legat zwei Sparbücher mit jeweils 100 000 Mark überlassen, deren Zinseinnahmen den Bedürftigen des Ortes zugute kommen sollten. Das übernächste Kapitel über den zeitgeschichtlichen Hintergrund wird zeigen, wie die rasante Hyperinflation den finanziellen Wert der Schenkungen in aller Kürze restlos vertilgte. Hier liegt wohl auch der Grund, warum die Stiftungen über 80 Jahre in Vergessenheit geraten sind und erst mit der Sichtung des schriftlichen Nachlasses von Christian Evers wieder ins Bewusstsein rücken konnten.

Der Wert der Briefe ist historischer und ideeller Natur. Sie bezeugen die gute Absicht der Stifter und das Engagement des Gemeindevorstehers. Das Fundament für weitere erfolgreiche Zusammenarbeit war gelegt.

Wer aber waren die Brüder Ries und wie waren sie zu ihrem Reichtum gekommen?

26 Nl Evers BRiesBr 32.

Abb. 1: Ritterhuder Dorfstraße, 20er-Jahre, die heutige Riesstrasse. Der Turm auf der linken Seite gehört zur 1912 gestifteten Turnhalle. Am vorderen linken Bildrand ist der Giebel des Hauses Nr. 42 zu sehen. Dahinter wird 1930 die Ries-Schule gebaut werden. Links vom Standpunkt des Fotografen befindet sich seit 1928 das Rathaus, rechter Hand das Lindemann'sche Gasthaus.

Abb. 2: Hermann Hinrich Ries (22.11.1847 – 27.3.1927)

Abb. 3: John F. Ries (22.12.1849 – 29. 6.1931)

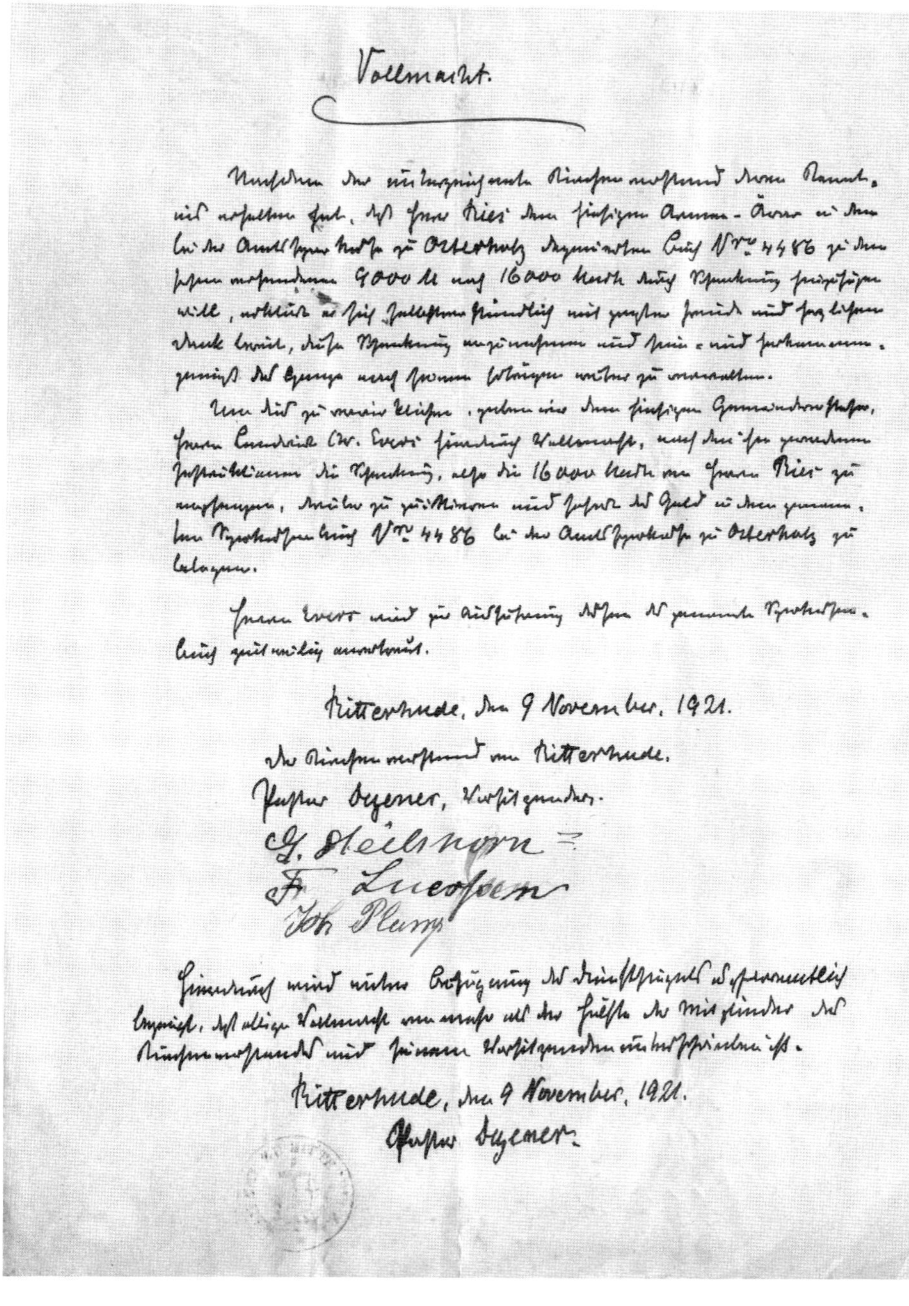

Vollmacht.

Nachdem der unterzeichnete Kirchenvorstand davon Kenntnis erhalten hat, daß Herr Ries den hiesigen Armen-Ärmeren in dem bei der Amtssparkasse zu Osterholz deponierten Buch No. 4486 zu den schon geschenkten 6000 M auf 16000 Mark durch Schenkung hinzufügen will, erklärt er sich selbstverständlich mit großer Freude und herzlichem Dank bereit, diese Schenkung anzunehmen und sein- und seinem gemäß das Geschenk nach seinem Belieben weiter zu verwalten.

Um dies zu verwirklichen, geben wir dem hiesigen Gemeindevorsteher, Herrn Landwirt W. Evers hierdurch Vollmacht, nach den ihm gegebenen Instruktionen die Schenkung, also die 16000 Mark von Herrn Ries zu empfangen, darüber zu quittieren und sofort das Geld in dem genannten Sparkassenbuch No. 4486 bei der Amtssparkasse zu Osterholz zu belegen.

Herrn Evers wird zur Aufbewahrung dieses des genannten Sparkassenbuch zeitweilig anvertraut.

Ritterhude, den 9 November. 1921.

Der Kirchenvorstand von Ritterhude.
Pastor Degener, Vorsitzender.
G. Heilsnorn
F. Lueossen
Joh. Plump

Hierdurch wird unter Beifügung des Kirchsiegels ausdrücklich bezeugt, daß obige Vollmacht von mehr als der Hälfte der Mitglieder des Kirchenvorstands und seinem Vorsitzenden unterschrieben ist.

Ritterhude, den 9 November. 1921.
Pastor Degener.

Abb. 4: Vollmacht des Kirchenvorstandes für Gemeindevorsteher Evers, eine weitere Schenkung der Brüder Ries an die Kirchengemeinde in ihrem Auftrag entgegenzunehmen. Unterschrift: Pastor Degener. Nl Evers BRiesBr 37.

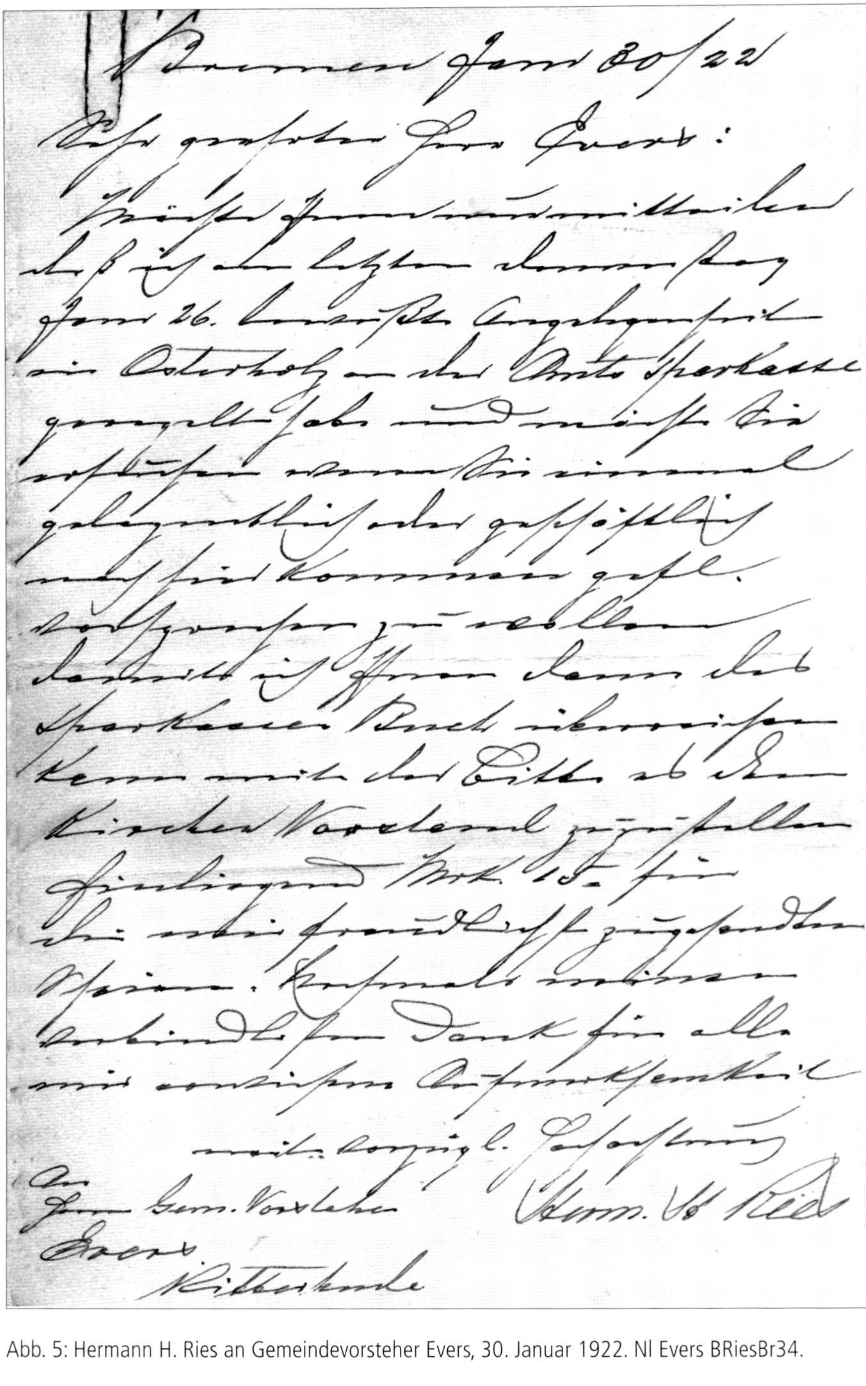

Bremen Jan 30/22

Sehr geehrter Herr Evers:

Möchte Ihnen hiermit mitteilen daß ich am letzten Donnerstag Jan 26. besprochene Angelegenheit in Osterholz an der Amts Sparkasse geregelt habe und möchte Sie ersuchen wenn Sie einmal gelegentlich oder geschäftlich nach hier kommen gefl. vorsprechen zu wollen damit ich Ihnen dann das Sparkassen Buch überreichen kann mit der Bitte ob dem Kirchen Vorstand zuzustellen. Einliegend Mk. 10.- für die mir freundlichst zugesandten Schein. Nochmals meinen verbindlichen Dank für alle mir erwiesene Aufmerksamkeit

mit vorzügl. Hochachtung

Herm. H. Ries

An
Herrn Gem. Vorsteher
Evers
Ritterhude

Abb. 5: Hermann H. Ries an Gemeindevorsteher Evers, 30. Januar 1922. Nl Evers BRiesBr34.

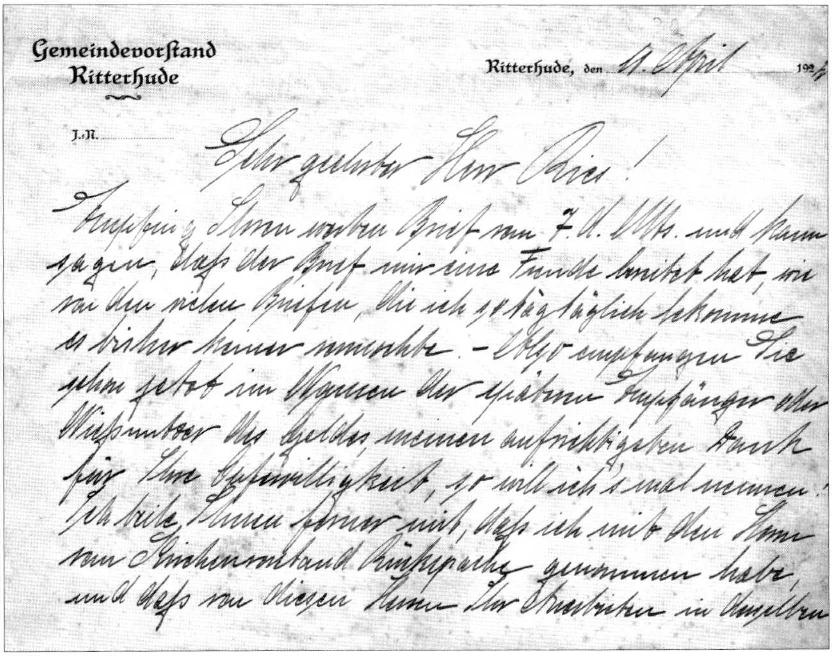

Gemeindevorstand
Ritterhude

Ritterhude, den 11. April 192[illegible]

J.-N. ....

Sehr geehrter Herr Ries!

Empfing Ihren werten Brief vom 7. d. Mts. und kann sagen, daß der Brief mir eine Freude bereitet hat, wie von den vielen Briefen, die ich jetzt täglich bekomme, es bisher keiner vermochte. – Also empfangen Sie schon jetzt im Namen der späteren Empfänger oder Nutznießer des Geldes meinen aufrichtigsten Dank für Ihre Opferwilligkeit, so will ich's mal nennen. Ich teile Ihnen ferner mit, daß ich mit den Herren vom Kirchenvorstand Rücksprache genommen habe, und daß von diesen Herren der [illegible] in derselben

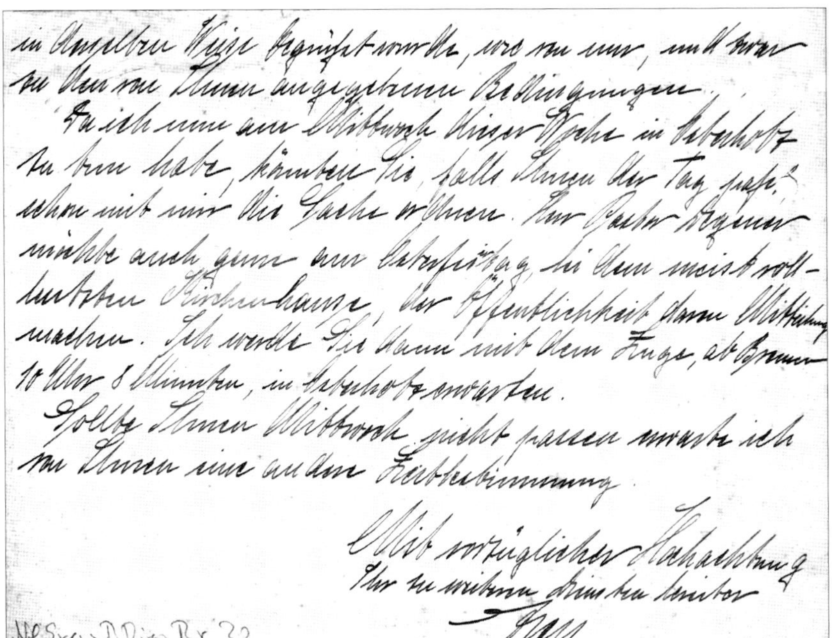

in derselben Weise begrüßt wurde, wie von mir, und zwar zu den von Ihnen angegebenen Bedingungen.

Da ich nun am Mittwoch dieser Woche in [illegible] zu tun habe, könnten Sie, falls Ihnen der Tag paßt, schon mit mir die Sache erledigen. Herr Pastor [illegible] möchte auch gern am Osterfesttag, in dem meist vollbesetzten Kirchenhause, der Öffentlichkeit davon Mitteilung machen. Ich werde Sie dann mit dem Zuge, ab Bremen 10 Uhr 8 Minuten, in [illegible] erwarten.

Sollte Ihnen Mittwoch nicht passen, erwarte ich von Ihnen eine andere Zeitbestimmung.

Mit vorzüglicher Hochachtung
Ihr zu weiteren Diensten bereiter
Evers.

Nl Evers BRiesBr 32

Abb. 6: Gemeindevorsteher Evers an Hermann H. Ries. Nl Evers BRiesBr 32.

Die märchenhafte Auswanderergeschichte der Brüder Ries

Am 22. November 1847 und am 22. Dezember 1849 geboren, wuchsen Hermann Hinrich und Johann Friedrich als Älteste von fünf Geschwistern im Ritterhuder Haus Nr. 66, heute Riesstraße 58, auf. Auf diesem Eckgrundstück hatte der Vater Louis Ries im Jahr 1846 ein Wohn- und Geschäftshaus errichten lassen, nachdem er von einem zehnjährigen Aufenthalt in Amerika zurückgekommen war und sich nun als Kaufmann niederlassen wollte. Wann Louis Ries Marie Wilhelmine Hasseldiek aus Brockum geheiratet hat, lässt sich nicht feststellen.[27]

Hermann und Johann besuchten die örtliche Hauptschule, gegenüber dem Elternhaus in der heutigen Windmühlenstrasse gelegen, und später die Lateinische Mittelschule in Lesum. Den Weg nach Lesum legten sie zu Fuß zurück, eine Eisenbahnverbindung gab es noch nicht. Nach dem Schulabschluss begannen beide eine Kaufmannslehre, doch keiner wollte das väterliche Geschäft übernehmen.

Als 16- und 17-Jährige machten sich die Ritterhuder Jungen nacheinander 1865 und 1866 in die »Neue Welt« auf. Damit entgingen sie auch dem Militärdienst. Für das Jahr 1865 sind von zehn Ritterhudern die Auswanderungsanträge erhalten. Am 19. Mai des Jahres wurde auf dem Amt in Osterholz notiert:

Der vorgenannte Militairpflichtige Hermann Hinrich Ris, am 22. Nov. 1847 geboren, hat heute gemeinschaftlich mit seinem Vater, dem Kohlhöfner und Hockenhändler Lüer Ris, Haus-Nr. 66 zu Ritterhude, vor Amte erklärt, daß er nach New York in Nordamerika ohne seine Eltern auswandern wolle, um dort seinen bleibenden Wohnsitz zu nehmen und daß er diese Absicht gefasst habe, weil ein Bruder seiner Mutter, ein Hermann Hasseldiek allda schon seit längeren Jahren wohne und einen Mehlhandel en gros betreibe und den Militairpflichtigen in diesem Handelsgeschäft einstellen wolle.[28]

In einem Verzeichnis ausgewanderter Militärpflichtiger wird Hermann unter der laufenden Nummer 60, Johann Friedrich am 24. Juli 1866 unter der Nummer 141 genannt. Für das Jahr 1866 verzeichnet die Liste 19 junge Männer, das war die höchste jährliche Auswandererquote von Ritterhude. Von 55 männlichen Konfirmierten der Jahre 1864 bis 1866 wanderten 28 aus. Das waren die Geburtsjahrgänge 1850 bis 1852, von denen 50 Prozent als 15- bis 17-Jährige eine neue Heimat suchten. Über einen Zeitraum von neun Jahren ergibt sich für die Ritterhuder Geburtsjahrgänge 1846 bis 1855 mit 71 Auswanderern eine Emigrantenquote von 37 Prozent der Schulabgänger.[29]

27 Zu den Geschwistern vgl. Kapitel über Marie Bergmann. Vgl. auch: Schütze, Ernst: Ritterhuder Vorfahren der Gebrüder Ries. In: Ritterhuder Hefte, 3, 1981. S. 26-31. Zu den Brüdern Ries vgl. ausführlich auch Müller, H., Ein Denkmal, a.a.O. Der Vater, mal Lüer, mal Louis Ries geschrieben, war im Schul- und im Kirchenvorstand aktiv. Die Eltern starben kurz hintereinander im Jahr 1886: Wilhelmine Ries, geb. Hasseldiek, geb. am 27. Januar 1822, starb am 24. August 1886. Louis Ries, geboren am 10. November 1815, starb am 31. Oktober 1886.

28 Staatsarchiv Stade, Rep. 74, Osterholz, Fach 14 Nr. 3a und 5a. Zit. n. Müller, H.: Auswanderung nach Nordamerika. In: Ritterhuder Hefte 7, 1985. S. 3-15, hier S. 9.

29 Staatsarchiv Stade, Rep. 174, Osterholz, Fach 9 Nr. 4. Vgl. ebd. S. 9-14. Vgl. auch Liste Ritterhuder Auswanderer, ebd., S. 42-48.

Die Brüder überquerten den Atlantik noch mit einem Segelschiff. In New York gelandet, konnten sie zunächst bei ihrem Onkel Hasseldiek unterkommen. Dessen Kolonialwarengeschäft lag im East Village in Manhattan, einem seinerzeit von vielen Deutschen bewohnten Viertel.[30]

Ries & Brothers

Die Einwohnerverzeichnisse der Stadt New York zeigen für die Jahre 1872 bis 1890, dass Hermann und Johann Ries erst einmal im East Village blieben.[31] Am zentral gelegenen St. Marks Place bezogen sie für die kommenden 20 Jahre nicht nur ihren Wohnsitz: Seit 1872 lauteten Wohn- und Geschäftsadresse gleich.[32] An der Ecke First Avenue/8. Straße eröffnen sie schon bald ihr eigenes Lebensmittelgeschäft Ries & Brothers. Unter dem Ladentresen des Corner Grocery Store, auf dem tagsüber die Waren gehandelt werden, sollen sie zunächst nachts geschlafen haben.

Zur Eröffnung von Ries & Brothers erhielt Hermann H. Ries im Mai 1872 seine Einbürgerung. Die Berufsbezeichnung lautete: Lebensmittelhändler. Frühere Nationalität: Preußisch. Zeuge: Diederich A. Scherenbeck, Lebensmittelhändler auf Staten Island.[33]

Johann Friedrich, inzwischen John F. genannt, wurde im Oktober 1874 Bürger der Vereinigten Staaten von Amerika. Als Zeuge trat für ihn ein Kaufmann aus der Nachbarschaft auf.[34]

»Hotel Savoy – das Hotel der Welt«

Der Ritterhuder Schulrektor Schnackenberg kannte die Brüder persönlich. In einer traulichen Stunde hatte Hermann Ries ihm einmal aus seinem Leben erzählt:

[...] *Die Brüder sind mit fast keinem Geld in der neuen Heimat angekommen. Nur eines hatten sie, ein brauchbares Wissen und den unbedingten Willen, mit Fleiß und Arbeit weiter zukommen. So begannen sie mit einem Verkaufsladen, den sie sich in einem gemieteten Keller eingerichtet hatten. Ihr Eifer und ihr gutes, freundliches Wesen brachte ihnen Kundschaft. Sobald es ging, richteten sie sich zu ebener Erde ein, mit einem größeren Geschäft. So ging alles gut voran. Da wurde in New York das größte Hotel verkauft. Herr Ries sagte mir, da wäre ein Herr zu ihnen gekommen und hätte gesagt: »Jungens, kauft das doch!« Wir mussten doch lachen und antworteten: »Woher sollen wir das Geld wohl nehmen?« Da kam das Wunder: Der Herr sagte: »Jungens, ich habe Euch beobachtet und habe gesehen, daß ihr wollt und könnt. Ich gebe Euch das Geld und ihr zahlt ab, wenn es geht.« – »Da haben wir gekauft.«*

Welches Hotel war das? Das Hotel Savoy, *das Hotel der Welt!*

30 Z.B. hängt heute noch die Tafel mit der Inschrift »Deutsche Bücherei« am St. Marks Place über dem Eingang der ehemaligen Bücherei.

31 New York Public Library (NYPL): Federal Census 1870, 1880 der genealogischen Datenbank, Ancestry Library Edition. 1872 Trow's New York City Directory. 1890 New York City Directory.

32 133 First Avenue, h. 83 St. Marks Place.

Herr Ries fuhr fort: »Da haben wir geschuftet Tag und Nacht. Da kam das Geld, und wir wurden reich und reicher. Nun haben wir das Geld. Wir sind dabei alt geworden und denken nun, wie wir es in anständiger Weise wieder los werden [...].«[35]

Die Geschichte klingt märchenhaft. Recherchen in Archiven der »New York Times«, der New York Public Library und der New Yorker Historical Society über die Besitzverhältnisse des Hotels und über Hermann und John F. Ries aus Ritterhude ergaben, dass Schnackenbergs Geschichte nicht ganz stimmt. Folgendes ließ sich verifizieren:

Das Hotel »Savoy« wurde auf Initiative von Philipp Henry Dugro, Richter am Obersten Gerichtshof von New York, im Jahr 1892 erbaut.[36] Mit dem Entwurf hatte Dugro zwei Jahre zuvor den Architekten Ralph S. Townsend beauftragt. 1892 gründete sich auch die Aktiengesellschaft Hotel Savoy Inc. mit einem Kapital von 600 000 Dollar, deren Hauptanteilseigner wiederum P.H. Dugro war.

Im Jahr 1900 war Hermann H. Ries Geschäftsführer der Hotel Savoy Company[37], und in diesem Jahr lautetr auch die Wohn- und Geschäftsadresse der Brüder Ries wiederum gleich: 767, Fifth Avenue. Das war das Hotel »Savoy«.

Das Einwohnerverzeichnis der Stadt New York gibt für Hermann Ries (62) an: »Chef eines Haushalts«. Die Berufsbezeichnung ist: »Manager eines Hotels«. Auch John F. Ries (60) ist hier als Hotelmanager eingetragen.[38] Es ist durchaus möglich, dass sie diese Positionen bereits mit Beginn des Hotelbetriebs im Jahr 1892 angetreten hatten. Das Hotel war also nicht, wie in Schnackenbergs Darstellung angegeben, verkauft, sondern soeben erst neu gebaut worden.

Der Erbauer, Haupteigentümer und Richter P.H. Dugro wird der Gönner der Ries-Brüder gewesen sein.[39] Deren preußische Tugenden wie Genauigkeit, Sparsamkeit, Verlässlichkeit, Pflicht- und Verantwortungsbewusstsein verbunden mit den Erfahrungen aus dem eigenen Geschäft Ries & Brothers waren für die Geschäftsführung eines Hotelbetriebes hervorragend geeignet. Alleinige Besitzer des »Savoy« sind die Brüder Ries nie gewesen, sicher werden sie Mitaktionäre gewesen sein.

33 Tag der Einbürgerung von Hermann H. Ries war der 21. Mai 1872. Auskunft der NYPL, Records National Archives, Vol. 407, Record Number 61.

34 Tag der Einbürgerung von John F. Ries war der 7. Oktober 1874. Ebd., Records National Archives, Vol. 432, Record Number 94.

35 Schnackenberg, Ries-Schule, a.a.O., hier S. 13. Schnackenberg war von 1921 bis 1947 Schulrektor in Ritterhude.

36 P.H. Dugro wurde am 8. Oktober 1855 in der Lower East Side von Manhattan geboren. Seit 1887 war er gewählter Richter des Superior Court von New York, 1900 wurde er in den Supreme Court gewählt. 1914 nominierten ihn Demokraten und Republikaner gemeinsam für den Supreme Court bis zum Jahr 1928. In: New York Times, 2. Mai 1920.

37 Whole Block For Hotel Savoy. Plans To Extend It To The Fifty-Eighth-St. Corner Of Fifth Ave. And Ground Leased. In: The New York Tribune, 12. Juli 1900.

38 Federal Census, 1910 der genealogischen Datenbank der NYPL, Ancestry Library Edition.

39 Vgl.: Gebrueder Ries Stiftungen. In: 1884 bis 1934, 50th Anniversary Golden Jubilee. Ritterhuder Freundschaftsbund. Festschrift 1934. Nachlass Evers, Diverses.

Nachweislich hatten sie von 1900 bis 1923 ihren Wohnsitz im »Savoy« und waren in dieser Zeit Geschäftsführer und Manager, wenngleich der Eigentümer P.H. Dugro, ebenfalls im »Savoy« lebend, stets auch selbst das Management im Auge gehabt haben soll.[40]

Was für ein Sprung - vom Kellergeschoss im East Village in eines der elegantesten Hotels von New York! Das beliebte »Savoy« lag im Herzen von Manhattan, direkt an der Fifth Avenue/Ecke 59. Straße an der Plaza am südlichen Central Park. Eine bessere Adresse gab es im New York der damaligen Zeit nicht.[41]

Der Autor eines illustrierten Buches über das »Savoy« bezeichnet es als eines der prachtvollsten Hotels auf der ganzen Welt. Kein Hotel in Europa komme dem »Savoy« nahe: Die prächtige Ausstattung sei höchstens mit historischen Adelspalästen und Schlössern europäischer Königshäuser vergleichbar. [42] Die Regierung der USA und die Stadt New York wählten diesen Ort für die Unterbringung ihrer Staatsgäste. Auch die New Yorker Aristokratie traf sich hier.

Aufgrund seiner bevorzugten Lage bot das Hotel die schönsten Aussichten auf die Stadt. Mit einer Höhe von zwölf Stockwerken ermöglichte es einen einzigartigen Blick auf den Central Park. Es war aus feinem Sandstein im Stil italienischer Renaissance erbaut. Für die Inneneinrichtung hatte das »Savoy« von den renommiertesten Handwerkern, Kunsthandwerkern und Designern der Zeit Unikate anfertigen lassen. Die Fantasie reicht kaum aus, um sich vorzustellen, dass für die beiden Ritterhuder Jungen dieses Ambiente alltägliche Lebenswelt geworden war.

Schon zur Jahrhundertwende sollte das Hotel erheblich vergrößert werden.[43] Dugros Versuche, das sechsstöckige Nachbargebäude, das Apartmenthotel »Bolkenhayn«, käuflich zu erwerben, schlugen allerdings fehl. Stattdessen schloss er im Juli 1900 einen Leasingvertrag für die kommenden 20 Jahre ab. Damit besaß die Hotel Savoy Company die gesamte Front zwischen 58. und 59. Strasse an der Fifth Avenue. Die Absicht war, das »Bolkenhayn« mit dem »Savoy« zu verbinden. Die Mieten in dem Apartmenthaus rangierten unter den Höchsten der Stadt, einige der Suiten kosteten im Jahr 1900 mehr als 6000 Dollar pro Jahr.[44] Das entspricht einer Kaufkraft im Jahr 2007 von 153 000 Dollar.[45]

Inzwischen konnten Hermann und John F. Ries es sich leisten, in die Heimat zu reisen und dazu eine Kajüte in der Ersten Klasse zu buchen. Passagierlisten der Ozeandampfer dokumentieren ihre Rückreisen aus Europa. Demnach sind sie auch einzeln gereist. Im November 1907 legte John F. mit der »Kronprinz Wilhelm« zur Atlantikpassage von der Stromkaje im Bremer Überseehafen ab. Hermann legte in den Jahren 1908 und 1911 mit dem Dampfer »Kaiser Wil-

40 A.a.O., New York Times, 2. Mai 1920.

41 Die Fifth Avenue bildete schon zu Zeiten der ersten Bewohner von Manhattan, der Manhatter, die zentrale Nord-Südachse und den bedeutendsten Verkehrsweg.

42 Hotel Savoy Illustrated. Fifty-Ninth Street and Fifth Avenue, New York City. Designed compiled and arranged by O.D. Kisner. Published by Hotel Savoy, New York. Ohne Jahr.

43 A.a.O., The New York Tribune, 12. Juli 1900.

44 To Enlarge The Hotel Savoy. Lease of Bolkenhayn Apartment House Secured by the Company. In: New York Times, 12. Juli 1900.

45 Officer, H. Lawrence and Williamson, Samuel H.: Purchasing Power of Money in the United States from 1774 to 2007, Measuring Worth. Com, 2008. www.measurignworth.com.

helm II« nach New York ab. Im September 1914 verließen sie den Kontinent gemeinsam über den Hafen Rotterdam und landeten am 7. Oktober 1914 in New York.[46]

Am 1. Mai 1920 starb P.H. Dugro im 65. Lebensjahr in seiner Wohnung im »Savoy«. Seine Frau, sein Sohn und seine Tochter Antonia waren bei ihm. Dugro war 33 Jahre lang Richter am Obersten Gerichtshof von New York gewesen. Er war Erbauer und Haupteigentümer des »Savoy« sowie eines zweiten Hotels, des »Seville« an der Madison Avenue in Manhattan. Außerdem war er Mitbesitzer der Union Square Bank. Ein Artikel der »New York Times« aus dem Jahr 1924 gab Aufschluss über sein Millionenvermögen.[47]

Zwischen P. H. Dugro und den Ries-Brüdern muss ein besonderes Vertrauensverhältnis bestanden haben, denn Dugro ernannte neben seiner Tochter Antonia John F. Ries zu seinem Testamentsvollstrecker.[48] Antonia Dugro bezifferte in der »New York Times« das Jahresgehalt des Hoteldirektors John F. Ries mit der Summe von 6000 Dollar - das entspricht einer Kaufkraft von 62 000 Dollar im Jahr 2007.[49]

Wenngleich dies eine stattliche Summe war, erklärt das noch nicht, wie die Brüder zu dem immensen Reichtum gekommen sind, von dem sie später ihrem Geburts- und Heimatort Ritterhude beträchtliche Schenkungen zukommen ließen. Bei aller Sparsamkeit hätte das sehr gute Gehalt nicht gereicht, um 1,5 Millionen Reichsmark zu investieren.

»Du Hermann, da liegt Geld!«

Aus dem 12. Stock des Savoy konnte man den Blick schweifen lassen - nordwestlich auf den Central Park oder Richtung Osten über den East River bis zu der vorgelagerten Halbinsel Long Island. Damals gab es Manhattans hohe Bebauung noch nicht, die heute die Sicht nach Long Island versperrt.

Als die beiden Deutschamerikaner eines Tages wieder im obersten Stock »ihres« Hotels gemeinsam am Fenster standen und die schöne Aussicht genossen, soll John F. plötzlich zu seinem Bruder gesagt haben: »Du Hermann, da liegt Geld!«.[50]

Der Kauf von Ländereien auf Long Island sollte eine lukratives Geschäft werden. Denn seitdem nach achtjähriger Bauzeit im Jahr 1909 die legendäre Queensborough Bridge als Verlängerung der 59. Strasse über den East River eingeweiht und für den stark zunehmenden Verkehr freigegeben worden war, hatte Long Island eine direkte Verbindung mit dem Zentrum

46 Schiffspassagen mit dem Ziel New York sind auf der Website von Ellis Island, New York dokumentiert: www.ellisisland.org. Seit 1920 vgl. auch: Bremer Passagierlisten 1920 bis 1939: www.schiffslisten.de. Nach Auswertung dieser beiden Datenbanken lassen sich die folgenden Atlantikpassagen nachweisen: 1907 (John F.), 1908 (Hermann), 1909 (Hermann), 1911 (Hermann), 1914 (beide), mehrere Reisen in den Jahren 1923-1925 (Hermann und John F. einzeln und gemeinsam).

47 Justice Dugro Left $ 1.125.625 Estate. In: New York Times vom 29. Februar 1924. Demnach lag der durchschnittliche Jahresnettoverdienst für das Savoy bei 45 589 Dollar bei einem geschätzten Kapital von 587 375 Dollar. Der Wert des Hotelgrundstücks wurde auf 2 700 000 Dollar taxiert.

48 Ebd.

49 Ebd. Und: www.measuringworth.com

50 Zit. n.: Mohrmann, Hans, Die Brüder Ries. Wohltäter für Ritterhude. In: 50 Jahre Riesschule Ritterhude 1930-1980. S. 5-7. Ritterhude 1980.

von Manhattan.[51] Für die Schrebergartensiedlungen von Long Island sollte die Brücke allerdings zum Verhängnis werden. Nach und nach wurden die Gärten als Bauland deklariert und mussten weichen. Heute steht hier Long Island City. Die Ries-Brüder hatten ein waches Auge und gutes Gespür für finanzielle Möglichkeiten.

Der Ritterhuder Realschuldirektor H. Mohrmann hat die Geschichte aus der Überlieferung in den 1970er Jahren folgendermaßen notiert:

[...] *Oft genug mussten sie sich einschränken um ihr Leben zu fristen, und »Schmalhans war ihr Küchenmeister«. Von früh bis spät waren sie auf den Beinen und schufteten, schliefen in ihrem kleinen Laden unter dem Tresen um Platz zu sparen, und ließen sich durch keinerlei Mühsal in ihrem Vorwärtsstreben aufhalten. Allmählich kam auch Dollar zu Dollar, und sie legten jeden Cent in sicheren kleinen Börsenpapieren an, die sie dann wieder gegen bessere vertauschten. Schließlich erlaubte die vorsichtige Aktenspekulation ein mutiges Geschäft: sie kauften sich mit einem schönen Stückchen Bargeld, wie es heißt, die Anrechte für das Hotel Savoy 5. Avenue 59 Street in New York und hatten damit ihr Anfangsvermögen gut angelegt. Das Hotel war seinerzeit das größte und vornehmste in der ganzen City und behaglich und kunstvoll ausgestaltet. Man hatte von ihm aus einen schönen Ausblick auf den Central Park und nach der anderen Seite hinüber nach Long Island. Eines Tages standen die beiden Brüder wieder sinnend oben, als plötzlich der jüngere sagte: »Du Hermann, da liegt Geld!« Und richtig - nicht lange währte es, da gingen beide hin und kauften Land, verpachteten es zunächst als Schrebergärten, erzielten gute Einnahmen dabei und hatten den größten Gewinn, als eine Brücke über den Hudson das Inselland erschloss und Straßen gebaut wurden. [Gemeint ist hier nicht der Hudson, sondern der East River, sic!] Damit waren die einstigen Krämer nunmehr Grundsstücksspekulanten geworden, die aber nicht wild drauflos spekulierten, sondern bedächtig und klug überlegt ihr Geld einsetzten. Was billig eingekauft war, wurde zu hohen Preisen bei entsprechender Nachfrage wieder veräußert, und so häufte sich das Geld und stieg in die Millionen* [...].[52]

Dem Abriss des legendären »Savoy« nach nur 33 Jahren im Jahr 1925/26 ging eine wechselvolle Verkaufsgeschichte voraus. Die »New York Times« berichtete am 9. Mai 1923, die Erben des Richters Dugro hätten am Vortag das Hotel »Savoy« für 3 700 000 Dollar an einen Immobilienmakler verkauft.[53] Seit Jahren habe es vielerlei Verkaufsverhandlungen und Interessenten gegeben, darunter auch das Vorhaben, hier ein Theater zu errichten. Der derzeitige Käufer habe noch keine endgültigen Pläne für das Hotel, wolle es jedoch nicht weiterverkaufen und im Erdgeschoss an der Fifth Avenue Geschäfte einrichten. Die »New York Times« verwies mit Bedauern darauf, mit dem Umbau würden die legendäre Eingangshalle und die Kolonnaden entfernt werden, »von wo aus so viele bedeutende und berühmte Persönlichkeiten den Feierlichkeiten und Prozessionen auf der Fifth Avenue beigewohnt hatten, viele, die zu ihrer eigenen Ehre gegeben worden waren«.[54]

51 Die erste Brücke über den East River war die 1892 eingeweihte Brooklyn Bridge. Die beliebte Queensborough Bridge, auch 59th Bridge genannt, wurde häufig besungen.

52 Mohrmann, a.a.O., S. 6.

53 Hotel Savoy Sold By Dugro Heirs. In: New York Times, 9. Mai 1923.

54 Ebd.

Das war aber erst der Beginn der Verkaufsgeschichte: Im Januar 1924 schrieb die gleiche Zeitung, die Entscheidung, das »Savoy« abzureißen, sei gefallen. Die Du Pont Gruppe habe den gesamten Besitz gekauft. Wehmütig heißt es: »Dies ist der Moment, wo die berühmten alten Hotels von Manhattan einer modernen Bauweise weichen müssen.«

Im Mai 1925 erklärte der Präsident der Hotel Savoy Company, Lucius M. Boomer, das Hotel sei zusammen mit dem Nachbargrundstück zu einem Preis von 6 500 000 Dollar an ein Subunternehmen einer Gastronomiekette verkauft worden.[55] Das erst 1892 erbaute »Savoy« wurde nach nur 35 Jahren komplett abgerissen und 1927 durch das »Savoy Plaza Hotel« ersetzt. Mit 33 Stockwerken war es ein architektonisches Meisterwerk seiner Zeit - einer Zeit, die durch Sprünge in der technischen Entwicklung gekennzeichnet war, deren Tempo sich enorm beschleunigte und deren Bauwerke immer höher und größer wurden. Es war das zweite von Manhattans berühmten alten Hotels, das abgerissen und durch einen modernen Bau ersetzt wurde. Die Presse kommentierte: »Auf dem Platz, wo das legendäre Savoy gestanden hat, war ein Apartmenthotel entstanden, das an Größe und Eleganz alle bis dahin gebauten übertreffen sollte: das 33-stöckige und 128 m hohe Savoy Plaza Hotel der Super Luxus Klasse.«[56] Zusammen mit dem Nachbargebäude, dem »Hotel Netherlands«, bildete das »Savoy Plaza« über Jahrzehnte eine der am meisten beachteten Skylines der Welt.

Vierzig Jahre später wurde auch dieses Hotel abgerissen. Wo einst die Brüder Ries ihren Wohn- und Geschäftssitz hatten, an der Fifth Avenue/59. Straße, steht heute ein Verwaltungsgebäude von General Motors.

Wenngleich die Brüder aus Ritterhude Amerikaner mit einer erstaunlichen Erfolgsgeschichte geworden sind, waren die Bindungen an die Heimat stark. In den Jahren 1921 bis 1925 bereisten sie mal einzeln, mal gemeinsam die Atlantikroute. Die Passagierliste des ein Jahr zuvor erbauten Dampfers »München« für die Überfahrt Bremen - New York weist im Jahr 1923 als Wohnsitz für Hermann Ries (76) und John F. Ries (74) noch das Hotel »Savoy« aus. Im Mai desselben Jahres war Hermann schon einmal von Bremen nach New York gereist.[57] Offenbar planten sie zu diesem Zeitpunkt ihre Rückkehr in die norddeutsche Heimat zu ihrer Schwester nach Bremen. Zu ihr und auch zu ihrem Schwager hatten sie stets guten Kontakt.

Dennoch wird die Entscheidung, ihren Lebensabend in Deutschland zu verbringen, wohl auch mit dem Tod von P.H. Dugro und dem Abriss des Hotels in Verbindung gestanden haben. Das »Savoy« war nahezu 30 Jahre lang ihr Lebensmittelpunkt gewesen. Hier hatten sie gewohnt und gearbeitet. Es wird ihnen bis in jede Ecke vertraut gewesen sein, es war ihr Zuhause. Zum Zeitpunkt der Entscheidung für den Abriss des Hotels waren Hermann Ries 78 und John F. Ries 76 Jahre alt. Möglicherweise sind sie, wie viele andere Auswanderer, in der neuen Heimat unter sich geblieben.[58] Sie waren in hohem Alter und hatten keine Kinder. Ihrer einzigen Verwandten, ihrer Schwester, fühlten sie sich sehr verbunden.

55 Childs Pays Over $ 6.000.000 For Hotel Savoy; Modern Building To Replace Famous Structure. In: New York Times, 17. Mai 1925.

56 Apartment Hotel To Cost $ 18.000.000 Will Replace The Savoy. In: New York Times, 20. Januar 1924.

57 Vgl. www.schiffslisten.de und www.ellisisland.org. Hermann war außerdem in den Jahren 1921 und 1922 in Bremen.

58 Die Ries Brüder waren nicht Mitglied im Ritterhuder Freundschaftsbund (RFB) von New York. Vgl. Festschrift des RFB zum Goldenen Jubiläum von 1934.

Heimkehr

Marie Bergmann lebte allein in ihrem kleinen Haus in Bremen, Am Bredenkamp 12, nachdem ihr Mann Ludwig 1918 gestorben war. Auch sie hatte keine Kinder und wird sich über die Rückkehr der Brüder sehr gefreut haben, hatte sie doch als Kind innerhalb weniger Jahre alle ihre vier Brüder verabschieden müssen.[59] Ludwig Bergmann war in Osterholz-Scharmbeck geboren worden. »Die sind an die Ries verwandt«, hieß es voller Stolz auf die namhafte Verwandtschaft unter den damaligen Kunden der Bäckerei Bergmann in Osterholz. Denn diese gehörte Ludwig Bergmanns Bruder. Das weiß die Nichte einer Zeitzeugin zu berichten, die dort über Jahrzehnte als Bäckereifachverkäuferin gearbeitet hat. Ihre Tante hatte sich damals von den Brüdern Ries aus Amerika einen Kordsessel für ihre Mutter mitbringen lassen, und sie soll immer besonders glücklich gewesen sein, wenn sie daran dachte: »Der Kordsessel meiner Mutter ist aus Amerika.«

Die Heimat, in die die Brüder Ries zurückkehrten, hatte sich inzwischen sehr verändert. Am 9. November 1918 hatte der letzte deutsche Kaiser abgedankt, und in Berlin wurde die Republik ausgerufen. Drei Monate später, am 11. Februar 1919, wählte die verfassungsgebende Nationalversammlung den Sozialdemokraten Friedrich Ebert zum Reichspräsidenten.

Die ersten Amtsjahre des jungen Gemeindevorstehers Christian Evers waren geprägt von der großen Not der Nachkriegszeit. Es herrschten Arbeitslosigkeit, Hunger, Wohnungsnot, politische Unruhen und Inflation.[60] Das Deutsche Reich war finanziell am Ende. Die Last des Krieges von 155 Millionen Reichsmark Schulden und die Reparationsforderungen der Alliierten wogen schwer. Spekulanten trugen ihren Teil zur rasantesten Geldentwertung der Geschichte bei. Bis Ende 1923 trieb der Währungsverfall Millionen Menschen in die Armut. Gerissenen Unternehmern aber bescherte er gigantische Gewinne.[61]

In Ritterhude hatte sich der Preis für einen Kubikmeter Gas von 1919 bis 1922 verzehnfacht, allein im Zeitraum von Januar bis Mai 1922 verdoppelt.[62] So war es mit allem: Lebensmitteln, Kohlen, Mieten. Schon 1918 hatte die Mark gegenüber 1914 90 Prozent ihres Wertes verloren. Der Mord an Außenminister Walter Rathenau im Juni 1922 schockierte die Welt. Die Mark fiel ins Bodenlose. Im Dezember 1922 war zehnmal soviel Bargeld in Umlauf wie zu Jahresbeginn. Die Regierung ließ immer weiter neue Geldscheine drucken. Einen Gegenwert gab es schon längst nicht mehr. Die Reichsdruckerei war überfordert, und so wurden 30 Papierfabriken und 133 private Druckereien mit der Herstellung des Geldes beauftragt. Dennoch stockte der Nachschub. Städte und Gemeinde waren aufgerufen, eigenes Notgeld mit begrenzter Gültigkeit zu drucken.

59 Vgl. Kapitel über Marie Bergmann.

60 Für Ritterhude vgl.: Müller, Vom Adligen Gericht, S. 108 bis 111.

61 Zu Geldentwertung und Hyperinflation in den Jahren 1919 bis 1923 vgl.: Berhorst, Ralf, Die Stunde der Spekulanten. In: GEOEpoche, Die Weimarer Republik, Heft Nr. 27, Januar 2007, S. 89 bis 99 und: Jungclaussen, John F.: Sturz ins Bodenlose. Die Währungskrise von 1923 und ihre Ursachen. In: ZEITGeschichte, 1918 Aufbruch in die Weimarer Republik, Heft Nr. 3, 2008, S. 52-58.

62 Müller, Vom Adligen Gericht, S.110.

Auch in Ritterhude hatte der Gemeindevorstand im Februar 1921 beschlossen, eigenes Notgeld zu drucken. In welcher Form es zum Einsatz kam, ist ungeklärt.[63] Ein Hinweis findet sich in der Chronik des Pastoren Degener:

Im Winter 1918-19 haben wir vielleicht für die höchsten Gemeindegottesdienste die Kirche heizen können, im Winter 1919-20 im ganzen - glaube ich - nur fünf mal. Die Steinkohlen sind sehr teuer und vor allem sind sie gar nicht zu haben. [...] *Die Erträge der Becken und des Klingelbeutels sind nur wenig geringer geworden, und das kommt daher, daß Kupfer und Nickelgeld selten ist und darum mancher einen 25er (Pfennig) Schein Notgeld opfert.*[64]

Die deutsche Inflation des Jahres 1923 war die dramatischste Geldentwertung der Wirtschaftsgeschichte. Im Spätsommer 1923 begann das Finale der Hyperinflation. Im September kostete der Eintritt für den Sommerball des Turnvereins »Frisch Auf« nachmittags 300 000 Mark, abends 800 000 Mark.[65] Hatte das Pfund Butter im November 1922 noch 216 Mark gekostet, waren es elf Monate später 20 Milliarden Mark.[66]

Im Oktober 1923 verdoppelten sich die Preise für Brot, Butter oder Reis stündlich. In der Zeit von der Bestellung einer Mahlzeit in einem Restaurant bis zur Bezahlung nach dem Verzehr verdoppelte sich ihr Preis. Die Reichsbank stempelte 1000-Mark-Scheine in Noten zu einer Milliarde Mark um. 300 000 Billionen Mark gab sie in nur einer Woche in Umlauf. In ihren Tresorräumen türmten sich die neuen Scheine, aber auch das wertlos gewordene Papiergeld. Letzteres wurde zu Pappe verarbeitet oder zur Anfeuerung des Ofens genutzt.

Die Inflation ruinierte gleichermaßen Rentner, Beamte, Künstler und Privatgelehrte, aber auch Professoren, Ärzte und Anwälte. Der bürgerliche Mittelstand verarmte. Die Ersparnisse der Kleinrentner waren nichts mehr wert. Die Teuerungswellen trafen Kriegsversehrte, Fürsorgeempfänger und Erwerbsunfähige besonders hart. Arbeitslose konnten von der staatlichen Unterstützung kaum leben. Anfang November 1923 betrug sie 21 Milliarden Mark pro Woche, doch kostete ein Kilo Roggenbrot schon bald darauf das Vierfache.

Die Polizei ging in der Hauptstadt Berlin mit Waffengewalt gegen Protestierende vor, die niedrigere Lebensmittelpreise forderten.[67] Hungrige plünderten auf der Suche nach etwas Essbarem. Felder und Häuser wurden nachts bewacht. Auch Pastor Degener in Ritterhude bewaffnete sich, um auf nächtlichen Patrouillengängen für Ruhe und Ordnung zu sorgen. Privilegiert war, wer Sachwerte oder wertbeständiges Geld besaß. Gesegnet war auch, wer Verwandte und Bekannte in den USA hatte.

Pastor Degener lobte das Verhalten der Deutschamerikaner, sobald Brief- und Paketverkehr »zwischen hier und dort es erlaubte. [...] *Wir Ritterhuder haben besonders in New York und Brooklyn ganz außerordentlich viele Angehörige, es ist hier kaum ein Haus, das dort nicht*

63 Ebd., S. 109. Und: Rode, Lutz: Dammgut ziert den 75-Pfennig-Schein. Gemeinde ließ 1921 Notgeld drucken. In: Osterholzer Zeitung, Nr. 150, 30. Juni 2007.

64 Zit. n. Schütze, Ernst: Beiträge zur Geschichte der Ritterhuder Kirche. Unveröffentlichtes Manuskript, 187 S., hier S. 6.

65 Müller, Vom Adligen Gericht, S. 110.

66 Rode, a.a.O.

67 Auch zum vorhergehenden, Berhorst, Die Stunde.

seine Angehörigen hätte. [...] *Der Ritterhuder Freundschaftsbund spendete 500 Dollar für die hiesige Kirchengemeinde.«*[68]

Am 15. November 1923 wurde eine neue Währung ausgegeben, die Rentenmark. Deren Menge war fest begrenzt - als Deckung diente das Grundvermögen aller Landwirte und Industriellen. Endlich wurde die Notenpresse stillgelegt. Eine Billion Papiermark konnte gegen eine Rentenmark eingetauscht werden. Damit war die neue Währung exakt so viel wert wie die alte goldgestützte Mark von 1914: Der Dollar entsprach 4,20 Rentenmark.[69]

Das »Wunder der Rentenmark« gelang:

»Die Inflation jedoch hat sich in die Erinnerung der Deutschen gebrannt, die Angst vor dem Wertverfall der Mark, vor der Auflösung der Lebensersparnisse, vor dem unaufhaltsamen Ruin und Abstieg. Wer diese Angst zu schüren vermag, der hat auch Macht über die Menschen. »Nichts hat das deutsche Volk«, schrieb einst der Autor Stefan Zweig, »so erbittert, so hasswütig, so hitlerreif gemacht wie die Inflation.««[70]

Christian Evers erfuhr in diesen schwierigen Zeiten schon nach kurzer Zeit Anerkennung für seine Amtsführung - jedenfalls aus Übersee. Zu Weihnachten 1921 schrieb sein Onkel Friedrich aus New York:

[...] *Lieber Christian es ist mir sehr angenehm, Dir zu sagen, daß die, die vom Besuch nach Ritterhude zurück kommen, nur gutes von Dir erzählen, und sagen, dort mögen sie Dich alle gern leiden, einer sagte mir, der Landrath in Osterholz sollte gesagt haben, Du wärst der jüngste und der beste Vorsteher im Kreise Osterholz. Arno Hohorst in Lehe schreibt immer gut von Dir, im letzten Briefe schrieb er,* [... nur immer so klug gern ..., sic!] *bei Dir. Lieber Christian da bleibe nur dabei, und wenn möglich, mache es noch besser, damit ehrst du Dich selbst und Deinen Vater.* Dann fügte er hinzu: *Ich weiß nicht wie es kommt, aber wo ich dies nieder schreibe, sitzen mir wieder* [...] *Tränen in den Augen. Ich kann mich immer noch nicht darin finden, daß Vater nicht mehr da ist* [...].[71]

Onkel Friedrich trauerte um seinen Bruder Georg Evers. Als Geschwister waren sie gemeinsam auf dem elterlichen Hof Nr. 108 in Ritterhude aufgewachsen, hatten ihre Kindheit und Jugend zusammen verbracht. Friedrich war drei Jahre jünger als Georg Evers. Im April 1864 in Ritterhude geboren, war er 1880 ausgewandert. Auch der dritte Bruder, Christian Evers, 1866 geboren, wanderte 1881 nach New York aus.[72] Fred, wie Friedrich in New York hieß, war inzwischen Versicherungsmakler. Er fühlte sich mit Ritterhude immer eng verbunden und war sehr interessiert an der Entwicklung des heimatlichen Evers'schen Hofes.

Nach dem frühen Verlust des Vaters wird es für den jungen Gemeindevorsteher und Erben des landwirtschaftlichen Hofes, Christian Evers, ein großes Glück gewesen sein, in Onkel

68 Müller, Vom Adligen Gericht, S.109.

69 Im August 1924 führte Finanzminister Hans Luther die Reichsmark als endgültiges neues Zahlungsmittel ein. Die Noten mussten zu 40 Prozent durch Gold und Devisen gedeckt sein.

70 Berhorst, Die Stunde, S. 99.

71 Friedrich (Fred) Evers, New York, 6. Dezember 1921. Nl Evers Kor.m.Verw. 26 Bl. 2.

72 Vgl. Namen von Auswanderern 1860 - 1915. In: Ritterhuder Hefte 7,1985. S. 42-48, hier S. 43.

Friedrich einen nahen Verwandten zu haben, dessen Verständnis er sich gewiss sein konnte. Ihm teilt er sich in ausführlichen Briefen mit. Von der Hochzeit des Neffen erfährt Onkel Friedrich allerdings zunächst durch Bekannte:

Christian, ich habe gehört, daß Du am 24. September geheiratet hast und somit senden wir alle, Tante Marie, Hermann, Kathie, Kleiner Billy - Kathies kleiner Junge, und ich, Dir und Deiner lieben Frau Luise die besten Wünsche für Euren jungen Ehestand.

Für die Ehe erteilt der Onkel dem Gemeindevorsteher die folgenden Ratschläge:

Christian, damit Du und Luise nun recht glücklich seid, in Eurer jungen Ehe, müsst Ihr beide immer darauf streben Euch einander glücklich zu machen. Ihr müsst beide gut aufpassen damit kein böses Wort fällt, und passiert es dennoch mal, dann müßt Ihr Euch zusammen setzen, müsst immer denken, Ihr seid Mann und Frau, und müsst zusammen leben, dann ist es besser sich gleich einander auch wieder zu verzeihen. Wenn Du denkst, du hast mal Grund böse zu werden, dann beiß' Dich auf die Zunge und zähle bis 100, in der Zeit wird der Ärger wohl vorüber sein. Und dann Christian und Luise behandelt Mutter und Margarethe gut, wenn man unter einem Dach wohnt ist es zu leicht möglich, daß mal was vorkommen kann, deshalb müsst ihr alle versuchen, daß es ja nicht passiert, denn das wäre so recht Wasser auf die Mühle für Leute, wovon einige da sind, die Euch beneiden in Eurem jungen Glück und Wohlstand [...].[73]

Christian und Luise Evers hatten am 24. September 1921 geheiratet. Luises Eltern, Hinrich Stelljes und Sophie, geb. Kudrop, bewirtschafteten ebenfalls eine landwirtschaftliche Hofstelle im Ort.[74] Am 1. Juli 1922 wurde die einzige Tochter Maria Margarete geboren.

Im Evers'schen Haushalt Nr. 108 wohnten seinerzeit außerdem Christians Mutter und seine Halbschwester Margarete Plump, die von allen zeitlebens Tante Baby oder Bebe genannt wurde. Kaum jemand im Dorf kannte ihren richtigen Namen.

Ein Teil des Wohnhauses war vermietet. Hier lebte über Jahrzehnte Ada Blume, Tochter des Pastors Degener und alleinerziehende Lehrerin mit drei Töchtern und vielen Katzen. Eine Zeitzeugin erinnert sich noch heute gern an die unvergesslichen Sonntagnachmittage, die sie als Kind und Jugendliche bei Tante Ada erlebt hat: *Hier konnte man wunderbar gesellig und unkonventionell die warmen Sommer genießen - beschaulich am Ufer sitzend, die Beine in der kühlen Hamme baumeln lassen.*[75]

Auch nach dem Ende der Inflation besserte sich die wirtschaftliche Lage lange nicht. Weihnachtspakete mit »Macaroni, grünen Kaffeebohnen, Thee, Cocoa, Backpulver, Zucker, Rosinen, Canehl, Bohnen, Erbsen, Reis, Mehl, Gries und Bon Bons« der ausgewanderten Verwandten mögen die Not und Armut wohl für Augenblicke gelindert haben.[76] Doch nicht alle hatten wohlhabende Verwandte in den Vereinigten Staaten.

73 Nl Evers Kor.m.Verw. 26 Bl. 5.

74 Sophie Stelljes starb am 22. April 1943. Sie vererbte ihrer Schwester, Luise Evers, geb. Stelljes, ein Grundstück, Im Orth Nr. 53.

75 Adelheid Blume, Tante Ada genannt, war eine Tochter von Pastor Conrad Degener.

76 Nl Evers Kor.m.Verw. 22 Bl. 1.

Im Januar 1924 erhielt Christian Evers von Onkel Friedrich die Nachricht, es seien 195 Dollar Spenden gesammelt worden und in Form von acht Schecks, zustellbar in Dollar (ein Scheck durfte den Wert von 25 Dollar nicht übersteigen) als Wertbriefe nach Ritterhude unterwegs. Vier Schecks zu insgesamt 100 Dollar hatte er am 15. Januar mit dem Dampfer »München« abgeschickt und 95 Dollar als vier weitere Schecks am 19. Januar mit der »Präsident Roosevelt«, so Fred Evers. Das Geld war von acht namentlich genannten Spendern für Hilfsbedürftige in der Gemeinde gedacht.[77] Onkel Friedrich hatte in New York zu diesem Zweck eine Wohltätigkeitsveranstaltung organisiert. Deshalb mahnte er den Gemeindevorsteher, gleich nach Ankunft des Geldes jedem Spender ein Dankschreiben der Gemeinde Ritterhude zukommen zu lassen.

Die Schecks gelangten nach 20-tägiger Reise unversehrt ans Ziel. Evers zahlte sie bei der Deutschen Bank ein und erhielt die Summe in Dollar ausgezahlt. Allerdings durfte er nicht mehr als 25 Dollar täglich abheben.[78] Evers dankte seinem zweiten in New York ansässigen Onkel Christian, dem Bruder von Onkel Friedrich:

[...] *Durch Onkel Friedrich wurden mir von Dir 25 Dollars als Leihgabe übersandt zum Zwecke der Verteilung an Hilfsbedürftige Deiner Heimatgemeinde, unserer lieben Gemeinde Ritterhude.* [...] *Insgesamt wurden mir 220 Dollar überwiesen. Ich sage Dir als Gemeindevorsteher meinen herzlichen Dank im Namen der von Deiner Gabe beschenkten Bedürftigen. Der bitter böse Krieg hat viel Elend und Not mit sich gebracht und es ist Euch als Heimatbrüder hoch anzurechnen, daß Ihr in so großzügiger Weise dazu beitragen wollt die Not und das Elend unter Euren Gemeindebrüdern und Schwestern lindern zu helfen.* [...] *Mutter, wie Du wohl von Onkel Friedrich erfahren hast, war letztes Jahr sehr krank, musste sich auch einer Operation unterziehen, doch geht es ihr jetzt ganz gut wieder* [...].[79]

Zur politischen Situation bezieht Evers in keinem seiner Briefe Stellung. Im April 1924 wurde nach dem frühen Tod des Reichspräsidenten Friedrich Ebert der 78-jährige Generalfeldmarschall Paul von Hindenburg als Kandidat der politischen Rechten zum Nachfolger gewählt. Auch als oberster Repräsentant der Republik blieb Hindenburg den Ideen der Monarchie verbunden.

Der zwölfköpfige Gemeindeausschuss von Ritterhude, bestehend aus sechs Mitgliedern der Sozialdemokratischen Partei Deutschlands (SPD), fünf Vertretern der Bürgerlichen Einheitspartei und einem Mitglied der Kommunistischen Partei Deutschlands (KPD) wählte Christian Evers 1924 erneut einstimmig zum Gemeindevorsteher.

* * *

77 Vgl. Briefwechsel Christian und Friedrich Evers 1924. Nl Evers Kor.m.Verw. 20-23.

78 Evers, 24. Februar 1924 an Onkel Friedrich Evers. Nl Evers Kor.m.Verw. 22 Bl. 1.

79 Evers, 24. Februar 1924 an Onkel Christian Evers. Nl Evers Kor.m.Verw. 22 Bl. 2.

Abb. 7 und 8: Die Eltern der Brüder Ries und ihrer Schwester Marie Bergmann, geb. Ries:
Louis Ries (10.11.1815–31.10.1886) und Wilhelmine Ries, geb. Hasseldiek (27.1.1822–24. 8.1886)

Abb. 9: Hotel Savoy (rechts). Im Vordergrund die Plaza. Linker Hand befindet sich der Central Park. Die Straßenbahnschienen der 59th Street führen hinunter zum East River und zur Oueensborough Bridge. Collection of The New York Historical Society, PRO54, 49, Netherland-Savoy Hotel, 5thAvenue, 59th Street.

Abb. 10: Hotel Savoy. 1906. Collection of The New York Historical Society, PRO20, 68, 81377d.

Rechts:
Abb. 12: Das Office des Savoy. Hotel Savoy Illustrated.
Milstein Division, The New York Public Library, Astor, Lenox
and Tilden Foundations.

Abb. 11: Der Eingang des Savoy an der Fifth Avenue. Collection of The New York Historical Society, PRO20, 68, 78529d.

Abb. 13: Salon Louis XVI. Hotel Savoy Illustrated. Milstein Division, The New York Public Library, Astor, Lenox and Tilden Foundations.

Abb. 14: Grand Dining Room. Hotel Savoy Illustrated. Milstein Division, The New York Public Library, Astor, Lenox and Tilden Foundations.

Abb. 15: Nachdem das Hotel Savoy Mitte der 1920er Jahre abgerissen worden war, wurde es 1927 durch das 33 stockige Savoy Plaza Hotel ersetzt (rechts). Hotel Sherry-Netherland (mitte). Foto: Abbott, Berenice, Manhattan, Fifth Avenue-58th Street. 1937. Milstein Division, The New York Public Library, 709051F.

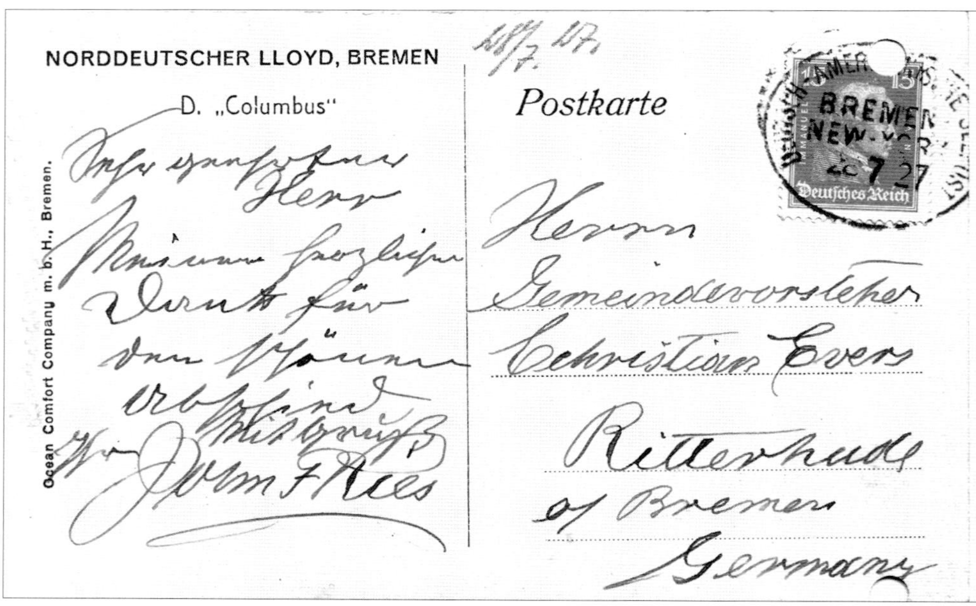
NORDDEUTSCHER LLOYD, BREMEN

D. „Columbus“

Ocean Comfort Company m. b. H., Bremen.

Sehr geehrter Herr
Meinen herzlichen Dank für den schönen Abschied
Mit Gruß Ihr John F Ries

Postkarte

Herrn
Gemeindevorsteher
Christian Evers
Ritterhude
of Bremen
Germany

Abb. 16, Vorder- und Rückseite: Die Postkarte schrieb John F. Ries an Evers am 28. Juli 1927 auf dem Dampfer »Columbus«: Sehr geehrter Herr. Meinen herzlichen Dank für den schönen Abschied. Mit Gruß Ihr John F Ries. Nl Evers BRiesBr 26.

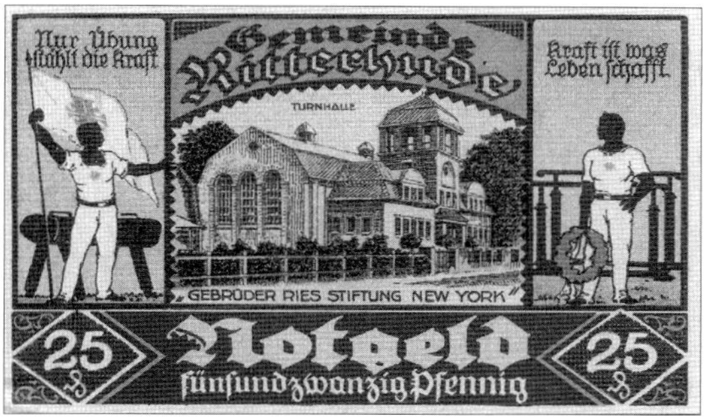

Abb. 17, Vorder- und Rückseite:
Die farbigen Ritterhuder Notgeldscheine trugen verschiedene Motive. Hier: die von den Brüdern Ries gestiftete Turnhalle. Auf der Rückseite ist Turnvater Jahn abgebildet. Die Scheine waren durchnummeriert und von Gemeindevorsteher Christian Evers unterschrieben.

Abb. 18: Blick von der Hamme auf Ritterhude.

Abb. 19: Christian und Luise Evers, geb. Stelljes. 1921.

Abb. 20: Margarete. 1923.

Abb. 21: Margarete. 1928.

Abb. 22: In den Hammewiesen. V. l.: Margarete, Luise und Christian Evers, Margarete Plump.

Ein Ort wandelt sein Antlitz – Siftungsgeschichte 1925 bis 1932

Für die Jahre 1923 und 1924 enthält Evers' Nachlass keine Korrespondenz mit den Brüdern Ries. 1925 begann wiederum eine intensive Zusammenarbeit über den Atlantik hinweg. Hermann und John F. verbrachten vom Oktober 1925 bis Juni 1926 ihre letzten Monate in New York, bevor sie in die Heimat zurückkehrten. Die Briefe aus dieser Zeit sind nur von der Evers'schen Seite erhalten. Ihnen ist auch zu entnehmen, dass der Postweg von New York nach Ritterhude ungefähr vierzehn Tage dauerte.[80]

Wenngleich die Brüder Ries schon vor dem Ersten Weltkrieg im Zuge des Turnhallenbaus weitere Stiftungen in Aussicht gestellt haben sollen, musste doch jemand die Initiative ergreifen, um die Offerten auch umzusetzen. Dafür war, wie sich in den kommenden Jahren herausstellen sollte, Christian Evers besonders geeignet.

Der junge Gemeindevorsteher erkannte die enormen Möglichkeiten, die sich durch den Wunsch der Stifter anboten, ihr »Geld in anständiger Weise wieder loswerden« zu wollen. Mit wie viel Engagement Christian Evers sich für eine Sache einsetzen konnte, wenn er sie für wichtig erachtete, sollte sich bei der Realisierung der Ries-Stiftungen zeigen. Die überlieferten Briefwechsel zum Apotheken- und Rathausbau enthüllen die enge Zusammenarbeit von Gemeindevorsteher, Stiftergeschwistern und dem Architekten.

Kirchenglocke, Apotheke, Planungen für das Rathaus

Im Jahr 1925 schrieb der amtierende Landrat von Osterholz im Rahmen der Bewilligung einer Apothekenkonzession für Ritterhude:

[...] *Es kommt ferner für mich als schwerwiegend in Betracht, daß die amerikanischen Geschenkgeber, die schon recht alte Herren sind, zu Gunsten von Ritterhude allerhand weitere Mäzenatenpläne haben. Gemeindehaus, Schulhaus, ja Kirche und Pfarrhaus wollen sie schenken, aber immer eins nach dem anderen. Sie verlangen die Vorlegung reifer Projekte und dann stellen sie das Geld zur Verfügung* [...].[81]

Nachdem die Kirchengemeinde die größere der beiden Kirchenglocken im Jahr 1917 für Kriegszwecke hatte abgeben müssen – sie wurde vermutlich eingeschmolzen und zu Munition verarbeitet –, stifteten die Brüder Ries 1925 eine neue Glocke. Sie sollte am 20. September feierlich eingeweiht werden. Der Glockenguss verzögerte sich jedoch. Kurz entschlossen fuhr Evers selbst zu der Glockengießerei nach Hildesheim und sorgte dort dafür, dass die Belegschaft zwei Nachtschichten einlegte und die Glocke in der Nacht vom 17. auf den 18. September in seiner Anwesenheit gegossen wurde. Der ursprünglich vorgesehene Transport mit der Eisenbahn hätte zuviel Zeit in Anspruch genommen, so besorgte er einen Lastwagen und fuhr zusammen mit der Glocke nach Ritterhude zurück.[82]

80 Akte Rathausbau.

81 Schreiben an den für den Kreis Osterholz-Blumenthal zuständigen Medizinalrat im Jahr 1925. Vgl. Müller, H.: Ein großes Dorf braucht eine Apotheke. In: Ritterhuder Hefte 9, 1987. S. 38-48, hier S. 46.

82 Vgl. Müller, H., Ein Denkmal, a.a.O.

Die neue Glocke war aus verschrotteten Kanonen gegossen worden. Rektor Schnackenberg schrieb:

Aus der Verkündung des Friedens war das Werkzeug des Krieges geworden. Und wieder wurde aus dem Werkzeug des Hasses die Glocke, die den Frieden verkündet.[83]

Zur Einweihung der neuen Kirchenglocke am 20. September 1925 waren auch die Brüder Ries und Marie Bergmann in die St. Johannes Kirche gekommen. Christian Evers konnte bei dieser Gelegenheit voller Freude eine weitere Stiftung ankündigen: Seit langem hatte die Gemeinde sich eine eigene Apotheke gewünscht. Nun sollte sie sogar mit entsprechender Einrichtung gebaut werden können. Ein Grundstück war schon im Juli erworben und von den Brüdern Ries bezahlt worden. Das war längst ein offenes Geheimnis, doch noch immer fehlte die behördliche Konzession, ohne die es keine Apotheke geben würde. Vierzig Jahre lang hatte man sich darum bemüht.

Ritterhudes medizinische Versorgung hatte in der Vergangenheit viel zu wünschen übrig gelassen. Ärzte waren immer wieder abgewandert, auch weil Medikamente erst aus Lesum oder Scharmbeck besorgt werden mussten. Im Februar 1914 hatte sich der Arzt Dr. med. Karl Caselitz in Ritterhude niedergelassen. Die Gemeinde baute ihm ein Haus und wünschte sich nun endlich auch eine eigene Apotheke. Seit 1885 hatten die zuständigen Behörden Anträge für die nötige Vollkonzession abgelehnt. Eine eigenständige Apotheke galt als nicht überlebensfähig. Man hatte große Bedenken wegen der nachbarschaftlicher Konkurrenz: Die bestehenden Apotheken in Burg und Lesum könnten schweren Schaden nehmen. Ausgewählte Geschäfte wie der Ritterhuder Kaufmann Seiden hatten immerhin eine Genehmigung für einen Drogenschrank, und seit 1903 gab es einen Botendienst:

Von Ritterhude nach Lesum wird vom 20. Januar ab täglich ein Apothekenbote gehen. Abgang von Ritterhude: Abends 5.45. Sammelstelle für Rezepte etc. bei Herrn Kaufmann J. Seiden. Ritterhude. Apotheker Bayer, Lesum. [84]

Nach dem Krieg beschloss der Gemeindeausschuss, im Jahr 1923 zum wiederholten Mal eine Apotheken-Konzession zu beantragen. Die eingeleiteten Schritte und das behördliche Prozedere waren wiederum ohne positives Resultat geblieben, bis die Brüder Ries ihre Schenkung ankündigten. Mit diesem Pfund setzte Christian Evers sich auf seine Weise bei den Behörden ein: Am 10. August 1925 bat er den Regierungspräsidenten in Stade um ein persönliches Gespräch:

Betreffend der Errichtung einer Apotheke in hiesiger Gemeinde, teile ich mit, daß die benachbarten Apothekenbesitzer der Scharmbecker und Burger Apotheke kein Interesse für die Errichtung einer Zweigapotheke in hiesiger Gemeinde haben. Da zwei befreundete Deutsch-Amerikaner, die der Gemeinde bereits vor dem Kriege eine Turnhalle stifteten und jetzt eine neue Kirchenglocke für die im Kriege dem Vaterlande geopferte Glocke schenkten, und sich auch dazu entschlossen haben, der Gemeinde eine Apotheke (Gebäude) mit allem Zubehör, Einrichtung, etc. zu schenken, möchte ich euer Hochwohlgeboren gerne persönlich in dieser Angelegenheit sprechen.[85]

83 Schnackenberg, Ries-Schule, S. 15.

84 Anzeige aus dem Jahr 1903. In: Müller, H., Apotheke, a.a.O., S. 43.

85 Ebd., S. 46.

Die Unterredung mit dem Regierungspräsidenten verlief erfolgreich. Doch das entscheidende Wort hatte die nächsthöhere Instanz, der Oberpräsident in Hannover. So fuhr der Gemeindevorsteher nach Hannover und konnte sich auch hier durchsetzen. Endlich war nach vierzigjährigem Ringen eine Vollkonzession für eine Apotheke in Ritterhude bewilligt. Den Brüdern Ries teilte Evers am 18. September 1925 mit:

Am Montag dieser Woche war ich in der Apothekenangelegenheit in Stade auf der Regierung und habe veranlaßt, daß der Bericht des Regierungspräsidenten am selben Tage nach Hannover zum Oberpräsidenten, der in der Angelegenheit das entscheidende Wort zu sagen hat, abgeschickt wurde - und zwar befürwortent. Da ich jetzt, wie ich ihnen immer erzählt habe, das erwähnte Ziel bis zum 20.d.M. gern erreichen wollte, bin ich am Mittwoch nach Hannover zum Oberpräsidenten gefahren um etwa noch anzustellende Rückfragen zu vermeiden bzw. diese gleich mündlich zu beantworten. Nach eingehender Schilderung der Verhältnisse beim Oberpräsidenten ist mir dann auch mein Ziel zu erreichen gelungen.[86]

Mit dem Entwurf der Linden-Apotheke wurde der junge Bremer Architekt und Regierungsbaumeister a. D., Friedrich August Wilhelm Schuckmann, beauftragt. Er war der Sohn des Architekten Professor Oskar Leopold Schuckmann, der schon 1912 für Ritterhude die Turnhalle entworfen hatte.[87]

Wie der Kontakt zu den Brüdern Ries entstand, ist nicht bekannt. Möglicherweise kannten sich Familie Schuckmann und das Ehepaar Marie und Ludwig Bergmann, die in Bremen nur einige Straßenzüge voneinander entfernt wohnten.

O. L. Schuckmann hatte seit 1895 an der Technischen Hochschule in Bremen gelehrt und war 1909 zum Professor ernannt worden. Aus gesundheitlichen Gründen hatte er sich nach einem Kuraufenthalt im Tessin in der Nähe von Locarno einen Landsitz errichtet und hielt sich dort auf, wann immer seine Lehrtätigkeit es ihm erlaubte. Er starb 1920 im 60. Lebensjahr.

Der Sohn Schuckmann, der schon während seines Studiums an den Technischen Hochschulen von Karlsruhe und Hannover gern seinem Vater geholfen haben soll, legte 1917 seine Prüfung zum Diplomingenieur ab. Anschließend arbeitete er für die Eisenbahndirektion und das Hochbauamt der Regierung in Hannover. 1920 wurde ihm das Patent als Regierungsbaumeister zugesprochen. Ein Jahr später wechselte er nach Bremen und übernahm hier das Amt als stellvertretender Direktor des Wohnungs- und Siedlungsamtes. Seit 1924 war F. A. Schuckmann selbständig und sollte »der Architekt der Ries-Stiftungen« werden.[88] Der stets mit Zigarre

86 Ebd., S. 47.

87 Das Original der Bauzeichnung für die Linden-Apotheke fand sich im Nachlass von Christian Evers. Zu den Architekten und ihren Bauwerken vgl. Schotge, Günter. In: Ritterhuder Heimat- und Bürgerzeitung vom 13.11.1996 und ders. mit Budde, Hans: Bremer Baumeister Prof. Oskar Leopold Schuckmann und sein Sohn Georg Friedrich August Schuckmann. In: Der Aufbau, 52. Jg., Heft 1, Juni 1997, S. 17-19. Und: Müller, K.: Die Ries-Gebäude und ihre Architekten. In. Ritterhuder Hefte 19, 1997. S. 39-48. Alle hier genannten Veröffentlichungen drucken ein Foto mit falscher Bildunterschrift ab! Die Aufnahme lichtet den Vater Prof. Oskar Leopold Schuckmann, geb. 1860, ab und nicht, wie die Bildunterschrift angibt, den Sohn Friedrich August Schuckmann, geb. 1891. Auf der Rückseite des Originalfotos ist vermerkt: August 1916. Privatunterlagen Schuckmann.

88 F. A. Schuckmann wurde am 4. August 1891 in Münster im Taunus geboren und legte 1911 am Alten Gymnasium in Bremen die Reifeprüfung ab. 1924 bis 1933 arbeitete er als freier Architekt. 1933 weigerte er sich, der Reichskulturkammer beizutreten. 1939 bewarb er sich bei der Marine-Intendantur in Wilhelmshaven. Der zu

und breitkrempigen Hut anzutreffende, elegant gekleidete Architekt, der gern Tennis spielte, wirkte auffällig weltmännisch.

Evers schrieb am 16. März 1926 nach New York:

Meine sehr geehrten Herren Ries!
Ich bestätige dankend den Empfang Ihrer werten Briefe vom 15. und 24. Februar ds. Js., die ich am 1. bezw. am 11. März ds. Js. erhielt.

Wie ich ihrem werten Briefe vom 15. Februar entnehme, haben Sie sich mit dem Bauplan der Apotheke endgültig einverstanden erklärt und mich und Herrn Schuckmann beauftragt, alles Weitere gemäß dem Bauplan (Zeichnungen) zu regeln. Wir werden alles daran setzen, um ihren Wünschen in jeder Beziehung Rechnung zu tragen. [...]

Mit dem Bau ist nun am 8. März bereits begonnen. Die Ausschachtungsarbeiten des Kellergeschosses werden morgen beendet werden. Der Brunnen ist zwecks Entnahme des Wassers für Kalklöschen etc. fertig gestellt. Der Kalk ist größtenteils gelöscht. Heute sind die ersten Steine sowie eine Ladung Kalk angefahren. [...] und ich will sehnligst wünschen, dass es Ihnen meine hochverehrten Herren vergönnt sein möge, im Laufe des nächsten Sommers den vollendeten Bau bei bester Gesundheit in Augenschein nehmen zu können. Am Freitag, den 12. d. Mts. habe ich den Kaufpreis für den »Alten Pfarrgarten« im Betrage von 8166 R.M. von Ihrer Schwester, Frau Bergmann empfangen.

Nehmen sie meine hochverehrten Herren nochmals den herzlichsten Dank für dieses Vermächtnis entgegen. Sie können versichert sein, dass Ihre Heimatgemeinde Ihre Wohltaten zu würdigen versteht. Ich will nicht verfehlen, nochmals das Glockengeschenk in Erwägung zu ziehen. Wer nimmt wohl den Klang der Glocke wahr, ohne unwillkürlich an Sie, meine sehr geehrten Herren Geschenkgeber zu denken. - Niemand!. - es ist eine wahre Freude, unser volles Glockengeläut jetzt anhören zu können und der Tag der Einweihung, der 20. September v. Js. wird für Alle, die ihn in der Kirche miterleben durften, eine Erinnerung für das ganze Leben sein.

Nach Verabredung mit dem Kirchenvorstand werde ich höchstwahrscheinlich am nächsten Montag, am 22. d. Mts. die Umschreibung des »alten Pfarrgartens« an die politische Gemeinde auf dem Amtsgericht in Osterholz vornehmen. [...] Auch werde ich in der nächsten Sitzung des Gemeindeausschusses mit den Vertretern der Gemeinde überlegen, ob nicht die Einplanierung des »alten Pfarrgartens« mit Hilfe der produktiven Erwerbslosenfürsorge, wie solche seitens der Regierung zur Linderung der Not nunmehr eingeführt ist, vorgenommen werden soll.[89]

Jetzt folgte ein Projekt dem Nächsten: Am 5. April schrieb der Gemeindevorsteher noch nach New York:[90]

diesem Anlass von ihm selbst verfasste Lebenslauf ist erhalten (Privatunterlagen Schuckmann). Bei der Marine-Intendantur arbeitete er in der Verwaltung. Aus gesundheitlichen Gründen schied er 1944 aus dem Arbeitsverhältnis aus. F.A. Schuckmann starb im Alter von 53 Jahren am 30. Mai 1945 in seinem Bremer Wohnhaus.

89 Evers, 16. März 1926. Akte Rathausbau, Folder 3.

90 Evers, 5. April 1926. Akte Rathausbau, Folder 3.

Meine sehr verehrten Herren Ries!

Ihre werten Zeilen vom 8. März ds. Js. habe ich am 22. März dankend erhalten.

Ich will den heutigen 2. Osternachmittag dazu benutzen, um Ihnen einige Zeilen mitzuteilen. Bewahrheitet hat sich also meine in meinem Briefe vom 16. März ausgesprochene Vermutung, das Sie Ihrer werten Schwester 3/8 der ursprünglichen Bausumme gleich 37500 RM überwiesen haben. [...]

Unter dem Ausdruck des Dankes für alles Gute, was sie meine hochverehrten Herren und Ehrenbürger Ries an uns getan haben, schließe ich in der Erwartung, dass Sie beide am 10. Juni hier bei bester Gesundheit eintreffen werden und verbleibe stets gern zu Ihren Diensten stehend.

Evers Gemeindevorsteher.

Für den Bau der Apotheke mit Einrichtung war insgesamt eine Summe von 110 000 Reichsmark veranschlagt. Im Mai 1926 war Richtfest, der Rohbau stand im Juni. In diesem Monat waren die Brüder Ries endgültig nach Deutschland zurückgekehrt und lebten von jetzt an bei ihrer Schwester in Bremen, wenn sie nicht zu Kuraufenthalten im Harz oder Schwarzwald gereist waren.[91]

Wie die Briefe zeigen, liefen parallel zum Bau der Apotheke längst die Planungen für das nächste Vorhaben. Kurz bevor Hermann und John F. Ries im Oktober 1925 das letzte Mal gemeinsam nach New York abgereist waren, hatten sie Christian Evers am 22. September beauftragt, das zentral an der Ritterhuder Hauptstraße gelegene Grundstück, den so genannten »Alten Pfarrgarten« für die politische Gemeinde zu erwerben, ohne deutlich erkennen zu lassen, was sie mit diesem Platz vorhatten.[92]

Seit langem hatte man das Grundstück im Herzen des Ortes mit seinen über hundert Jahre alten Bäumen als idealen Platz für ein Gemeindeverwaltungshaus angesehen. Derzeit war die Wiese an einen Landwirt verpachtet. Unter den prächtigen hohen Kastanien spielten Kinder und weideten Kälber. Bis 1829 hatte hier das alte strohgedeckte Pfarrwohnhaus mit Scheune gestanden, das am 1. Oktober 1829 mittags vollständig abgebrannt war.[93] Die Grundstückseigentümer, die Patrone, waren verpflichtet, den Pastoren Unterkunft zu bieten, und hatten vor, an diesem Platz ein neues Pfarrhaus zu errichten.[94] Als bekannt wurde, dass die Brüder Ries hier investieren wollten, bemühten sich alle Beteiligten, dem an Evers vergebenen Auftrag zu entsprechen. Kirchenvorstand und Patrone konnten der neu angedachten Nutzung durch die politische Gemeinde allerdings nur dann zustimmen, wenn gleichzeitig ein angemessenes

91 Evers an Ries, 22. Juni 1926. Akte Rathausbau, Folder 3

92 Vgl. von der Gemeinde gedruckter Folder: Gemeindehausbau in Ritterhude, 19. Februar 1927. 2 S. Mit einem Verzeichnis der Mitglieder des Gemeindevorstandes und der Gemeindevertretung im Jahr 1926, Verzeichnis der Mitglieder der Kommission für diesen Bau und dem Verzeichnis der Mitglieder des Kirchenvorstandes im Jahre 1926. Akte Rathausbau, Karton 1. Und: Die Grundsteinlegung zum Rathausbau in Ritterhude. In: Osterholz-Scharmbecker Zeitung, Di., 22. Februar 1927, Nr. 45.

93 Ausführlich: Schütze, E., Geschichte der Ritterhuder Kirche, hier S. 100. Das wertvolle Kirchenarchiv konnte in weiten Teilen gerettet werden.

94 Zum Patronatsverhältnis vgl. in diesem Kapitel: Das neue Pfarrhaus. Und: Schütze, Geschichte der Kirche, a.a.O., S. 102 ff. Schreiben Rechtsanwalt und Notar Hagemann/v. Hugo, Verden/Aller, 3. Dezember 1925 an Gemeindevorsteher Evers. Akte Rathausbau, Folder 3.

Grundstück für ein zukünftiges Pfarramt zur Verfügung gestellt wurde. Am 11. November 1925 beschloss der Kirchenvorstand einstimmig, den »Alten Pfarrgarten« für 8000 Reichsmark an die politische Gemeinde unter folgenden Bedingungen zu verkaufen:

Sollte jedoch aus der Absicht der Herren Gebrüder Ries, uns auf dem früheren Hohorst-'schen Grundstück ein Pfarrhaus als ein Geschenk an uns zu erbauen, aus irgendeinem Grunde nichts werden, so erhöht sich der Kaufpreis auf 12000 R.M. Damit beweisen wir der politischen Gemeinde ein großes Entgegenkommen; nämlich auf diesem neu zu erwerbenden Platz wollen die genannten Herren der politischen Gemeinde geschenkweise ein Gemeindehaus bauen. --- wir verkaufen diesen also nur zu dem Zweck der Erbauung eines Gemeindehauses, nicht also beispielweise zu Spekulationszwecken etc.[95]

Offensichtlich war die Nutzung des Grundstückes intern bereits beschlossen worden. Der Grundstücksverkauf war also an den Bau eines Gemeindehauses und eines Pfarramtes gebunden.

Im Februar 1926 stimmten auch das Landeskirchenamt in Hannover und der Kreiskirchenvorstand in Lesum dem Verkauf an die politische Gemeinde zu. Diese musste sich verpflichten, innerhalb von drei Jahren auf dem Grundstück ein Gemeindehaus zu errichten und es bei Bedarf auch der Kirchengemeinde zur Verfügung zu stellen. Andernfalls würde die Auflassung hinfällig und rückgängig gemacht. Sie verpflichtete sich weiterhin, das Erdreich des höher am Geestrücken gelegenen »Alten Pfarrgartens« zu dem schräg gegenüber zu den Hammewiesen abfallenden, tiefer liegenden Grundstück für das zukünftige Pfarramt herüberzuschaffen, ohne dass der Kirchengemeinde davon Kosten entstanden.

Der Gemeindeausschuss beschloss im April 1926, die Erd- und Planierungsarbeiten als Notstandsarbeiten zu deklarieren und von Menschen aus der so genannten produktiven Erwerbslosenfürsorge ausführen zu lassen. Der Regierungspräsident in Stade bewilligte im Juni 1926 einen entsprechenden Antrag.[96]

Dennoch schien es selbst für Gemeindevorsteher Christian Evers bis Ende Juni 1926 nicht ganz sicher gewesen zu sein, dass auf dem Grundstück tatsächlich ein Gemeindehaus gebaut werden sollte.

Am 11. Juni waren die Brüder Ries aus Amerika zurückgekehrt. Mit spitzer Bleistiftschrift hat Evers nachträglich an den Rand seiner Besuchsankündigung im Hause Marie Bergmann vom 22. Juni notiert: *»Am Donnerstag, den 24/6 26 haben die Herren Ries mir den Bau eines Gemeindehauses angeboten, falls die Gemeinde einen Bau wünsche.«*[97]

Pro forma konnte die Gemeindevertretung also entscheiden, wie sie den Platz nutzen wollte. Daraufhin lud Evers den Gemeindeausschuss zu einer außerordentlichen Sitzung im Fr. Wilh. Beissner'schen Lokal ein, dem heutigen »Ritterhuder Landhaus«, mit dem einzigen Tagesordnungspunkt: »Beschlussfassung betr. Annahme eines Geschenkes der Ehrenbürger, der Herren Herm. H und Joh. Fr. Ries in Gestalt eines Gebäudes«.

95 Protokoll Kirchenvorstandssitzung, 11. November 1925, Abschrift vom 13. November mit Originalunterschrift und Dienstsiegel Pastor Degener. Akte Rathausbau, Folder 3.

96 Protokoll der Gemeindeausschusssitzung, 13. April und: Der Landrat, Osterholz, 16. Juni 1926. Akte Rathausbau, Folder 3.

97 Evers an die Herren Ries, 22. Juni 1926. Abschrift. Akte Rathausbau, Folder 3.

Das Protokoll vermerkt:

Der Tagesordnung gemäss wurde folgendes verhandelt und beschlossen:

Der Gemeindeausschuss nimmt mit grossem Interesse und grosser Freude von dem Bericht des Gemeindevorstehers über die am Donnerstag, den 24. des. Mts. mit den Ehrenbürgern, den Herren Herm H. Ries und Joh. Fr. Ries gehabte längere Unterredung Kenntnis.

Nach dieser Unterredung haben die Herren Ries zu erkennen gegeben, das sie gewillt sind, ihrer Heimatgemeinde Ritterhude ein weiteres Geschenk in der Gestalt eines Gebäudes, welches auf dem alten Pfarrgarten, der ebenfalls in dankenswerter Weise von den Herren Ries der Gemeinde übereignet worden ist, errichtet werden soll, zu machen. Der Gemeindeausschuss ist der Meinung, dass dieses Grundstück im Herzen der Gemeinde gelegen, ganz besonders für die Erbauung eines Gemeinde-Verwaltungsgebäudes geeignet ist und spricht unter dem Ausdruck des Dankes den Herren Ries die ergebene Bitte aus, ihrer Heimatgemeinde Ritterhude ein Verwaltungsgebäude zu schenken, welches neben den Räumen für die Gemeindeverwaltung, für die Wohnung des Gemeindevorstehers und eines Hausbotens auch Räume für die Spar- und Darlehenskasse zu Ritterhude erhalten dürfte, die der Spar- und Darlehenskasse gegen Zahlung einer angemessenen Miete zu überlassen wären.

Es wird eine Kommission unter dem Vorsitz des Gemeindevorstehers bestehend aus den Herren Drexer, Caselitz, Klingemann, Brünjes, und Sandhusen gebildet, die den Auftrag erhält, den Herren Ries persönlich den herzlichsten und aufrichtigsten Dank ihrer Heimatgemeinde Ritterhude zu übermitteln.

Auch wird dieser Kommission die weitere Bearbeitung der mit dem Bau etwa zusammenhängenden Fragen übertragen.[98]

Ein Abend im Bremer Ratskeller sollte der angemessene Rahmen sein, den Beschluss der Gemeindevertretung von der neu gebildeten Rathauskommission und dem Gemeindevorsteher den Brüdern Ries persönlich vorzutragen. Auch Architekt Schuckmann war eingeladen. Christian Evers lässt uns mit einer persönlichen Randnotiz auf dem Protokoll an dem Abend teilhaben. Er notierte:

Eine Abschrift dieses Beschlusses wurde den Herren Ries am Sonnabend den 3. Juli ds. Js. abends 6 Uhr im Ratskeller zu Bremen übergeben. Es fand ein gemeinschaftliches Essen statt an dem die beiden Herren Ries und von der Gemeinde der Gemeindevorsteher Evers und die fragl. Kommissionsmitglieder teilnahmen. Die Feier dauerte von 6-91/2 Uhr abends und wurde von den Gemeindevertretern benutzt, den Herren Ries die Dankbarkeit der Heimatgemeinde zu beweisen. Die Herren Ries zeigten bei verschiedenen Anlässen die Liebe zur Heimatgemeinde Ritterhude und zu unserem Vaterland. Es war eine sehr erhebende Feier mit ernstem und auch fröhlichem Inhalt, an die jeder Teilnehmer gerne zurückdenken wird. Die Herren Ries erklärten, das der Abend zu einem der schönsten ihres Lebens gehöre.[99]

F. A. Schuckmann erhielt an diesem Abend den Auftrag, die Pläne für ein Gemeindehaus, den Wünschen der Gemeinde Rechnung tragend, zu entwerfen.

98 Protokoll der Gemeindeausschusssitzung, 29. Juni 1926. Abschrift, 1. Juli. Akte Rathausbau, Folder 3.

99 Ebd.

Am nächsten Tag bedankte Marie Bergmann sich mit einer Grußkarte bei Christian Evers für die freundlichen Sonntagsgrüße aus Ritterhude und den schönen Rosenstrauß, über den sie sich sehr gefreut habe.[100]

Das Osterholzer Kreisblatt veröffentlichte am 16. Juli 1926 den von Evers verfassten Artikel:

Unsere Gemeinde hat viel Gelegenheit und Anlass, den materiellen und womöglich noch mehr den idealen Wert treuer Freundschaft und Heimatliebe hoch zu preisen. [...] *Die Herren Ries schenken im würdigen Alter von 77 und 79 Jahren ihrem Geburtsort, ihrer Heimatgemeinde, in der sie ihre Kinderjahre verlebten, aus unaussprechlicher Liebe zu ihr außer der prächtigen Turnhalle und der noch im Bau befindlichen schönen geräumigen Apotheke jetzt das dritte Gebäude und bringen dadurch die Entwicklung des hiesigen Gemeinwesens in kurzer Zeit um Jahrzehnte weiter vorwärts. Der Dank der Gemeinde wird diesen heimattreuen Söhnen für alle Zeiten gewiß sein.*[101]

Möglicherweise veranlasste diese Meldung den Worpsweder Maler Walter Bertelsmann nur wenige Tage später einen Brief an die Hammegemeinde aufzusetzen mit dem Vorschlag die »Ritterhuder Landschaft in ein oder zwei hervorragenden Ölgemälden darzustellen«.[102] Evers notierte sich, dass er im nächsten Sommer darauf zurückkommen wolle. Über die weitere Entwicklung des Projekts ist nichts bekannt.

Die Bewilligung der Regierung für die so genannte Notstandsarbeit war befristet. Evers stand unter Druck. Die Erdarbeiten zur Grundstücksvorbereitung für den Gemeindehausbau konnten erst beginnen, wenn die Baupläne entworfen und mit den Stiftern besprochen waren. Möglicherweise war es auch der gesundheitliche Zustand von Hermann H. Ries, der Evers veranlasste, die Planungen energisch voranzutreiben. Er bot den drei Geschwistern Ries/Bergmann, die sich gemeinsam in Bad Sachsa aufhielten, seinen Besuch an: [103]

Ritterhude, den 26. Juli 1926

Der Gemeindevorsteher
J.Nr. 4319

Meine sehr geehrten Herren Ries!
und sehr geehrte Frau Bergmann!

Zunächst bringe ich Ihnen meine Hoffnung zum Ausdruck, die darin besteht, dass Sie drei Geschwister sich im schönen deutschen Harz, im Bad Sachsa »Hotel Katzenstein« wieder bei bester Gesundheit zusammengefunden haben und dass sie sich alle sehr gut erholen werden.

100 Akte Rathausbau, Folder 3.

101 Osterholzer Kreisblatt Nr. 164, 16. Juli 1926. Akte Rathausbau, Folder 3.

102 Handschriftlicher Brief von Walter Bertelsmann, Worpswede, 21. Juli 1926 an die Gemeinde Ritterhude. Akte Rathausbau, Folder 5. Walter Bertelsmann, 1877 in Bremen geboren, verbrachte seine Kindheit in Bremen und war nach einer Ausbildung als Kaufmann Malschüler von Prof. Waldemar Otto in Bremen. Er war außerdem Schüler von Hans am Ende und lebte seit 1904 als Maler freischaffend in Worpswede. Dort starb er 1962.

103 Akte Rathausbau, Folder 5.

Hoffentlich ist das Wetter dort besser wie hier. Wir haben hier seit heute vor 8 Tagen an jedem Tage einige, teils kleine und teils grössere Regenschauer. Alsdann bestätige ich dankend den Empfang Ihre werten Zeilen vom 20. d. Mts. aus denen ich ihre Stellungnahme betr. Einplanierung des Rathausplatzes entnommen habe. [...] *Ich habe nun um die 1.356,- Reichsmark, die der Gemeinde zu diesem Zweck bewilligt sind,* [...] *mich an die Regierung gewandt mit der Bitte den Zeitpunkt der Förderung bis zum 31. 8. 26 zu verlängern, da die Arbeit bis zum 31. 7. doch nicht mehr zu erledigen ist. Ich nehme an, da wir auch im August noch dieselbe Zahl an Erwerbslosen haben werden, dass die Regierung dieser Bitte entsprechen wird. Heute Vormittag war Herr Schuckmann bei mir und zeigte mir den von ihm entworfenen Bauplan in Form einer perspektivischen Zeichnung. Herr Schuckmann wird Ihnen diese Zeichnung noch heute zusenden. Meiner Ansicht nach und nach Ansicht der Ihnen bekannten Kommissionsmitglieder wird der Entwurf sich in Wirklichkeit, in der Ausführung grossartig machen.* [...] *Wie ich Frau Bergmann und Herrn John Fr. Ries am Tage vor der Abreise bereits andeutete, beabsichtige ich Sie dort für ein paar Stunden aufzusuchen, da ich es einmal für meine Pflicht halte mich persönlich nach dem Befinden unserer werten Geschwister Ries, denen wir zu unendlichem Dank verpflichtet sind, zu erkundigen und ausserdem ich auch gern für ein paar Tage ausspannen möchte, vielmehr mit Rücksicht auf meine Gesundheit mal ausspannen muss. -*

Ich werde dann auch die bis dahin so einigermassen von Herrn Schuckmann fertig gestellten Baupläne mitbringen und dann könnten wir alle Ansichten austauschen, etwaige Fragen besprechen und ich glaube, dass wir auf diese Weise am besten und schnellsten vorwärts kommen. Als Besuchstag habe ich den 3. August ausersehen. - ich bitte um eine gefl. Mitteilung, ob sie mich an diesem Tage empfangen können. [...]

[...] *stets gern zu ihren Diensten stehend*

Evers
Gemeindevorsteher

Hermann H. Ries antwortete zwei Tage später aus Bad Sachsa: [104]

Sehr geehrter Herr Evers:
Ihr wertes Schreiben July 26. erhielt ich heute und beeile ich mich Ihnen mitzuteilen, daß der von Ihnen angedachte Besuch Aug 3 uns allen recht willkommen und angenehm sein wird. Wir können dann eine gegenseitige Aussprache über die ganze Angelegenheit haben.

Es freut uns alle, daß der Apothekenbau zügig der Vollendung entgegen schreitet und Anfang September zur Abnahme fertig gestellt werden kann.

Hätte gerne alle von Herrn Schuckmann bis soweit fertigen Pläne + Zeichnungen des projektierten Gemeinde Hauses. Diese Angelegenheit muss während des kommenden Winters perfect werden damit im nächsten Frühjahr der Bau in Angriff genommen werden kann.

104 Hermann H. Ries an Evers, 28. Juli 1926. Akte Rathausbau, Folder 5.

Wir sind überzeugt das Herr Schuckmann einen praktischen und auch schönen Plan ausarbeiten wird der unserem Heimatort sowie Herr Sch. zur Ehre gereichen wird.

Herzl. Gruss und beste Wünsche von Schwester, Bruder & mir
mit vorzüglicher Hochachtung
Herm. H. Ries

Vom Gemeindeausschuss beauftragt, »den Herren Ries sowie der werten Schwester Frau Bergmann in Bad Sachsa/Harz die herzlichsten Grüsse persönlich zu überbringen« geht Evers in Begleitung seiner Frau Luise am 3. August 1926 auf Harzreise.[105]

Ein anderes Mal fahren auch Tochter Margarete und Tante Bebe mit. 60 Jahre später erinnert sich Margarete: Sie habe mit Tante Bebe zusammen ein Zimmer gehabt, und ihre Eltern hätten ein eigenes in dem sehr feinen Hotel gehabt. Der ältere Bruder lebte zu diesem Zeitpunkt nicht mehr. Sie war vor allem dadurch nachhaltig beeindruckt, dass der jüngere Bruder und Frau Bergmann, wenn sie abends beisammen am Tisch saßen, gern ein Glas Rotwein tranken und dass sie dabei Mass hielten und gemeinsam höchstens eine halbe Flasche Wein am Abend tranken.[106]

Auch wenn die Korrespondenzen zwischen den Brüdern Ries und dem Gemeindevorsteher sich gewöhnlich auf Geschäftliches beschränken, lässt Evers in seinem vierseitigen handgeschriebenen Brief, gleich nach der Rückkehr aus dem Harz Persönliches einfließen. [107]

Ritterhude, den 12. August 1926

Meine sehr geehrten Herren Ries!

Wie meine Frau Ihnen bereits mitgeteilt hat sind wir am Montag abend gegen 9 Uhr hier wohlbehalten angelangt. Wenn ich auch Nachricht hatte, daß ich hier noch für einige Tage entbehrlich sei, glaube ich doch richtig gehandelt zu haben in dem ich nach hier zurückgekehrt bin und zwar einmal um unsere Pläne zu fördern und andererseits um Ihnen die gewünschte Ruhe und Ordnung zu belassen. Denn je größer die Umgebung desto mehr Unruhe. - Jedenfalls waren es für meine Frau und mich recht schöne und angenehme Tage, die Tage vom 3. bis 9. August des Jahres 1926, an die wir beide sehr gerne zurückdenken werden. - Heute morgen erhielten wir auch die Photographien. Ich muß sagen, daß dieselben sehr gut geworden sind und danke dem Herrn John Fr. Ries, daß er sich so zwanglos und gelegentlich mit uns verbildlicht hat und glaube in seinem Namen die folgenden Worte sprechen zu können:

105 Protokoll der Gemeindeausschusssitzung, 27. Juli 1926. Akte Rathausbau, Folder 6.
106 Interview M. Overath mit Margarete Voss, a.a.O.
107 Evers an Brüder Ries,12. August 1926. Abschrift. Akte Rathausbau, Folder 6.

Des Alters schwarz Gedanken,
Gedanken an den Tod
Ich schüttle sie vom Nacken,
noch hat es keine Not!
Heisa! Im Kreis der Jungen
Fühl ich mich wohl gefeit. -
Ich heb' mein Glas und rufe:
»Hoch leb' die Jugendzeit!« ...[108]

Dann folgt wieder Geschäftliches:

Was den Bau der Apotheke anbetrifft, teile ich mit, daß alle Arbeiten ihren gewohnten Fortgang nehmen. Die Firma Luerßen ist damit beschäftigt die Treppen aufzustellen und die Türen anzuschlagen; Luerßen wird mit diesen Arbeiten in diesen Tagen fertig werden. Herr Schuckmann hat gestern die Malerarbeiten und die Einfriedigung vergeben. Abschriften von den Kontrakten wird Herr Schuckmann Ihnen demnächst zusenden. Herr Schuckmann wird heute die Eisenroste über den Kellerfensterschächten in Auftrag geben. Alsdann wird Herr Schuckmann Ihnen die gewünschte Aufstellung über die in Auftrag gegebenen Arbeiten sowie über die Bezahlung derselben geben.

Je näher sich die Apotheke ihrer Vollendung nähert, desto schöner wirkt sie. Es ist wirklich ein schöner Bau, bei dem alle Personen, die Hand ans Werk legen durften den Stiftern zur Liebe ihre Pflicht erfüllten.

Nun was den Gemeindehausplan betrifft, bemerke ich, daß ich mich gleich am Dienstag-Nachmittag mit Herrn Schuckmann hingesetzt habe und mit ihm alle gewünschten Änderungen besprochen habe. Herr Schuckmann wird selbstverständlich die von Ihnen gegebenen Anregungen berücksichtigen und Ihnen sobald als möglich den abgeänderten neuen Plan unterbreiten. Ich bemerke noch, daß die Eingangstür 1,62 m, also circa 5 und 1/2 Fuß und somit wohl breit genug ist. Die anderen Anregungen werden sie an dem neuen Plan nach der mit Ihnen gehabten Aussprache entsprechend ausgeführt ersehen.

Ich hoffe jetzt daß Ihnen dort noch recht schöne Tage beschieden sein mögen und verbleibe mit den herzlichsten Grüßen an Sie und Ihre werte Schwester Frau Bergmann.

Stets gern zu Ihren Diensten stehend
Evers
Gemeindevorsteher

Das letzte Wort in gestalterischen Fragen behielten sich offenbar die Stifter vor:

P.S. Herr Schuckmann wird Ihnen wegen des Farbtons für das Holz der Einrichtung eine Beizprobe zusenden. Ich bitte Ihre Ansicht hierüber Herrn Schuckmann mitteilen zu wollen.

108 Eines der erwähnten Fotos ist überliefert. Auf der Rückseite notierte Evers: »Zur Erinnerung an meinen Besuch in Bad Sachsa bei den Herren Ries vom 3-9/8.1926. / Aufgenommen am 8/8 26 vormittags 12 Uhr gelegentlich eines Spazierganges von Sachsa zum Hotel Katzenstein. Z. Akte Rathausbau 12/8 26. John Fr. Ries. Evers Gemeindevorsteher.«

Die Rathauskommission beschloss am 27. August 1926 im Lindemann'schen Gasthaus[109]:

[...] *nach eingehender Besichtigung des von dem Herrn Architekten Schuckmann angefertigten Modells des zukünftigen Gemeindehausplatzes* [...] *mit Hülfe der Erwerbslosen die Einplanierungsarbeiten und die Ausschachtung der Kellergrube am kommenden Montag in Angriff zu nehmen. Die Arbeiten sollen* [...] *im Tagelohn ausgeführt werden und zwar soll die Firma hierfür eine Vergütung für einen Mann und eine Stunde eine Reichsmark erhalten bei einem Lohn von 76 R.Pfg. pro Stunde, der an die Arbeiter zu bezahlen ist.* [...] *In diesem Aufschlage bezw. dem Differenzbetrag zwischen 76 Pfg. und 100 Pfg. ist die Vergütung für die Gestellung des Gerätes, eine Baubude, der Gleise und Kippwagen sowie für die Arbeiter zu zahlenden sozialen Versicherungsbeiträge (Kranken- und Inv. Vers.) eingeschlossen. Dem Gemeindevorsteher sollen täglich Stundenzettel eingeliefert werden. Ferner gelangte man einstimmig zu der Ansicht, dass von den 4 hinteren Kastanienbäumen zwecks Anlegung eines einigermassen ordentlichen Weges mindestens 3 entfernt werden müssen. Hierüber soll jedoch erst endgültig nach Rücksprache mit den Herren Ries, die anfangs September zurückkehren werden, entschieden werden.*[110]

Schließlich waren die Einebnungsarbeiten für das Gemeindeverwaltungsgebäude Ende Oktober geschafft: Zu einem Stundenlohn von 76 Pfg. hatten andernfalls erwerbslose Arbeiter das Erdreich innerhalb von insgesamt 4411 Arbeitsstunden oder anders ausgedrückt in 51 3/8 Tagewerken abgetragen.[111]

Während Evers am 2. September 1926, in seinem direkt an der Hauptstraße nach Bremen gelegenen Wohnhaus am Schreibtisch sitzend, die Brüder Ries noch in Sachsa wähnte und folgende Zeilen an sie richtete: [...] *fuhr hier ein Auto vorbei in dem ich plötzlich und unerwartet den jüngeren Herrn Ries erblickte. - Also Sie geehrter Herr Hermann Ries sind noch allein in Sachsa! - Ich begab mich natürlich in der Annahme, dass Ihr Herr Bruder zur Apotheke gefahren war auch gleich zur Apotheke, wo ich Ihren Herrn Bruder dann herzlichst willkommen heißen und begrüßen könnte. Ihr Herr Bruder hatte noch eine Dame und einen Herrn aus Amerika bei sich. Alle waren von dem Gebäude sehr entzückt und zufrieden. Wir sind dann noch einmal zur Dammbrücke heruntergegangen, haben alsdann die Turnhalle und auch den Gemeindehausplatz besichtigt. Hierauf habe ich dann die Herrschaften bei mir zu einer Tasse Kaffee eingeladen, worauf dann die Rückfahrt nach Bremen erfolgte.* [...]

Ihnen nochmals ein gute Erholung wünschend, verbleibe ich mit den herzlichsten Grüssen und mit unaussprechlicher Dankbarkeit stets gern zu Ihren Diensten stehend.

Ihr Evers Gemeindevorsteher.[112]

109 Das ehemalige Gasthaus mit dem auffälligen Anbau liegt noch heute direkt gegenüber dem Rathaus an der Riesstraße.

110 Verhandlungsprotokoll der Rathauskommission, Ritterhude, 27. August 1926. Akte Rathausbau, Folder 6.

111 Gemeindevorsteher an Landrat Osterholz, 1. November 1926. Akte Rathausbau, Folder 6.

112 Evers an die Herren Ries in Bad Sachsa, 2. September 1926. Abschrift. Akte Rathausbau, Folder 6.

Die Dame aus Amerika, die John F. Ries besucht hat, wird Antonia Dugro aus New York gewesen sein, die Tochter des verstorbenen Hotel »Savoy«-Besitzers P.H. Dugro.[113]

Der Gemeindeauschuss sprach auf seiner Sitzung am 19. Oktober 1926 seine volle Zufriedenheit über die Pläne für den Rathausbau aus.[114] Am 22. Oktober 1926 schrieb Evers an den Architekten Schuckmann:

Die Pläne haben grosse Freude innerhalb der Gemeindevertretung hervorgerufen und haben sehr gut gefallen. Ich muss sagen, dass die jetzigen Fassaden mit den Rundbögen einen besseren Eindruck machen als wie die, die ich im Laufe des Sommers den Herren Ries in Sachsa unterbreitete. Es wird ein Gebäude werden, wie ein zweites in einer geraumen Umgebung wohl kaum zu finden sein wird. Die Herren Ries und auch Sie setzen sich mit dem Gebäude ein wunderschönes Denkmal. [...] *Ich hätte jetzt gerne nochmals den Plan von der Botenwohnung gesehen und möchte Sie bitten, zwecks nochmaliger Durchsprechung der Pläne im Laufe der nächsten Woche herauszukommen um Kleinigkeiten, die evtl. für den Kostenanschlag noch von Bedeutung sind zu besprechen. Ich möchte Sie ferner bitten den Herren Ries von unserer vollsten Zufriedenheit über die Pläne Nachricht geben zu wollen.* [...]

Ich verbleibe mit den besten Grüßen an Sie und Ihre liebe Familie.
Ihr Evers.[115]

In diesen Tagen im Oktober 1926 verfasste Christian Evers einen ausführlichen Brief an Onkel Friedrich in New York. Er beschrieb, was ihn derzeit beschäftigte. Die Perspektive des Gemeindevorstehers gewährt Einblick in das soziale Gefüge des Ortes und zeigt, vor welchem lebensweltlichen Hintergrund die Ries-Stiftungen erfolgten:[116]

Lieber Onkel Friedrich!

Zunächst muss ich um Entschuldigung bitten, dass ich so lange nichts von mir habe hören lassen, doch hat es weniger an dem Wollen als an dem Können gelegen. Ich bin infolge meiner Amtstätigkeit derart mit Arbeiten bedacht, dass ich wohl ohne Uebertreibung sagen kann, dass ich der meist beschäftigte Mann von Ritterhude bin. Die Verhältnisse liegen eben hier immer noch sehr traurig; die Verhältnisse sind im Allgemeinen infolge der grossen Erwerbslosigkeit nicht gerade schön. Je grösser die Not ist, desto mehr Arbeit gibt es in der Gemeindeverwaltung. Die Gemeinde hat, wie du weißt, 2.560 Seelen Einwohner. Rechnet man von diesen Einwohnern die nicht mehr Arbeitsfähigen, alte Leute, sowie die noch nicht arbeitsfähigen Jugendlichen, so bleiben ca. 11-1200 Arbeitsfähige Männer und Frauen übrig. Wenn ich Dir nun sage, dass von diesen ca. 11-1200 arbeitsfähigen Personen im vorigen Winter von etwa Oktober 1925 bis März 1926 180 - 200 Personen arbeitslos waren, und aus öffentlichen Mitteln unterstützt werden müssen, so wirst du daraus ersehen, dass einmal die

113 In der Not nach dem Zweiten Weltkrieg nimmt Evers noch einmal Bezug auf diesen Besuch und bittet seinen Neffen in New York die Adresse von Antonia Dugro herauszufinden.

114 Protokoll, 22. Oktober 1926, Abschrift. Akte Rathausbau, Folder 6.

115 22. Oktober 1926. Akte Rathausbau, Folder 6.

116 5. Oktober 1926. Nl Evers Kor.m.Verw. 27.

Verhältnisse nicht gerade schön waren und auf der anderen Seite dass es für mich hierdurch eine ungeheure Arbeitsfülle gab. Gott sei Dank ist die Zahl der Erwerbslosen in den Sommermonaten auf 50 herabgegangen und haben sich die Verhältnisse insofern wesentlich gebessert, doch werden aller Voraussicht nach mit dem Eintreten der kälteren Jahreszeit die Verhältnisse auf dem Gebiet der Arbeitsbeschaffung schlechter werden und somit wird sich auch die Zahl der Erwerbslosen und die dadurch bedingte Not vergrössern. Neben dieser Fürsorge gibt es denn noch eine Reihe anderer Fürsorgen, wie z.B. Sozial-Rentner-Fürsorge und Kleinrentner-Fürsorge. Zu den Ersteren gehören Leute, die auf Grund des Invalidensicherungsgesetzes 20/30 Jahre hindurch sogenannte Marken der Invaliden-Versicherung allwöchentlich geklebt haben und somit Fürsorge für den Lebensabend geschaffen haben. Die Inflation aber hat auch die Geldbestände der Invaliden-Versicherungskassen (Reichskassen) null und nichtig gemacht und somit werden diese alten Leute aus Reichs- und Gemeindemitteln unterstützt; es wird diesen eine Unterstützung von monatlich bis zu 20.-R.Mk. gewährt, wodurch ihnen die anderenfalls gewährte Rente aus der Invalidenversicherung ersetzt wird. Als Kleinrentner bezeichnet man Leute, die vor dem Kriege von ihren bescheidenen Kapitalien leben konnten, während auch ihnen das Kapital durch die Inflation geraubt worden ist. Auch diese Leute erhalten eine Unterstützung, falls Bedürftigkeit und Arbeitsunfähigkeit vorliegt.

Ausser diesen Fürsorgeaufgaben gibt es dann aber noch eine Reihe anderer Arbeiten die erledigt werden müssen. Ich erwähne hier die sogenannte Gasverwaltung, Strassenverwaltung, Hebammenwesen, Standesamtswesen, Feuerlöschwesen, Volksschulwesen, die Unterhaltung einer gewerblichen und einer ländlichen Berufsschule und nicht zuletzt zu vergessen, das bis ins unendliche gesteigerte Steuerwesen. Als Beispiel führe ich auf, dass monatlich 500 Steuerpflichtige bei mir erscheinen müssen um ihre Steuern zu entrichten, die von mir dann an den Kreis - und den Staat teilweise weitergeleitet werden. [...]

Er führte weiter aus:

Ausser diesen allgemein der Verwaltung obliegenden Arbeiten habe ich in den letzten Jahren sehr viel Beschäftigung durch die auch Dir bekannten Herrn Ries gehabt. Wie Du weißt, haben diese beiden würdigen Herren, die sich jetzt im Alter von 78 und 80 Jahren befinden, unserer lieben Gemeinde im Jahre 1912 eine prächtige Turnhalle für etwa 100.000 -.R.Mk. geschenkt, während sie uns im vorigen Jahre eine neue Kirchenglocke und in diesem Jahre eine sehr schöne Apotheke im Werte von 110.00-R.Mk. schenkten. Durch den Bau des prächtigen Apothekengebäudes und der damit verbundenen Umstände habe ich natürlich sehr viel Arbeit gehabt. Gerade am heutigen Nachmittage waren die beiden Herren Ries bei mir zu Besuch, d. h. sie haben die Turnhalle und das neue Apothekengebäude inspiziert. Bei dieser Gelegenheit, wie auch bei früheren Gelegenheiten in diesem Sommer werden dann gleichzeitig neue Pläne geschmiedet und entworfen. So sollen wir als weiteres Geschenk ein Rathaus im Werte von etwa 300.000.- R.Mk. sowie ein Pfarrhaus im Werte von etwa 75.000.-R.Mk. erhalten. Mit dem Bau des Rathauses, welches auf dem alten Pfarrgarten, der dir wohl bekannt ist, errichtet werden soll, ist insofern schon begonnen, das zur Zeit der Platz einplaniert und der geräumige Keller ausgegossen wird. Der so übrig werdende Boden wird auf das gegenüber liegende früher Hinrich Hohorst`sche Grundstück gefahren, auf dem dann das Pfarrhaus errichtet werden soll.

Man muss wirklich sagen, dass die beiden Herren Ries ihr mehr oder minder mühevoll erworbenes Vermögen für unser liebes Ritterhude, welches auch Du lieb hast, erworben haben und uns dieses geben, durch die Errichtung prächtiger Gebäude, die zur Zierde und Hebung des ganzen Ortes beitragen.

Evers schrieb weiter:

Ich glaube nun dir von meinem geschäftlichen Teil genügend erzählt zu haben und will mich jetzt noch befleißigen dir etwas Familiäres mitzuteilen. Gesundheitlich geht es uns Allen sehr gut, was ja im Leben an und für sich die Hauptsache ist. Meine Landwirtschaft habe ich nebenbei auch noch in vollem Gange, d.h. ich habe zurzeit 3 Pferde, 18 Stck. Rindvieh, und 9 Schweine. Ich beabsichtige jedoch die Landwirtschaft zu verkleinern, da ich einmal den Betrieb infolge meiner amtlichen Tätigkeit nicht mehr so genau zu übersehen vermag und andererseits der Betrieb nicht allzu viel Einkünfte mehr abwirft, da ich alles, jegliche Arbeit für Geld verrichten lassen muss. Die landwirtschaftlichen Produkte stehen eben in keinem Verhältnis zu allen übrigen Produkten.[...][117]

Hermann H. Ries erhielt zu seinem 80. Lebensjahr am 22. November 1926 den folgenden Glückwunsch:[118]

Sehr geehrter Herr Hermann H. Ries!

Ich erlaube mir im Auftrage der dankbaren Gemeinde Ritterhude, Ihnen als Ehrenbürger von Ritterhude zu Ihrem 79. Wiegenfeste diesen Blumenkorb gefüllt mit Blumen, die auf Ritterhuder-Erde gewachsen sind, überbringen zu lassen.

Unsere herzlichsten Wünsche, die diese Blumen begleiten, gipfeln sich darin, daß unserem hochverehrten Herrn Herm. H. Ries, dem wir zu unaussprechlichem Dank verpflichtet sind, noch ein langer lebensfroher und vor allen Dingen Gesundheit enthaltender Lebensabend im Kreis seiner Geschwister beschieden sein möge.

Mit ergebenster Hochachtung
Ihr Evers
Gemeindevorsteher«

Am 7. Dezember 1926 konnte, nach 15-monatiger Bauzeit, Ritterhudes erste Apotheke eröffnet werden. Evers bat Schulrektor Schnackenberg um Unterstützung, um das Ereignis angemessen zu gestalten. Schnackenberg schrieb rückblickend:

Als dieser Bau fertig war, kam Bürgermeister Evers zu mir und sagte, daß die Brüder kommen wollten, um sich den Neubau anzusehen. Da aber die Brüder kein Aufsehen liebten, so konnte kein feierlicher Empfang gemacht werden. Etwas wollten wir tun. So bat er mich, ich möchte doch ein paar kleine Gedichtchen machen, mir ein paar kleine Mädchen nehmen, jedes mit einem Blumenstrauß versehen und mich mit ihnen in der Apotheke aufstellen. Wenn die Herren eintreten würden, sollte ich die Mädchen vorschieben, damit sie die Blumen überreichten und die kleinen Gedichte mit dem »Dankeschön« aufsagten. (Es waren Anneliese Lürßen und Grete Kuhlmeyer). Es verlief diese kleine Sache dann auch ganz so, wie es sein sollte. Die Mädchen machten es recht nett. Man merkte, wie sehr die Herren sich freuten. (Dabei möchte ich freilich etwas bemerken: Es kamen die Brüder nicht allein, son-

117 Ebd., Bl. 2.
118 Evers an Hermann H. Ries, 22. November 1926. Akte Rathausbau, Folder 6.

dern es war auch Frau Bergmann mitgekommen. Das war ja etwas peinlich, denn sie erhielt keine Blumen, weil wir doch keine hatten. Aber Frau Bergmann lachte über die verlegenen Gesichter.) [...] [119]

Am 11. Dezember 1926 kündigt Christian Evers seinen Besuch in Bremen an.

Sehr geehrte Herren Ries und sehr geehrte Frau Bergmann!
Ich möchte mir erlauben, am kommenden Mittwoch, den 15. d. Mts. nachmittags bei Ihnen vorzusprechen. In der Erwartung, dass ich Sie alle bei bester Gesundheit antreffen werde, verbleibe ich mit den herzlichsten Grüssen und ergebener Hochachtung, Ihr [...][120]

Handschriftlich ist am Briefrand notiert: »Am 15. 12. besprochen.« Bei dem Besuch wurde auch entschieden, in welcher Form »Kirchenarme der Gemeinde« mit einem besonderen Geschenk zu Weihnachten bedacht werden könnten. Marie Bergmann hatte den Gemeindevorsteher schon 1925 gebeten, ihr »besonders bedürftige Kirchenarme« in Ritterhude zu nennen. Evers hatte ihr daraufhin eine Liste mit fünfzig Personen überreicht. Nach Rücksprache wurden allerdings elf Namen von der Liste gestrichen.

Die Liste mit fünfzig Namen und Hausnummern ist von ihm im Jahr 1926 mit der Bemerkung versehen, sie sei »wie im vorigen Jahr und berücksichtige keine Rentner und Arbeitslosen«. Zur eigenen Erinnerung notierte er noch: »Sparkassenbücher über die Riesgelder.«[121]

Zu seinem 78. Geburtstag am 22. Dezember erhielt John F. Ries Glückwünsche des Gemeindevorstehers mit der Ankündigung seines Besuches. Evers benutzt die gleichen Worte, die er vier Wochen zuvor Hermann Ries zugedacht hat.[122]

Ritterhude, den 21. Dezember 1926

Sehr geehrter Herr John Fr. Ries!
Ich habe auch heute die angenehme Aufgabe als Vertreter der hiesigen Gemeinde an Sie Zeilen desselben Inhaltes zu richten, wie mir solche gerade vor einem Monat an Ihren Herrn Bruder zu richten vergönnt waren.

Als Leiter Ihrer und unserer gemeinsamen Heimatgemeinde gestatte ich mir auch Ihnen als Ehrenbürger von Ritterhude zu Ihrem, am morgigen Tage stattfindenden 77. Geburtstage einen Korb mit Blumen gefüllt, die auf Heimaterde gewachsen sind, überbringen zu lassen.

Ich und mit mir die ganze Gemeinde Ritterhude wünschen Ihnen von ganzem Herzen daß Ihnen, unserem Ehrenbürger John Fr. Ries, dem wir zu großem unaussprechlichem und unermesslichen Dank verpflichtet sind und dessen Andenken die Gemeinde stets in Ehren zu halten verstehen wird noch ein langer lebensfroher und Gesundheit enthaltender Lebensabend vergönnt sein möge.

119 Schnackenberg, Riesschule, S. 15.
120 Nl Evers BRiesBr 29.
121 Nl Evers BRiesBr 29-1, 29-2, 29-3, 30.
122 Evers an John F. Ries, 21. Dezember 1926. Handschriftliche Abschrift. Akte Rathausbau, Folder 7.

Ich werde mir erlauben am morgigen Tage noch bei Ihnen vorzusprechen um diese Wünsche persönlich zu bekräftigen.

Mit ergebenster Hochachtung
verbleibe ich
Ihr Evers
Gemeindevorsteher

Möglicherweise hat Evers bei diesem Besuch das letzte Mal alle drei Ries-Geschwister angetroffen.

Die Planungen und Vorbereitungsarbeiten für den Bau des Gemeindeverwaltungshauses, wie das zukünftige Rathaus zunächst noch genannt wurde, verliefen zügig. Der hohe Sockel, die Eingangsportale mit darüberliegenden Balkonen, die halbrunden und eckigen Fensterwandungen, die zierlichen Dacherker sowie weitere horizontale und vertikale Stilelemente, die dem Klinkerbau seinen einzigartigen Charakter verleihen, wurden aus dem qualitativ sehr hochwertigen Obernkirchener Sandstein angefertigt. Der zu 95 Prozent aus reinem Quarz bestehende feine Sandstein wird seit dem 11. Jahrhundert in dem im Schaumburger Land gelegenen Ort Obernkirchen aus den Bückebergen gebrochen. Er wurde im Laufe der Geschichte für die Errichtung und Restaurierung bedeutender Bauwerke verwandt, darunter das Rathaus in Antwerpen, der Friedenspalast in Den Haag, die Börse in Königsberg, Schloss Zarskoje Selo bei St. Petersburg, die Kathedrale in Baltimore/USA, die Weserrenaissance, das Ulmer und das Freiburger Münster, die Türme des Kölner Domes, Villa Hügel in Essen, das Rathaus in Bremen und viele andere mehr.[123]

Architekt Schuckmann hatte das Sandsteinwerk im Weserbergland kurz vor Weihnachten 1926 besucht und daraufhin am Tag vor Heiligabend den einzigen von ihm überlieferten Brief an Evers geschrieben:

Bremen, 23.12.1926

Regierungsbaumeister a. D., Architekt
Bremen
Straßburger Str. 42

Lieber Herr Evers!
Ihre Karte habe ich erhalten, besten Dank für die Mitteilung. [...] die Verdingung der Erd- & Maurerarbeiten verlassen am Montag nach dem Fest mein Haus, über Weihnachten die Sachen herauszugeben hat ja keinen Zweck. Am Sonnabend und Sonntag war ich in Hannover, habe aber leider bei unserem Stiftungsfest Oberbaurat Wissmann aus Stade nicht angetroffen. [...]

Auf der Hinreise nach Hannover bin ich über den Vormittag in Obernkirchen gewesen. Weit über die Hälfte der Arbeiten ist bereits fertig gestellt, sie arbeiten mit 50 Mann an unsern

123 Weitere Beispiele: http://www.obernkirchen-info.de/bergstadt und http://www.obernkirchener-sandstein.de.

Sachen. Die Steine sehen famos aus, sie hatten in Obernkirchen ein Fenster mit Brüstung, Sohlbank und Wandungen aufgestellt, ich war einfach überrascht von der feinen Wirkung.

Von mir und meiner Frau
Ihnen und Ihrer lieben Familie die besten Wünsche und Grüsse
Zum Weihnachtsfest
Ihr Schuckmann

In diesen Monaten intensiver Zusammenarbeit trafen sich die Ehepaare Schuckmann und Evers gelegentlich zu einer gemeinsamen Dampferfahrt auf der Elbe.

Grundsteinlegung zum Rathausbau

Bei strahlendem Sonnenschein wurde am Sonnabend, dem 19. Februar 1927, nachmittags um halb vier als feierliche Zeremonie der Grundstein für das Rathaus gelegt. Zunächst hielt der Gemeindevorsteher, vor den festlich mit schwarzem Gehrock und Zylinder gekleideten Herren von Vorständen und Vertretungen von Gemeinde, Kirche, Spar- und Darlehenskasse sowie zahlreichen weiteren geladenen Gästen und einer großen Menge Zuschauern die zentrale Rede. Nach der Begrüßung hob der 28-jährige Christian Evers die treue Heimatliebe der Stifter hervor und begann mit den Worten des Dichters Hermann Allmers:

Wer die Heimat nicht liebt und die Heimat nicht ehrt, ist ein Lump und des Glückes der Heimat nicht wert. Und fuhr fort:

Meine sehr geehrten Herren, treue Heimatliebe und Gefühle sind die Triebfedern der Entstehung dieses Gebäudes. Treue Heimatliebe und Gefühle für die Heimat sind es, die unsere hochehrwürdigen Herren Ries als Stifter dieser Stätte die Veranlassung dazu gegeben haben. Treue Heimatliebe und Gefühle für die Heimat haben unsere beiden Ehrenbürger, die Herren Hermann H. und John F. Ries der Heimat gegenüber stets und besonders in den letzten 20 Jahren bewiesen. Ich erinnere gern daran, wie sorgend um das Wohl der Heimat die beiden Herren zu Zeiten schwerster Not, im Kriege mit wohltätigen Gaben einsprangen und den im Feld stehenden Kriegern der Gemeinde Pakete zusenden ließen und durch Zusendung von Gaben in gar manches Haus die Not zu lindern versuchten und wie sie noch heute bemüht sind, alljährlich die Weihnachten in der Gemeinde in manchem Hause, in denen durch irgendwelche Verhältnisse Not und Entbehrung herrschen, zu verschönern. [...][124]

Nach einer Skizze der Lebensgeschichte der Brüder Ries fuhr Evers fort:

Möge Gottes Segen auf der Ausführung des Baues ruhen und mögen unsere Wünsche, die wir an den Bau knüpfen, in Erfüllung gehen, insbesondere möge unser kleines kommunales Schiff stets umsichtig, richtig und zum Wohle sämtlicher Gemeindemitglieder von dieser Stätte aus geleitet werden. Letzteres ist jedenfalls auch der Wunsch der Stifter dieses Gebäu-

124 Diese Hilfe der Brüder Ries während des Ersten Weltkrieges wird hier das einzige Mal erwähnt. Zit. n.: »Die Grundsteinlegung zum Rathausbau in Ritterhude«, in: Osterholz-Scharmbecker Zeitung Nr. 45, 22. Februar 1927. Nl Evers, Zeitungsberichte 1927 bis 1950 und Akte Rathausbau, Folder 7.

des. Ich möchte noch zum Ausdruck bringen, daß ich es aufrichtig bedaure, daß die Herren Ries mit Rücksicht auf ihre Gesundheit nicht hier zugegen sein können, jedoch habe ich die Gewissheit, daß sie mit ihren Gedanken bei uns verweilen.

Dann erläuterte Evers die Vorgeschichte zu dem Bau und dankte noch einmal:

Den Herren Ries, der künstlerischen Hand des Architekten und Regierungsbaumeisters Friedrich Schuckmann als Verfertiger der Pläne, insbesondere der Schwester der Herren Ries, Frau Bergmann, die ein gut Teil zu allen Vermächtnissen, welche ihre Brüder der lieben Heimatgemeinde machten, beigetragen hat und allen, die an dem Werke mit gearbeitet haben, wird der Dank der Gemeinde für alle Zeiten gesichert sein.

Abschließend gab er bekannt, dass der Voranschlag für den Bau rd. 275 000 Reichsmark betrage. Daraufhin legte er in eine eigens zu diesem Zweck angefertigte Kupferkiste eine Ausfertigung der Baupläne, die Vorgeschichte zu dem Bau auf Pergamentpapier gedruckt, ein Verzeichnis der Namen des Gemeindevorstandes, der Gemeindevertretung, des Kirchenvorstandes, des Vorstandes und Aufsichtsrates der Spar- & Darlehenskasse, je eine Serie der von der Gemeinde in der Inflationszeit herausgegebenen Notgeldscheine zu 25, 50 und 75 Pfennig sowie je ein Stück der noch gar nicht lange geltenden Münzen zu 1, 2, 5, 10 und 50 Reichspfennig sowie 1, 2, 3 und 5 Reichsmark. Klempnermeister H. D. Gerdes, der die Kupferkiste auch angefertigt hatte, lötete sie an Ort und Stelle mit den Worten zu:

Geschriebenes Wort dauert fort, über Zeit und Ort.

Während die Metallkiste in die Einhöhlung des eigentlichen Grundsteines versenkt, dieser mit einem Deckel versehen wurde und die üblichen Hammerschläge erfolgten, wurden kurze Verse gesprochen:

Der Gemeindevorsteher:

Den Stiftern zur Ehre,
den Bürgern zum Wohle und
der Gemeinde zur Zierde.

Regierungsbaumeister a. D. Schuckmann:

Wir wollen bauen nach unserem Sinn,
drum Neider geht nur immer hin,
Und wem das Bauwerk nicht gefällt,
der bau' es besser für sein Geld.

Bauunternehmer Steeneck aus Osterholz-Scharmbeck:

Eine feste Burg ist unser Gott.

Polier Grotheer:

Wenn eener kümmt und tau mi segt,
ick mok dat allen Minschen recht,
so seg ick, leiwe Fründ, mit Gunst,
lehr mi doch diese swere Kunst.

Der Vorsitzende der Spar- und Darlehenskasse H. Schröder:

Mit Gott für Volk und Vaterland.

Die Worte der Brüder Ries sprach vertretungsweise Rektor Schnackenberg:

Zum Wohle der Gemeinde Ritterhude, zum Besten des deutschen Volkes, zur Förderung der kommenden Geschlechter.

»Hierauf hatte die feierliche Handlung ihr Ende erreicht. Jeder Teilnehmer wird sich dieses Tages gern erinnern.« Mit diesen Sätzen schloss der Autor der Osterholz-Scharmbecker Zeitung den ausführlichen Bericht über die Grundsteinlegung zum Rathausbau in Ritterhude.[125]

Möglicherweise hatte Hermann H. Ries, als er am 17. März 1927 an den Gemeindevorsteher folgende Karte schrieb, eine Vorahnung. Der erste Satz enthält einen Fehler und seine Handschrift ist an diesem Tag nicht so gestochen scharf und klar wie gewohnt.[126]

Bremen / März 17 / 27

Sehr geehrter Herr Evers:

Bei ihrem gestrigen Besuch habe ich vergessen zu erwähnen dass ich gern so bald wie möglich die Rechnungen hätte über die noch ausstehenden Gegenstände hätte: die Grundsteinlegung und die Kosten der Rechnung aus Stade für die Bauerlaubnis. Es ist wünschenswert dass diese Sachen erledigt werden - je eher desto besser.
Nichts aufschieben.

Achtungsvoll
Herm. H. Ries.

Zehn Tage später, am 27. März 1927, starb Hermann Hinrich Ries, Stifter und Ehrenbürger von Ritterhude, in seinem 80. Lebensjahr im Haus seiner Schwester in Bremen.

Worte der Würdigung zum Leben von Hermann H. Ries

An der Trauerfeier am Mittwoch, dem 31. März, im Riensberger Krematorium in Bremen nahmen alle Mitglieder des Gemeindeausschusses, Rektor Schnackenberg und weitere Bürger aus Ritterhude teil, die gemeinsam mit dem Zug angereist waren.

Die Gedächtnisrede hielt der für seine liberale Denkweise weithin bekannte Bremer Dompastor Oscar Heinrich Mauritz,[127] der den Verstorbenen persönlich gekannt haben dürfte. Seine würdigenden Worte sollen hier in aller Ausführlichkeit wiedergegeben werden, gibt es doch

125 Ebd.

126 Die Briefkarte ist das letzte Zeitzeugnis von Hermann H. Ries. Akte Rathausbau, Folder 1.

127 Vgl. auch: Ulrich, Peter: Der Domprediger Oscar Mauritz (1867-1958). In: Pastoren in Bremen. Lebensbilder aus dem 19. und 20. Jahrhundert. Peter G. Gross (Hrsg.). S. 93-109. Schriftenreihe der Stiftung Bremer Dom, e.V., Band 2. Edition Temmen, Bremen 2007.

sonst niemanden, der das Leben von Hermann Hinrich Ries in vergleichbarer Weise charakterisieren und uns näher bringen könnte. Dompastor Mauritz verwendete für seine ehrende und tröstende Abschiedsrede sowohl Worte der Bibel als auch Gedankengut von Johann Wolfgang v. Goethe: [128]

Zwei Worte tiefster Religiosität mögen dieser Stunde die Weihe geben. Das Eine ist ein Wort der Bibel und das Andere ist eines der tiefen religiösen Bekenntnisse des göttlichen Propheten in Weimar.

Das Eine heißt: Herr, Gott, du bist unsere Zuflucht für und für, der Du die Menschen lässt sterben und sprichst, kommet wieder Menschenkinder.

Und das Andere lautet: Nach ewigen, ehernen, großen Gesetzen müssen wir alle unsere Daseinskreise vollenden.

In beiden Worten liegt ein Hehres: es muss sein! [...] Von tiefster Wehmut erfüllt ist diese Stunde. Denn ein Gutes, ein Liebes, ein Wertvolles hingeben zu müssen, ist schwer. Das soll allgemein ausgesprochen werden als das Bekenntnis derjenigen, die hier in diesem Augenblick im Krematorium sind und vieler andere in der Nähe und jenseits des Oceans, die diesen lebensbewährten, arbeitsbewährten, hilfsbewährten Mann, Ihren geliebten Bruder, gekannt und sein Leben haben beobachten und an seinem Wirken und an seinem Handeln sich haben aufrichten dürfen. Derjenige, der den Auftrag erhalten hat, ein Wort in dieser Stunde zu sprechen, ist durch ein Doppeltes gebunden. Verehrte liebe Freunde, durch ein Doppeltes fühle ich mich gebunden. Gebunden fühle ich mich in der tiefen Hochachtung vor der Schlichtheit des Wesens des Verstorbenen, sodass man ordentlich sich Zwang antun muss, um die begreifliche und zu begreifende Begeisterung, die jeder Mensch über dieses schöne Leben haben muß, zurückzuhalten. Und andererseits, wenn irgendwo, dann fühle ich hier die Tatsache in dieser kurzen Stunde gegenüber dem reichen, schönen Leben, das gelebt ist: So soll es sein, ein kurzes liebes Wort. Denn die besten Geister, meine Freunde, die Gott in unser armes Leben geschickt hat, damit sie uns führen sollen, halten die Ehrenwache an dieser Bahre. Da ist der Geist der Arbeit, der Arbeitsfreudigkeit, da ist die Gestalt reinen Menschentums, da ist die Gestalt der Güte, die eine Botin Gottes, so manchen Menschen Segen bringt, wo sonst Kälte und Verzweiflung herrschen würde, da ist der Geist des Mutes und der Unternehmung, der auch eine Angelegenheit des Charakters ist und der im letzten Grunde nur im Besitz von Menschen ist, die ein gutes Gewissen haben, und da ist der Geist stiller, echter, nicht in Worten, sondern sich in der Tat kundgebender Heimatliebe. Ja, dieses Wort, um damit zu beginnen, ist nie gestorben im Herzen dieses Mannes, nein, es ist immer sein Lied geblieben, das schöne Wort: Heimat. Und wenn er auch in dem Lande jenseits des Oceans, in dem herrlichen arbeitsreichen Lande, über dem das Sternenbanner weht, sich schon zu Hause gefühlt hat, wenn er auch in ihm seine zweite Mutter erblickt hat, so hat er doch daneben immer in seinem Herzen behalten: Heimatland, schöne, liebe Heimat, und sein Ritterhude ist ihm immer ein Kleinod seines Herzens geblieben, unsere vertraute, karge, aber von so vielen Schönheiten erfüllte norddeutsche Heimat. [...]

128 Gedächtnisrede anlässlich der Beisetzung von Herrn Hermann Hinrich Ries, Ehrenbürger von Ritterhude am 30. März 1927, gehalten von Pastor Mauritz, Bremen. Akte Rathausbau, Folder 8. Die Rede ist vollständig erhalten.

Wir wollen nur das sagen, verehrte Freunde, was ist das für ein schönes Menschenleben, ein Sichhineinbegeben mit warmem Herzen. Ein grosser Denker hat einmal gesagt: das sind die wahren Vornehmen, nicht die, die zum Leben sagen, was kann ich von Dir haben, sondern die vor das Leben treten und sagen: Leben, was kann ich für Dich tun? Ja, das Tun, das Schaffen, das Wirken, das ist das Herz im Leben dieses Mannes gewesen. Er hat etwas gefühlt von der Wahrheit, das der eigentliche Gottesdienst, dass der wahre Gottesdienst der Lebensdienst ist, der Dienst am Leben. [...]

So sind Sie beide in jungen Jahren von Ihrer geliebten Heimat aus und von dem unvergesslichen Elternhaus hinausgezogen in das, was für Sie zunächst Fremde war, obwohl ja der Vater, der das Land kannte, Ihnen manchmal erzählte, wie dort nur der Mann der Arbeit aufsteigen könne und etwas gelten. Sie sind hingegangen und haben gearbeitet, und es ist die Gnade des Lebens gewesen, dass Sie mit Erfolg gearbeitet haben. Es müht sich mancher in seinen ganzen Lebensjahren ab und der Erfolg leuchtet ihnen nicht, und wiederum gibt es Menschen, denen fällt es in den Schoss. Mich dünkt: das eigentlich menschlich Schöne und das, worüber wir uns freuen, das ist der Anblick jenes Erfolges der Arbeit aus dem Menschen heraus und der Sonne des Lebens, die in uns strahlt. So haben sie gearbeitet und haben sich ihrer Arbeit freuen dürfen. Die schönste Freude, die der Verstorbene sich geschafft hat, war, wenn er die Werke der Kunst in den Theatern, in den Konzerthäusern und Museen anstaunte, sie bewunderte und den schönen Klang gehört hat, der in den Menschenherzen den Ruf weckt, Gutes zu tun. Neben diesen Einzelfreunden war es aber doch die grosse Liebe, die Freude über das, was ihm mit der Arbeit gelungen war. Und wenn er dann zurückkam, in den 60 Jahren des Lebens drüben ist es oft gewesen, dann waren es die Seinen, die er an die Brust drückte. Und damit verehrte Freunde, werden unsere Gedanken von selbst auf jene wunderbare Schönheit seines Lebens gelenkt, die in der brüderlichen Liebe ihren Ausdruck findet. Zwei Brüder sind Sie gewesen, verehrter Freund, in der Jugend zusammen miteinander wandelnd, miteinander arbeitend unter einem Dach, an einem Tisch, mit einer Herzenssprache, und daneben Sie, die geliebte Schwester, vor Jahren noch mit dem geliebten Schwager, alle ein Kreis, eine Liebe, eine Güte, ein Sichverstehen. Und wenn sie jetzt in Ihrem tiefen Schmerz um den Bruder es fühlen, wie wonnig es ist, in Ihrem Heim an der Seite Ihrer Schwester zu sein, dann freut sich das Schwesterherz, dass sie nun in ihrer Weise einen selbstverständlichen Dank abstatten kann für das, was Sie mit ihrer brüderlichen Liebe ihr immer gewesen sind. Ja, wahrlich, das Wort Goethes bewahrheitet sich in ihrer Familie: Liebe und Leben. Ein schönes Menschenleben wie richtet es uns alle auf, wie predigt es zu uns, folge mir nach. Wie müssen wir es liebhaben und wie müssen wir uns klarmachen, dass die wirkliche Trauer die ist, dass wir als Menschen selbst an der Bahre eines liebenswerten Menschen das Menschsein in uns veredeln und wachrufen, jenes Menschentum, dass doch die Krone aller Religion und Auffassung ist. Mag einer katholisch oder protestantisch sein oder israelitisch, mag einer im politischen Leben hier oder da stehen, mag einer mit der Hand oder mit dem Kopf arbeiten, alle vereinigt uns meine Freunde, die Berufung zu unserem Menschentum dass wir das Menschentum, das Gott in unser Herz gelegt hat, hegen und pflegen, dass eine Lehre daraus wird, die bei dem Einen so, bei dem anderen hundertfältige Frucht trägt. Und das sei die tiefe Weihe dieser Stunde, aufzustreben zu einem arbeitsamen Menschenleben, das ein schöner Schmuck im Reiche des Menschentums geworden ist, dass unser Morgen menschlicher sei als unser Heute, dass unser Ende menschlich schöner sei als unser Anfang unseres Lebens. Hier ist es geschehen im Leben dieses Mannes. In aller Schlichtheit, tiefer Ehrfurcht und Wehmut und in Dank und Liebe bekennen wir es warm: er ist ein guter Mensch gewesen. Mögen alle guten Geister, verehrte Freunde, Ihnen helfen in Ihrem Abschiedsschmerz. Sehen Sie, wie er zuletzt von Ihrem geliebten Amerika abfuhr mit den Worten: »good bye America«, aber dieses Land, daß ihm sein Leben und seine Arbeitsmöglichkeit freundlich gestaltete, immer lieb behielt, so ruft er auch Ihnen zu: ich behalte Euch lieb und Ihr mich. Und wenn wir wissen, was das Geheimnis des Todes ist, dann wissen wir, mit unserer Treue bleibt alles lebendig. Ihr geliebter Toter wohnt in den heiligen Räumen unseres Herzens, er bleibt der unsichtbare Begleiter unseres Lebens. Er hat das Gute gewählt und hat hier und da ein Segen sein dürfen. [...] *Amen!*

Die Urne mit der Asche des Verstorbenen wurde auf dem Riensberger Friedhof auf der Grabstelle des verstorbenen Schwagers Ludwig Bergmann beigesetzt. In ihrer Traueranzeige baten Marie Bergmann und John F. Ries von Beileidsbesuchen abzusehen.

* * *

Evers bedachte auch seine New Yorker Verwandten mit dem ausführlichen Zeitungsbericht über die Grundsteinlegung zum Rathausbau. Da auf Wunsch der Stifter für die Familie des Gemeindevorstehers eine Wohnung im Rathaus geplant war, erwog Evers den landwirtschaftlichen Hof ganz aufzugeben. Es fiel ihm nicht leicht, diese Überlegungen Onkel Friedrich in New York mitzuteilen, waren doch das vom Vater geerbte Haus und der Hof auch dessen Elternhaus. Er erklärte:

[...] *so leid wie es mir und evtl. auch Dir tun wird, zum nächsten Herbst die Landwirtschaft ganz und gar aufzugeben. Wenn man alles mit fremden Arbeitskräften machen muss, bringt die Betriebsführung nicht genügend ein.* Weiterhin fügt er an: *Außerdem werde ich höchstwahrscheinlich, so ungern ich es tue zum 1. April nächsten Jahres mit meiner Familie in das Rathaus ziehen müssen, welches wie Dir vielleicht wohl bekannt ist, jetzt von den Herren Ries der Gemeinde geschenkt worden ist und welches zur Zeit gerade errichtet wird. Da Du dich jedenfalls auch für die Sache interessierst, füge ich in der Anlage ein Exemplar der Osterholz-Scharmbecker-Zeitung bei, in der die Grundsteinlegung zum Rathausbau Ritterhude näher beschrieben ist. [...]*

Der Brief schließt mit einer wiederholten Einladung:

Es sollte mich sehr freuen, wenn Du und Tante Marie, wie Du mir schon öfter angedeutet hast, uns im Laufe des kommenden Sommers mal mit einem Besuch für einige Monate beehren würdest. Es sollte uns wirklich freuen, wenn du uns besuchtest und ich verspreche es Dir, dass du es gemütlich und gut bei mir finden sollst.- [...][129]

An seinen Onkel Christian, der auch in New York lebte, notierte er im April 1927:

129 Evers an seinen Onkel Friedrich Evers, 27. März 1927. Nl Evers Kor.m.Verw. 18 Bl. 2.

Lieber Onkel Christian!

[...] *In der Gemeinde herrscht zurzeit ein reges Wiederaufbauleben. Ritterhude wird in seiner Entwicklung in den letzten Jahren durch die beiden Deutsch-Amerikaner, die Gebrüder Ries recht intensiv gefördert. Wir haben von den Herren Ries bisher eine Turnhalle, ein Apothekengebäude und das zurzeit im Bau befindliche Rathaus, welches ein sehr imposantes Gebäude wird erhalten. Der Grundstein zu diesem Rathaus wurde am 19. Februar d. Jrs. gelegt. [...]*

Der ausführliche Zeitungsartikel lag bei. Er schrieb weiter:

Leider muss ich jedoch tiefbetrübt mitteilen, dass der ältere der Herren Ries am 27. März des. Jrs. verstorben und bereits am 30.3. in Bremen eingeäschert ist. Ritterhude hat mit dem Heimgang dieses Gönners sehr viel verloren, obwohl der noch lebende jüngere Bruder höchstwahrscheinlich auch allein im Sinne des älteren Herrn Ritterhude begünstigen wird. Ich berichte deshalb über die Herren Ries, weil die Personen oder jedenfalls die Namen Dir bekannt sein werden, wenn nicht anders so doch als Besitzer des vor kurzem abgebrochenen dortigen Hotels »Savoy«. Die Herren Ries müssen über ein sehr anschauliches Vermögen verfügen; ein Beweis dafür dass in Amerika Leuten mit Glück das Fortkommen doch wesentlich leichter war wie hier. Allerdings haben ja der bitterböse Krieg und seine Folgen hier durch manches Menschenleben und Vermögen einen Strich gezogen. Die Inflation hat eben unheimliche Veränderungen und eine unheimliche Verarmung des ganzen deutschen Volkes hervorgerufen, wovon natürlich auch Ritterhude als Zelle des deutschen Reiches schwer getroffen ist. Es ist umso mehr begrüssenswerter, dass wir in Ritterhude zu Zeiten dieser allgemeinen Verarmung durch die Inflation mit Hilfe der Herren Ries doch ein ganz gutes Stück vorwärtsgeholfen werden. -

Ich glaube bestimmt, dass, wenn Du Ritterhude, Deinen Geburts- und Heimatort wieder aufsuchen solltest, Du doch sehr viel verändert finden würdest. -

Zurzeit beabsichtigt die Gemeinde Elektrizität einzuführen, da wir bisher nur Gasbeleuchtung haben. [...][130]

Tatsächlich leuchtete das elektrische Licht in Ritterhude erstmals am 17. November 1927. Das weiß noch die Tochter desjenigen Handwerkers, der die elektrischen Leitungen damals verlegt und das Stromnetz zum ersten Mal eingeschaltet hat.[131]

Marie Bergmann bedankte sich am 11. Mai und am 1. August 1927 bei Evers auch im Namen ihres Bruders »für den wunderschönen Kranz, den Sie im Namen der Gemeinde Ritterhude an das Grab unseres lieben, verstorbenen Bruders gelegt haben«.[132]

Ende Juli 1927 reiste John F. Ries noch einmal nach New York. Evers wird ihn zum Kai gebracht haben. Auf einer Ansichtskarte notierte John F. am 28. Juli an Bord des Dampfers »Columbus« des Norddeutschen Lloyd auf dem Atlantik:

Sehr geehrter Herr. Meinen herzlichen Dank für den schönen Abschied. Mit Gruß, Ihr John F. Ries.[133]

130 Evers an seinen Onkel Christian Evers, 13. April 1927. Nl Evers Kor.m.Verw. 28 Bl. 1.

131 Ich danke dem Hinweis von Annegret Arendt, deren Vater, Elektromeister Christoph Heilshorn, damals die ersten elektrischen Stromleitungen verlegt und das Stromnetz eingeschaltet hat.

132 Nl Evers BRiesBr 25 und 28.

133 Ansichtskarte Dampfer Columbus von John F. Ries, 28. Juli 1927. Nl Evers BRiesBr 26.

Der Aufenthalt währte etwa drei Wochen. Am 22. August schrieb Marie Bergmann aus Bad Grund erfreut an Evers, sie habe soeben erfahren, dass ihr Bruder am 21. August an Bord gegangen sei und wohl am 31. in Bremen anlanden werde.[134]

Onkel Friedrich versicherte Christian Evers im Dezember 1927 erneut:

Christian, [...] ich bin stolz darauf so einen Neffen zu haben, wie du so bist; Du bist ein so tüchtiger Vorsteher, und hast Deine Landwirtschaft, ich nehme an, auch in so guter Ordnung, daß es eine ordentlich große Freude macht. Arend Hohorst spricht immer so gut von Dir, und auch andere sagen dasselbe. [...]

Anschließend kündigte er seinen Besuch an:

Wenn alles gut geht, dann reisen Tante Marie und ich am 14. Juni mit Dampfer »München« an um Euch zu besuchen; am 6. September wollen wir dann mit der »Stuttgart« wieder von dort nach hier reisen.[135]

Evers antwortete am 16. Januar 1928:

Was Dein Kommen anbetrifft, so bitte ich dich auf alle Fälle uns jede Veränderung bezüglich der Zeit und des Datums mitteilen zu wollen, damit wir im Stande sind Dich vom Hafen, Dampfer, abholen zu können. [...] Es wäre mir allerdings lieb zu wissen, ob Du lieber im Rathaus wohnst, oder ob es Dir auch recht ist, wenn Du uns im Rathaus findest. Eines steht jedenfalls fest, dass wir im Elternhaus, wie im Rathaus Platz genügend für Euch beide haben. Mit Ausnahme von einigen Veränderungen (Ausbau des Dachgeschosses) ist Dir Dein Elternhaus bekannt. Was das Rathaus anbelangt, so sende ich Dir hiervon eine bildliche Aufnahme. Du wirst aus der Aufnahme sehen, dass dieses geräumig genug ist. Es sind in diesem folgende Räume vorhanden:

1.) Räume für die Spar- und Darlehenskasse,

2.) Räume für die Gemeindekasse, (Kassenraum und Warteraum)

3.) Räume für die Gemeindeverwaltung, (Botenzimmer, Arbeitszimmer des Gemeinde vorstehers, Schreibmaschinenzimmer, Kanzlei, Meldewesen, Standesamt, Kommis sionsberatungszimmer, Sitzungssaal, und zwei Räume für die Gas- und Elektrizitäts verwaltung.)

4.) Wohnung des Gemeindevorstehers, (Arbeitszimmer, Wintergarten, Esszimmer, Sa lon, Badezimmer, Küche, Speisekammer und 4 Schlafräume)

5.) Wohnung für den Hausmeister bestehend aus 6 Zimmern, die im Dachgeschoss auf der Rückseite des Gebäudes liegen. [...][136]

134 Marie Bergmann an Evers, 22. August 1927. Nl Evers BRiesBr 24-3.

135 Brief Friedrich Evers, 9. Dezember 1927. Nl Evers Kor.m.Verw.17.

136 Evers an Friedrich Evers, 16. Januar 1928. Nl Evers Kor.m.Verw. 16.

Einzug ins Rathaus

Drei Monate vor der offiziellen Einweihungsfeier zog die Gemeindeverwaltung in das neue Rathaus ein. Am Sonnabend, den 2. Juni 1928, erschien in der Osterholz-Scharmbecker Zeitung die folgende Anzeige der Gemeinde Ritterhude:

Das Gemeindebureau bleibt am Montag, den 4. Juni ds. Js. umzugshalber geschlossen.
Die Gemeindeverwaltung erfolgt ab Dienstag, den 5. Juni vom Rathause aus.[137]

Bis dahin hatten die Gemeindeausschuss-Sitzungen in Beissners Lokal[138], gelegentlich auch in Lindemanns Gasthof stattgefunden. Das Gemeindebüro befand sich mit im Evers'schen Wohnhaus. Margarete erinnert später:

[...] *Also das ganze Rathaus, das war damals, wie ich eben noch weiß: mein Vater, ein Gemeindebote, und dann war ein Frollein, die immer in der Woche glaub ich, nicht mal jeden Tag mehrere Stunden kam, und schrieb, ein Fräulein Hartmann.* [...] *Das war ein enormer Umschwang, von diesem kleinen Betrieb dann in das Rathaus. Aber da werden die Zimmer zunächst auch nicht alle besetzt gewesen sein. Dann wurde Herr Myrus, der Gemeindesekretär bald eingestellt.* [...][139]

Am 4. Juni schrieb John F. Ries einen Gruß:

Sehr geehrter Herr Evers!
Meine Schwester und ich wünschen Ihnen viel Glück im neuen Rathaus, wollen hoffen, daß Sie noch lange dort wirken können, zum Wohle der Gemeinde Ritterhude. Es freut mich, daß Sie nächste Woche vorkommen wollen, Dienstag passt es nicht, Mittwoch wäre sehr angenehm.

Hochachtungsvoll mit Gruß auch von der Schwester
Ihr John F. Ries

Am 7. Juni 1928 antwortete Evers: [140]

Sehr geehrte Frau Bergmann und sehr geehrter Herr Ries!
Ich möchte es nicht unterlassen Ihnen ganz ergebenst mitzuteilen, dass ich mit Wirkung von Montag dieser Woche ab mit der Gemeindeverwaltung in das von Ihnen in überaus dankenswerter Weise geschenkte Rathaus übergesiedelt bin. Ihres Besuches wegen bin ich in den letzten Tagen nicht bei Ihnen vorgekommen um Ihnen persönlich meinen herzlichsten Dank für die ebenfalls in dankenswerter Weise geschenkten Büromöbel auszusprechen. Ich gestatte mir

137 Osterholz-Scharmbecker Zeitung, 2. Juni 1928. Akte Rathausbau, Folder 10.
138 Das heutige Ritterhuder Landhaus.
139 Interview M. Overath mit Margarete Voss, a.a.O.
140 Akte Rathausbau, Folder 10.

jedoch hierdurch Ihnen meinen und den Dank der Gemeinde zu übermitteln. Wieder habe ich, und zwar bei der Firma Messerknecht in Erfahrung gebracht, mit wieviel Liebe, insbesondere seitens Frau Bergmann auch bezüglich der Büromöbel für die Ausstattung des Rathauses gesorgt worden ist. Empfangen Sie nochmals den aufrichtigsten Dank der Gemeinde. -

Wir fühlen uns in den neuen Räumen sehr wohl; es lässt sich vor allen Dingen in Anbetracht dessen, dass jeder von uns ein Zimmer für sich hat, ungestörter arbeiten. -

Ich habe nun noch eine Bitte und zwar möchte ich darum bitten mir für mein Dienstzimmer noch 2 Bilder (Photographien) von den beiden Herren Ries geben zu wollen, die ich mir gern am kommenden Dienstag persönlich abholen möchte. Ich werde, falls ich Ihre Verhinderung nicht mitgeteilt bekomme, mir erlauben am kommenden Dienstag gegen 3 ½ Uhr nachmittags vorsprechen.

Ich verbleibe mit den herzlichsten Grüssen
in Dankbarkeit Ihr
Evers
Gemeindevorsteher

Endlich sollte der seit Jahren ersehnte Besuch der Verwandten aus New York eintreffen. Onkel Friedrich und Tante Marie bestätigten, mit dem Dampfer »München« am 24. Juni 1928 in Bremerhaven anzulanden, und wünschten sich, an der Stromkaje empfangen zu werden.[141]

Während ihres zehnwöchigen Aufenthaltes in Ritterhude erlebten sie im September auch die Einweihung des Rathauses. Margarete, die inzwischen sechs war, mochte ihre Verwandten sehr. Bei ihrem Abschied war sie derart traurig, dass sie sie nicht zum Hafen begleiten wollte. [142]

Während ihrer Aufenthalte im Harz oder im Schwarzwald hielten Marie Bergmann und John F. Ries zu Christian Evers stetigen Kontakt.[143] So schrieb Frau Bergmann am 19. Juli 1928:

Glücklich im herrlichen Schwarzwald senden mein Bruder und ich Ihnen und Ihrer lieben Frau die herzlichsten Grüße. Ihre Marie Bergmann.[144]

Am 26. Juli 1928 kündigte Evers an, Postkarten von der Turnhalle, der Apotheke und dem Rathaus drucken zu lassen: [145]

[...] *Von den Aufnahmen sollen dann Postkarten mit »Gruss aus Ritterhude« hergestellt werden, die dann in alle Welt gehen und unser liebes Ritterhude sehr gut repräsentieren werden. Es sind doch prachtvolle Bauten, die mir in dem Bewusstsein an deren Schaffung mitgewirkt zu haben, sehr viel Freude machen -*

Ich verbleibe mit den herzlichsten Grüssen auch von meiner Frau Ihr ergebenster
Chr. Evers

141 Nl Evers Kor.m.Verw. 11.
142 Nl Evers Kor.m.Verw. 10, 12.
143 Nl Evers BRiesBr 15-1, 15-2,15-3.
144 Nl Evers BRiesBr 22.
145 Nl Evers BRiesBr 21 und Brief, 24. Juli 1928. Akte Rathausbau, Folder 10.

Anfang August 1928 muss Evers den Geschwistern dann die Fotos in den Schwarzwald gesandt haben. Aus der Villa Germania in Freudenstadt kommt Dank: [146]

»Sehr geehrter Herr Evers!
Vielen Dank für ihre lieben Zeilen und für die übersandten Bilder. - Turnhalle, Apotheke und Rathaus sind prachtvolle Aufnahmen, haben uns sehr erfreut und haben auch hier im Hause viel Beifall gefunden. - [...]

Drei Wochen zuvor war die Reaktion auf die Ansichtskarten weniger positiv ausgefallen: [147]
V. Apotheke und Rathaus sind schöne Aufnahmen, die Turnhalle gefällt uns nicht!

Die offizielle Einweihungsfeier des Rathauses fand am 1. September 1928 statt. Die Kirchlichen Nachrichten aus Lesum berichteten anschließend:

Am ersten September wurde unser Rathaus - dieser tönende Name möge dem stattlichen Gebäude gern gegönnt sein - durch festliche Einweihung seiner Bestimmung übergeben, der Gemeinde als Verwaltungsgebäude zu dienen. In den weiten Räumen hat auch die hiesige Spar- und Darlehenskasse ihr Heim, auch ist für den Gemeindevorsteher eine schöne Dienstwohnung bereit gestellt. Vom Gemeindeausschuß waren an die Verwaltungsbehörden in Hannover, Stade und Osterholz Einladungen ergangen, ebenso an alle möglichen beamteten Korporationen und einzelne beamtete Persönlichkeiten im Ort und in unserer Kreisstadt, desgl. an die Vereine hier. Von Einladungen an rein Private musste abgesehen werden, man hätte nicht gewusst, wo anzufangen und wo aufzuhören. In dem Lokal von Herrn Fr. W. Beissner, wo Jahrzehnte hindurch der Gemeindeausschuß getagt hatte, wurde im Beginn der feierlichen Veranstaltung von unserem Gemeindevorsteher Herrn Chr. Evers eine festliche stimmungsvolle Abschiedssitzung gehalten, in der in geschickter Weise von ihm eine übersichtliche Darstellung der Gemeindeentwicklung in den letzten Jahrzehnten gegeben ward.

Dann ging es in großer Menge zum Rathause; dieses wurde eingehend von außen und innerhalb besichtigt, wobei man manche Äußerungen der Bewunderung hören konnte. Gesangvereine taten zum Wohlgelingen ihr Bestes. Darauf wurde in dem geräumigen und glänzend eingerichteten Sitzungssaal vom Gemeindevorsteher eine festliche Eingangssitzung gehalten, woran eine Reihe von Beglückwünschungen und Ansprachen sich anschloss [...]

Schliesslich fanden sich viele Herren zu einer Festtafel in Herrn Beisner's Lokal zusammen, und dort - so geht das Gerücht, auch spricht sehr hohe Wahrscheinlichkeit dafür - soll man noch lange Zeit in feucht fröhlicher Stimmung beieinander gewesen sein. Jedenfalls hat Ritterhude am 1. September ds. Js. seinen großen Tag gehabt. Noch wird jetzt an jedem Sonntage und sonst unser Rathaus von vielen Auswärtigen besichtigt und bestaunt. [148]

Die Bremer Nachrichten veröffentlichen schon am Tag der Einweihung den Artikel:
Das neue Rathaus in Ritterhude, Stiftung der Gebrüder Ries.

146 Nl Evers BRiesBr 18.
147 Nl Evers BRiesBr 19.
148 In: Kirchliche Nachrichten für den Kirchenkreis Lesum, Nr. 1, Oktober 1928, S. 6. Nl Evers, Diverses.

[...] Zwei Ritterhuder Amerikaner haben ihrem Heimatorte eine derartige Liebe und Anhänglichkeit bewahrt, daß sie diesem aufstrebenden Gemeinwesen in großzügigster Form die Mittel zur Verfügung stellen, die notwendigsten Bauten ohne Belastung der Einwohner durchführen zu können.

Es sind dies die Gebrüder Ries, von denen der eine allerdings vor Vollendung seiner Aufgabe vom Tode abberufen wurde, während Herr J. Ries sich noch einer standkräftigen Gesundheit erfreut.

»Magst Du schöne Lande schauen,
Über alles halte wert
Deines Landes Gauen
Deiner Väter schlichten Herd.
Und wenn alles dich betrogen,
Wenn dich Glück und Stern verlässt.
Wenn die Treue dir gelogen,
An der Heimat halte fest.«

Bedeutungsvoller konnte man das Andenken dieser hochherzigen Männer nicht ehren, wie mit diesem im Treppenhaus angebrachten »An Alle« zu richtenden sinnigen Spruch. [...]

Ein besonderes Verdienst gebührt auch der intensiven Mitarbeit des Gemeindevorstehers Evers, der in sachlichster Form den Vermittler zwischen den vielen widerstrebenden Meinungen stellte. [ ]

Es ist klar, daß eine derartige Reihe besonders auch in ihren Abmessungen dem Orte fremden Bauten auf das Aussehen einen weitgehenden Einfluß ausüben mussten. Es handelt sich hier nicht um eine Einzelerscheinung, sondern um eine städtebauliche Frage, die, wenn man sie in vollem Umfange vorausgesehen hätte, zunächst eine städtebauliche Lösung im Rahmen des Gesamtortes hätte finden müssen. Dieses ist leider nicht geschehen. Wieweit die Entwicklung dadurch beeinflusst wird, kann man im Augenblick noch nicht beurteilen. Der Gemeindevertretung ist zu empfehlen, diesen Schritt je früher desto besser noch nachzuholen. Erfreulich ist aber, daß ein ernsthaftes Wollen der verantwortlichen Architekten scharfe Gegensätze vermieden hat. [...]

Die Wahl des Rohbaus in ortsüblichen Klinkern ist unbedingt gutzuheißen, auch die sparsame Verwendung Obernkirchner Sandsteins. [...][149]

Schliesslich waren die Großmutter und die Halbschwester Tante Bebe doch auf dem nahe gelegenen Evers'schen Hof wohnen geblieben und versorgten von hier aus die Gemeindevorsteherfamilie in der neuen Rathauswohnung: *In der Wohnung im Rathaus wurde nie gewirtschaftet. Hier wurde nur sonntags gekocht. Mittags ging man zum Essen hinüber auf den Hof.* Und: *Täglich sah man jemand mit der Milchkanne zum Rathaus laufen. Herrn Evers wurde frische Milch gebracht.*

149 Bremer Nachrichten, Sonnabend, 1. September 1928.

Die Zeitzeugin, eine Spielkameradin von Margarete, kannte sowohl die Verhältnisse auf dem Hof als auch in der Rathauswohnung gut.

Es war Wille der Stifter, dass der Gemeindevorsteher mit Familie im Rathaus wohne. Wie Evers in seinen Briefen an Onkel Friedrich andeutete - das entspricht auch der Erinnerung von Margarete Voss - wäre die Familie ebenso gern in ihrem Haus Nr. 108 wohnen geblieben:

Allerdings hatten wir noch keine Heizung, hatte ja fast niemand in Ritterhude, und in dem neuen Rathaus war dann ja ne Heizung [...] *Ich kann mich eben noch erinnern, als wir in die Wohnung umgezogen sind, und die vielen Gardinen, die wir brauchten.* [...][150]

Christian Evers war 29, als er sein neues Arbeitszimmer im Erdgeschoss des Rathauses bezog. In der im Südflügel gelegenen privaten Wohnung, die über den Räumen der Spar- und Darlehenskasse die Hälfte des ersten Obergeschosses einnahm, war ebenfalls ein Arbeitszimmer vorgesehen. Es wurde aber nicht als solches, sondern als Musizier- und Ries-Gedächtniszimmer genutzt. »Die Arbeitspapiere hatte er alle unten«, erinnerte Frau Voss. Die Wohnung hatte ein eigenes Treppenhaus. Margarete Voss konnte sich deutlich daran erinnern, wie sie als Kind abends oft die Treppe hinunterlaufen musste, um ihren Vater vom Schreibtisch zum Abendbrot zu holen. Selbst nach verabredeter Zeit um halb acht, nach Luises Rufen durch das Treppenhaus und ihrem Anruf per Haustelefon kam der Gemeindevorsteher oft immer noch nicht. Stattdessen war zum wiederholten Male das immer gleiche »Ja, ich komme gleich« zu vernehmen. Das zog sich so lange hin, bis Margarete schließlich hinunter lief, ihn persönlich an die Hand nahm und vom Schreibtisch wegzog. Ihr Vorteil bei diesem abendlichen Ritual war, wie sie selbst erwähnt, dass sie noch vor der Schulzeit das Lesen lernte. Im Treppenhaus hing ein Spruch, den sie auf diesem Wege, von ihrem Vater, Buchstabe für Buchstabe zu entziffern lernte: »Jedem Menschen Recht getan, ist eine Kunst, die niemand kann.« - Zu dem späten Abendbrot gab es schwarzen Tee. Wie sich erst Jahre später herausstellen sollte, vertrug Margarete weder Kaffe noch Tee. Sie lag als Kind oft über Stunden wach im Bett und konnte nicht einschlafen: »Ich schlief manchmal um halb vier noch nicht und musste vor sechs aufstehen. Und dann hat mich ja diese Uhr im Rathaus, die schlug ja, eins, halb zwei, zwei, die hat mich damals ja fast verrückt gemacht.«[151] Ihr Schlafzimmer lag im zweiten Obergeschoss, nahe der Rathausuhr, die in den achteckigen Fuß des in Kupfer geschlagenen, zentralen Dachreiters eingearbeitet ist und die ganze Nacht lang zu jeder vollen und halben Stunde schlug. Vom Glockenturm aus, in dessen Gebälk sich noch heute das eindrucksvolle, offen liegende Räderwerk für die Turmuhr befindet, hat man eine wunderbare Aussicht über die weiten Wiesen der Flussniederungen von Hamme und Wümme bis nach Bremen.

Als der Gemeindevorsteher eines Abends nach dem Abendbrot zu Hause - d.h. oben in der Wohnung - blieb, fragte Margarete: »Mutti, ist Papa krank?«[152]

Auch nächtliche Spätheimkehrer bemerkten von der Dorfstraße aus, dass in dem neuen Arbeitszimmer des Gemeindevorstehers immer bis spät in der Nacht das Licht brannte. Es hieß, Evers lasse nachts die Lampe brennen, damit alle sähen, wie schwer beschäftigt er sei.

150 Interview M. Overath mit Margarete Voss, a.a.O.
151 Ebd.
152 Ebd.

Betrachtet man allerdings den überlieferten Nachlass mit den zahlreichen handschriftlichen und getippten Abschriften, unzähligen Eintragungen in Rechnungsbücher, Beleghefte, Ein- und Ausgabelisten - alle Daten sorgfältig von Evers Hand notiert und gegengeprüft - allein den Hof und den privaten Haushalt betreffend, so kann diese akribische Schreibarbeit nur in zahlreichen späten Nachtschichten erfolgt sein.

Das höher gelegene, im repräsentativen Stil erbaute Rathaus wird in dem von flachen, reetgedeckten Häusern geprägten Ort wie eine fürstliche Residenz gewirkt haben. Der junge Gemeindevorsteher wohnte hier in sehr exponierter Lage. Das erweckte auch Vorbehalte. Weniger begünstigte Dorfbewohner, die in ärmeren Verhältnissen lebten oder erwerbslos waren und große Mühe hatten, genügend Essen, warme Kleidung und ein Dach über dem Kopf zusammen zu bekommen, hielten die hohen Investitionen in prächtige Gebäude in dieser Zeit für unangemessen.

Evers' Zeilen vom November 1928 an Onkel Friedrich offenbaren seine deutsch-nationale Gesinnung und seinen Nationalstolz. Bezugnehmend auf dessen ausführliche Berichterstattung über die komfortable Kajütenausstattung des Dampfers »Stuttgart« bei der Heimreise über den Atlantik von Bremerhaven nach New York antwortete Evers:

In dieser Kajüte liesse sich schon eine Reise nach Amerika vornehmen; ich glaube besser wie in einem Luftschiff »Graf Zeppelin«, von dessen tapferer Fahrt Ihr dort und wir hier viel gehört und gelesen haben. Es freut einen jedoch als Deutschen, dass es wieder einmal Deutsche waren, die diese Kraft und diesen Mannesmut aufzubringen vermochten, die beiden Weltteile vom Osten zum Westen und vom Westen zum Osten zu überqueren. Wie dort, sind auch hier die Besatzungsmannschaften des »Graf Zeppelin« unter grossen Ehrungen aufgenommen. - [...][153]

Das neue Pfarrhaus

Wenngleich die Brüder Ries auch deutsch-national und in vieler Hinsicht konservativ eingestellt waren, setzten sie in Ritterhude ein sehr altes Recht außer Kraft: das Patronatsverhältnis.[154] Ihr Vater war lange Zeit aktives Mitglied im Kirchenvorstand gewesen, daher kannten sie die Problematik des seit Jahrhunderten bestehenden Ritterhuder Patronatsverhältnisses gut.

Sie hatten die Ablösung der Patrone erwirkt, indem sie ihre Absicht, ein neues Pfarrhaus für die Kirchengemeinde zu erbauen, von der Ablösung abhängig machten. Das Landeskirchenamt schrieb am 11. Februar 1927:

153 6. November 1928. Nl Evers Kor. m.Verw.12 Bl. 1.

154 Zum Patronatsverhältnis vgl. Schütze, Geschichte der Ritterhuder Kirche, a.a.O:, hier S. 7. Schütze: »Die Ältesten der von der Hude waren als Patrone Eigentümer der kirchlichen Gebäude. Da hiermit die Pflichten der baulichen Unterhaltung sowie auch finanzielle Zuwendungen an den Pfarrer gekoppelt waren, fällt es schwer zu begreifen, weshalb über Jahrhunderte (bis 1926) an diesem jus patronatus von den Inhabern dieser Rechte so zäh festgehalten wurde. Kirche, Pfarrhaus und später auch Küster-, Schul-, und Pfarrwitwenhaus zu bauen und für den Lebensunterhalt ihrer Bewohner Mittel bereit zu stellen.« Dem gegenüber standen die Rechte: »Besonderer Sitzplatz in der Kirche, besondere Fürbitten, besondere Bestattungszeremonien (jeweils gebührenfrei) sowie das schon erwähnte Vorschlagsrecht bei der Stellenbesetzung. ... Der Inhaber solcher Vorrechte war ein kleiner Landesherr, insbesondere wenn ihm, wie den Herrn von der Hude die Gerichtsbarkeit unterstand und Grund und Boden gehörte.«

Mit großer Freude haben wir von der hochherzigen Absicht der Gebrüder Ries, ihrer heimatlichen Kirchengemeinde für den Fall der Ablösung des in Ritterhude bestehenden Patronatsverhältnisses sofort ein Pfarrhaus zu erbauen, Kenntnis genommen.[155]

Wieder waren es die Baupläne von Architekt Schuckmann, die zügig verwirklicht werden konnten. Nur ein halbes Jahr nach der offiziellen Einweihung des Rathauses wurde das von den Ries-Geschwistern gestiftete neue Pfarrhaus mit Konfirmandensaal am Sonntag, dem 17. Februar 1929 - gleichzeitig mit der Einführung des neuen Pastoren Tönnies - eingeweiht. Die Ehrengäste Marie Bergmann und John F. Ries mussten absagen: [156]

Bremen, Februar 13/29

Sehr geehrter Herr Evers!

Der freundlichen Einladung des Kirchenvorstandes zu Ritterhude zu der Einweihungsfeier des Herrn Pastor Tönnies, können meine Schwester und ich leider nicht folgen. Die Jahreszeit und unser Alter sind unsere Entschuldigung. Wir hoffen und wünschen, daß Pastor Tönnies und Familie sich im neuen Pfarrhause recht wohl fühlen mögen, wünschen viel Glück und Segen im neuen Heim. Wünschen der versammelten Gesellschaft eine angenehme Feier.

Mit Gruss auch von meiner Schwester

Ihr

John F. Ries

Nicht nur das Ortsbild von Ritterhude änderte sich. Mit der Ablösung des Patronatsverhältnisses gingen auch Veränderungen in der Kirchengemeinde einher. Jahrzehntelang hatten die Patrone das alleinige Vorschlagsrecht für die Pastoren. Nach ihrer Ablösung konnte die Gemeinde zum ersten Mal ihren Pastor selbst wählen. Sie entschied sich für Ernst Heinrich Tönnies, der das neue Pfarrhaus an der heutigen Riesstrasse bezog.

Bis dahin hatten die Pastoren auf dem von Marschalck'schen Hudenhof gewohnt, dort, wo heute die Ries-Schule steht. Der Hudenhof war seit dem Brand des alten Pfarrhauses auf dem Rathausgrundstück im Jahr 1829 von den Patronen angemietet worden, um ihrer Verpflichtung nachzukommen, den Pastoren eine angemessene Unterkunft zu bieten.

Pastor Tönnies löste Pastor Degener ab, der die Kirchengemeinde seit 1889 fast 40 Jahre lang betreut hatte und 1928 freiwillig in den Ruhestand getreten war.[157] Degener zog 1928 vom Hudenhof in das Evers'sche Haus, wo seine Tochter Ada Blume und drei Enkeltöchter lebten.

Marie Bergmann und John F. Ries fühlten sich Christian Evers, der politischen und der Kirchengemeinde verbunden. Zu seinem Geburtstag, am 2. Mai 1929, erhielt der Gemeindevorsteher ein Telegramm mit Glückwünschen von den Ries/Bergmann Geschwistern aus Bremen.[158] Im August sandte John F. Ries eine Postkarte mit vielen Grüßen aus dem »Hotel Fürstenhof« in Bad Salzuflen an Christian Evers und Familie in Ritterhude, Provinz Hannover.[159]

155 Schütze, ebd., S.108.

156 Pfarrarchiv Ritterhude Rep Nr. 513 Pfarrhaus. Zit. n. Schütze, ebd., S. 109.

157 Zum Leben von Pastor Degener vgl.: Kirchliche Nachrichten für den Kirchenkreis Lesum, Nr. 1, Oktober 1928, S. 6. Nl Evers Zeitungsartikel 1927 bis 1950. Und: Schütze, Ritterhuder Hefte, 20, S. 4.

158 Deutsche Reichspost, Telegramm, 1. Mai 1929. Nl Evers BRiesBr 19.

159 Nl Evers BRiesBr 15-3.

Gemeinnützig und repräsentativ, mit diesen Eigenschaften lassen sich die Stiftungen der Geschwister Ries/Bergmann beschreiben. Zeitzeugen erinnern, dass seinerzeit auch darüber nachgedacht worden war, Ritterhude ein Bahnhofsgebäude zu stiften. Es soll bereits Gespräche mit der Reichsbahn gegeben haben, doch die Pläne scheiterten daran, dass die Bahn nicht bereit war, zusätzliche Gleise zu verlegen.

Es soll auch Überlegungen gegeben haben, eine neue Kirche zu errichten, doch dann wurde die St. Johannes Kirche in den Jahren 1929/30 renoviert. Die Geschwister Ries/Bergmann stifteten das neue Gestühl und eine neue Orgel.[160]

Ein Christian-Evers-Denkmal?

Es muss in diesem Zeitraum gewesen sein, dass der Gemeindeausschuss darüber nachdachte, Hermann und John F. Ries ein Denkmal zu errichten. Ein Mitglied der SPD schlug vor, im gegebenen Fall dann auch den Gemeindevorsteher Evers entsprechend zu würdigen. Im Zuge dieser Diskussion entstand ein Plakat mit der Überschrift:

Das von dem S.P.D. Gemeindeausschussmitglied J. Schumacher gedachte Denkmal des Gemeindevorstehers Evers Ritterhude fängt an zu wackeln. [161]

Die Zeichnung veranschaulicht die heikle Position, in der Christian Evers sich, zwischen den politischen Extremen der Zeit, befunden haben muss: Eine überlebensgroße Büste des Gemeindevorstehers ruht auf einem Gedenkstein, der wiederum von einem gemauerten Sockelfundament getragen wird. Um den Hals der Evers-Büste ist eine Schlinge gelegt, die sich augenblicklich zuziehen könnte. Das bereits straff gespannte Seil liegt fest in den Händen der SPD. »Die getreuen S.P.D. Männer bekunden: Wir halten Dich solange es geht.« Aus dem Sockel sind bereits zahlreiche Mauersteine herausgebrochen worden - so dass das Denkmal einzustürzen droht, würden nicht auf der einen Seite das KPD-Mitglied und auf der anderen Seite Vertreter der bürgerlichen Einheitsliste »Stein auf Stein« zügig das Mauerwerk reparieren und auf diese Weise mit vereinten Kräften die Basis für die Figur Evers stützen.

Bei allem Verdienst und Erfolg war Evers' Arbeit innerhalb der Gemeinde nicht unumstritten. Ende des Jahres 1928 wurde der Rücktritt des Gemeindevorstehers und des Gemeindeausschusses gefordert. Viele Einwohner hatten Angst vor zu hohen Neben- und Folgekosten der Ries-Stiftungen und einer Überschuldung der Gemeinde. Außerdem wurde Evers vorgeworfen, sich an den Stiftungen persönlich bereichert zu haben. Der konnte den Vorwurf widerlegen und beruhigte die Menschen hinsichtlich der Überschuldung der Gemeinde: Andere Gemeinden seien weit höher verschuldet.

Am 19. Januar 1929 fand eine öffentliche Protestversammlung mit 540 Einwohnern statt. Im Ergebnis wurde sowohl dem Gemeindevorsteher als auch dem Gemeindeausschuss das uneingeschränkte Vertrauen mit großer Mehrheit ausgesprochen.[162]

160 Vgl. Schütze, Geschichte der Ritterhuder Kirche, S. 5 und: »Gedächtnisrede für Herrn John F. Ries« von Pastor Tönnies. Nl Evers BRiesBr 11.

161 Plakat. Nl Evers, 20er Jahre. Wann und von wem das Plakat entworfen wurde, ließ sich nicht ermitteln.

162 Vgl. Müller, H.: Ritterhuder Hefte, 21, S. 42.

Die mit Evers' Nachlass überlieferten, original handgebundenen Exemplare der »Dorfzeitung für die Ritterhuder Werktätigen«[163] zeigen, mit welcher Vehemenz politische Debatten geführt wurden. Das Ritterhuder Presseorgan der Kommunistischen Partei Deutschlands (KPD) formulierte radikale Vorwürfe gegen die ihrer Meinung nach verfehlte Sozialpolitik der SPD für die Arbeiterschaft. Auch der Gemeindevorsteher wurde wiederholt angegriffen. Unter anderem herrschte Unmut über zu kurze Öffnungszeiten des Gemeindebüros. Den oft stundenlang Wartenden sollen im neuen Rathaus weder Sitzplätze noch Toiletten zur Verfügung gestanden haben.

Dennoch wurde Christian Evers bei der Wahl im Jahr 1929 als Gemeindevorsteher bestätigt. Im Gemeindeausschuss war die SPD wiederum mit sechs Mandaten vertreten, die Bürgerliche Einheitsliste erhielt vier, die KPD und die neu gegründete Einheitsliste für Sparsamkeit und Gerechtigkeit je ein Mandat.

Mit dem Regierungspräsidenten in Stade, Dr. Rose, hatte Christian Evers regelmäßig Kontakt. Dieser wandte sich im April 1930, mit Hinweis auf vorhergegangene Gespräche, mit der Bitte an Evers, bei John F. Ries anzufragen, ob dieser gewillt sei, die Einrichtungskosten für ein Schülerheim in Bad Bederkesa zu übernehmen. Evers antwortete kurze Zeit später abschlägig mit dem Hinweis, Herr Ries habe, seit dem Sturz der Wertpapiere an der New Yorker Börse, erhebliche finanzielle Mittel verloren und könne derzeit keine Papiere verkaufen.[164] Wenige Monate zuvor, am 24. Oktober 1929 hatte der »Schwarze Freitag« (eigentlich ein Donnerstag) an der New Yorker Börse die Weltwirtschaftskrise eingeleitet. Der Crash hatte auch für die deutsche Wirtschaft gravierende Folgen. Firmen brachen zusammen, Werktätige wurden entlassen. Im Winter 1929/30 waren mehr als drei Millionen Menschen arbeitslos.

Schulneubau: Die Ries-Schule

In dieser Zeit erhielt die Gemeinde Ritterhude von den Geschwistern Ries/Bergmann ein weiteres höchst großzügiges Geschenk. Einen Monat vor dem Börseneinbruch, am 24. September 1929, hatte die Gemeinde mit John F. Ries den Schenkungsvertrag für eine neue Schule unterzeichnet. Der Stifter sah allein für das Gebäude die Summe von 300 000 bis 350 000 Reichsmark vor.[165] Die neue Schule sollte auf dem freigewordenen Grundstück des Hudenhofes errichtet werden. Das Grundstück hatte Evers nach langwierigen und schwierigen Verhandlungen in den Jahren 1927 bis 1929 von dem in Bruchsal in Baden lebenden Eigentümer Oberst a.D. Freiherr Wilhelm von Marschalck von Bachtenbrock für 65 000 Reichsmark erworben.[166] Evers war selbst nach Bruchsal gefahren, »um bewusste Angelegenheit zu besprechen«.[167]

163 Die Originalexemplare der handgedruckten und -gebundenen Ritterhuder Dorfzeitung sind nicht datiert. Schätzungsweise wurden sie Ende der 1920er und zu Beginn der 1930er Jahre hergestellt.

164 Evers an Regierungspräsidenten Dr. Rose in Stade, 28. April 1930. Nl Evers, Korrespondenz, Diverses.

165 Christian Evers Nachlass enthält außer den Fotos zum Richtfest keine schriftlichen Unterlagen über den Schulneubau.

166 Evers an Hauptentnazifizierungsausschuss des Kreises Osteholz, 10. März 1947. Nl Evers, Akte Entnazifizierung.

167 Evers an die Herren Ries, 25. Januar 1927. Akte Rathausbau, Folder 7.

Als die elfklassige Ries-Schule 1930 eingeweiht wurde, galt sie als die modernste und großzügigste Volksschule Preußens, »[...] für die 300 Kinder damals auch wirklich ein imposanter Schulbau, mit soviel großartigen Fachräumen, wie es einem Gymnasium seinerzeit alle Ehre gemacht hätte.«[168]

Seinen Entschluss zum Bau einer neuen Schule hatte Hermann H. Ries im Dezember 1927 dem amtierenden Schulrektor H. Schnackenberg am Rande der Apothekeneinweihung mitgeteilt. Schnackenberg beschrieb diese Begegnung später mit folgenden Worten:

Bei dieser Gelegenheit wurde ich den Herrschaften vorgestellt. [...] Er [Herrmann, sic!], *sprach mich mit den Worten an: »Herr Rektor, wollen wir uns nicht einen Augenblick auf die Bank setzen?« Wir saßen einen Augenblick still zusammen, da sagte er: »Herr Rektor, das mit den Gedichten, das haben doch Sie gemacht?« Meine Antwort: »Wenn Sie mich fragen, dann muß ich sagen, Ja. Beurteilen Sie bitte das Gereimsel nicht zu stark. Es hat mir schon Mühe gemacht. Ich bin nun mal kein Dichter.« Er antwortete: »Mein Bruder und ich haben uns sehr gefreut. Ich danke Ihnen.« Dann war wieder Schweigen. Ich merkte, daß er über etwas nachdachte.*

Plötzlich fing er an: »Ja, Herr Rektor, ich habe noch eines vor, und dann kommen Sie.« Ich sprang auf, wie von einer Biene gebissen. »Herr Ries, soll das heißen, daß Sie uns eine Schule bauen wollen?« »Ja, das soll es heißen, und Sie sollen angeben, wie die Schule sein soll. So wie Sie angeben, soll sie werden, sie soll gut sein!« Ich wusste tatsächlich nicht, was ich dazu sagen sollte. Nun sollte unser Wunsch endlich in Erfüllung gehen. [...][169]

Rektor Schnackenberg war maßgeblich an der Planung, vor allem an der Einrichtung der neuen Schule beteiligt. Niemand könnte die Vorgeschichte besser erzählen als er selbst:[170]

Schon während des Baues vom Rathaus kamen Bürgermeister Evers, Herr Schuckmann und ich regelmäßig zusammen, um über den Bau der Schule zu sprechen und zu beraten, welche Räume usw. vorgesehen werden müssten. Ich war dabei gut vorbereitet, denn als ich nach Kiel kam, wurde ich in einer ganz neuen Schule Volksschule angestellt. Als ich dann die Mittelschullehrerprüfung gemacht hatte, da kam ich an eine Mittelschule, die auch ganz neu war. Nach bestandener Rektorprüfung wurde ich an das neue Lehrerseminar berufen. (Auch ein Neubau.)

So kannte ich neuere Schulbauten durch meine Arbeit, die ich dort geleistet habe. [...] *Herr Schuckmann entwarf eine Skizze. Die wurde dann besprochen und mehrfach geändert. Drei Entwürfe hat er machen müssen. Da waren wir alle zufrieden, und so ist die Schule auch geworden. Aber sie war noch nicht gebaut. Wieder kam ein großes Ach. Eines Tages sprach*

168 Realschulrektor Mohrmann, a.a.O., Wohltäter für Ritterhude. In: 50 Jahre Riesschule Ritterhude, hier S. 5. Vgl. auch: ders.: 40 Jahre Riesschule und was nun? In: Ritterhuder Monatsblätter Nr. 8 vom 20. August 1970.

169 Schnackenberg, Ries-Schule, S. 15.

170 H. Schnackenberg war von 1921 bis 1947 Schulrektor in Ritterhude. An seinem Ausbildungsort in Kiel hatte er verschiedene neue Schulen kennengelernt. Seitdem er 1921 nach Ritterhude gekommen war, bemühte er sich sehr, hiesigen Schülern die gleiche Bildung zukommen zu lassen, die auch Bremer Schüler erhielten. Er setzte sich vor allem dafür ein, dass die Lehrpläne der vier örtlichen Grundschulen den Bremer Grundschulen angepasst wurden. Zum vorhergehenden vgl. ebd., S. 10, 11. Zum Folgenden ebd. S.17f. Die Baupläne für die Ries-Schule sind als Lichtpausen mit Originalunterschrift des Architekten und dem Stempel der genehmigenden Behörde erhalten.

mich Herr Ries an und fragte: »Wenn die Schule nun fertig ist und bezogen wird - wem gehört sie dann?« [...]

Schnackenberg erklärte John F. Ries, dass die Schule in gewisser Weise Ritterhude gehören würde, die Regierung aber in vielen Angelegenheiten das Endwort sprechen könne, wie z.B. bei der Anstellung, Versetzung und Abberufung der Lehrer, bei großen Bauveränderungen, die genehmigt werden müssten, so wie auch die Bauzeichnung vorgelegt werden müsse. Auch Verordnungen über den Lehrbetrieb dürfe nur die Regierung erlassen.

Da antwortet Herr Ries: »Dann will ich wissen, ob die Regierung sich über den Bau der Schule freuen wird.« Aber Herr Ries, sie wird sich sicher freuen; denn bauen hätte sie sie sicher einmal müssen.« »Ja« sagte Herr Ries, »sie wird mir dann eine Dankadresse senden, oder sonst irgendetwas. Das genügt mir nicht. Sie soll ihre Freude dadurch zeigen, daß sie Geld hergeben wird. Ich schränke deshalb meine Zusage so ein. Ich baue Ihnen das Haus, wie Sie es haben wollen. Die Kostenfrage spielt dabei keine Rolle. Die Regierung spendet die Kosten für die Einrichtung.«[171]

So galt es, einen Antrag beim Kultusministerium in Berlin zu stellen. Vorab brauchte man die Genehmigung von der Regierung in Stade mit einer Bestätigung, dass der Neubau einer Schule in Ritterhude unbedingt notwendig sei. Rektor Schnackenberg erhielt die umfassende Aufgabe, einen genauen Kostenvoranschlag für die Einrichtung auszuarbeiten. Er nahm den Bauplan und berechnete für jeden Raum die einzelnen Gegenstände und Lehrmittel. Bei der Schlußberechnung kam er auf einen Preis von 65 000 Reichsmark.

Schon nach kurzer Zeit erhielten Evers, Architekt Schuckmann und »der Mann, der die Kostenberechnung gemacht hatte«, eine Einladung nach Berlin. Schnackenberg hatte den Besuch in lebhafter Erinnerung:

Wir wurden sofort in das Verhandlungszimmer geführt. Begrüßt wurden wir von einem Ministerialdirektor. Sofort ging die Verhandlung los. Zuerst wurde über den Bauplan gesprochen. Da der Herr Direktor bis auf Kleinigkeiten einverstanden war, waren diese Fragen schnell und zur Befriedigung geregelt. (Dieser Plan kostete der Regierung ja kein Geld). Nun kam der Minister zur Frage der Einrichtung. Er begann mit der Frage: »Meine Herren, welcher verrückte Kerl hat diese Aufstellung gemacht? Er hat doch rein alles, sogar die kleinsten Kleinigkeiten angegeben.«

Nun musste ich antworten: »Ja, der verrückte Kerl, der bin ich. Aber ich möchte doch fragen, was denn bei den Unterlagen verrückt ist?« »Na, eben das, daß er alle Kleinigkeiten angegeben hat. Dazu sind die Preise zu hoch angegeben. Fangen wir einmal mit den Bänken an. Sie haben da für eine Bank den Preis von 72 Mark angesetzt. Sie können weit billigere Bänke haben.« Meine Antwort: »Ja, es sind Bänke für 46 Mark angeboten. Wir haben uns aber von jeder angebotenen Bank eine Probe senden lassen und dann festgestellt, daß diese angegebene Bank weitaus der beste Sitz ist. Sie entspricht in allen Teilen den Vorschriften, die die Regierung für die Schulbank fordert und den Schulen durch Erlässe und Verfügungen mitgeteilt ist. [...]

Der Herr gab zu, daß er selbst die Verfügungen erlassen hätte; aber die Bank ist zu teuer. [...] *Wir waren für eine halbe Stunde vorgesehen. Zwei Stunden habe ich mich verteidigen müssen. Ich hatte bald das Gefühl, das ein armer Angeklagter im Kreuzverhör haben muß.*

171 Ebd., S.17.

Nach etwa zwei Stunden erklärte der Herr: »Ich muß zugeben, daß sie sich wohl alles überlegt haben, und ich gebe auch zu, daß sie mich überzeugt haben. Wenn sie die Schule so einrichten können, wie das hier geplant ist, dann bekommen Sie ja die besteingerichtete Volksschule in ganz Preußen.« Nun konnte ich es nicht lassen und antwortete: »Ja, muß denn die besteingerichtete Volksschule gerade in Berlin stehen? Kann sie nicht auch in einem kleinen Ort wie Ritterhude stehen, zumal das Gebäude die Regierung doch nichts kostet?«

Ein Lächeln war die Antwort. »Meine Herren, wir müssen schließen. Ritterhude ist ja nicht der einzige Ort in Preußen, der etwas von uns will. [...] Sie bekommen schon in nächster Zeit Antwort.« Ein freundlicher Händedruck, und dann waren wir draußen. Was sollte nun werden? Ohne eine feste Zusage und ohne eine Zusage über eine bestimmte Summe Geld kann ja nicht weitergearbeitet werden. [...] Und wenn es um Geld ging, war Evers der rechte Mann. So machten wir ab, daß er sich für den nächsten Tag erneut anmelden sollte. [...] die Anmeldung wurde angenommen, und wir warteten, was der Tag bringen würde. Wir trennten uns. Herr Evers fuhr nach Charlottenburg, um dort in einer bekannten Familie zu übernachten. Wir gingen in unser Hotel.

Am nächsten Morgen trafen wir uns. Da bat mich Herr Evers, ich möchte doch nach Charlottenburg fahren, er hätte in seiner Aufregung ein wichtiges Stück vergessen, daß ich holen sollte. Ich bin hingefahren. Als ich zurück war und mich an unserem Treffpunkt melden wollte, waren die beiden Herren schon da und machten vergnügte Gesichter. Meine Frage: »Wie war es?« – »Alles in Ordnung. Es wurde nichts mehr gefragt. Uns sind 60.000 Mark fest bewilligt.« So konnten wir froh die Heimreise antreten. [...][172]

Nun konnte mit dem Bau begonnen werden. Die Holz- und Zimmererarbeiten für das größte Gebäude der Ries-Stiftung führte, wie auch schon bei den vorherigen Projekten, die ortsansässige Firma Gebrüder Lürßen aus. Nach dem Tod des Vaters Johann Lürßen im Jahr 1929 führten die Söhne Bernhard und Arend den Betrieb, d.h. Sägewerk, Zimmerei und Tischlerei, weiter. Während Bernhard überwiegend betriebswirtschaftliche und Verwaltungsaufgaben übernahm, arbeitete der als Architekt und Baumeister ausgebildete Arend Lürßen in der Ausführung der Ries-Bauten eng mit F.A. Schuckmann zusammen, der diesem gern bestimmte Arbeiten, wie z.B. die Detailzeichnungen für die Holzarbeiten, überließ. Als der beeindruckende Dachstuhl für die neue Ries-Schule gerichtet war, traf man sich zum Richtfest. (Abb.)

Am 11. August 1930 konnte die größte und modernste Schule Preußens nach nur zweijähriger Planungs- und Bauzeit ihrer Bestimmung übergeben werden. Eine Einweihungsfeier sollte es auf Wunsch der Stifter nicht geben. Schnackenberg schrieb:

Aber etwas wollten wir doch tun. So versammelten sich die Schüler bei den alten Schulen. Sie wurden dann von den Lehrern klassenweise zur neuen Schule geführt. Hier nahmen sie Aufstellung vor dem Haupteingang. Hier wurde unter Absingung des Deutschlandliedes zum ersten Male die deutsche Fahne aufgezogen. Mit dem Grußwort: »Unsern Eingang segne Gott« zogen die Kinder in die neue Schule ein. Jeder Lehrer führte seine Kinder in die betreffende Klasse. Dann versammelten sich die Lehrer, Schüler und Eltern in der Aula. In einer kleinen Ansprache des Schulleiters bedankte er sich bei den Geschwistern Ries-Bergmann,

172 Ebd., S. 19.

bei der Regierung und bei der Gemeinde für das wunderschöne Haus. [...] Am nächsten Tag begann die Arbeit. [...][173]

Schnackenberg berichtet ferner, dass ihm später, nach langen Jahren, vom Regierungsschulrat gesagt worden sei, die Ries-Schule sei »äußerlich« und »innerlich« die beste Schule des Bezirks gewesen. Als er dann fragte, was mit »innerlich« gemeint sei, habe er die Antwort erhalten: »Ich meine die Einrichtung, die Arbeit der Lehrer und die Leistung der Schüler.«

Schnackenberg wünscht der Schule und der Lehrerschaft am Ende seines Artikels »Zur Geschichte der Schule«, »daß dieser Geist, der in unserer Schule herrscht, erhalten bleibe zum Besten der Jugend und der Gemeinde Ritterhude!« [174]

Im selben Jahr, nämlich 1930, ließ sich Regierungsbaumeister a.D. und Architekt F.A. Schuckmann von John F. Ries folgendes Zeugnis ausstellen:[175]

Herr Regierungsbaumeister Friedrich Schuckmann war in den letzten Jahren mit Planung und Ausführung folgender Bauten von mir beauftragt: Gemeindeapotheke, Rathaus, ev. Pfarrhaus mit Konfirmandensaal, Schule mit Aula und Zubehör für meine Heimatgemeinde Ritterhude. Bei diesen Bauten, deren Herstellung sich Herr Schuckmann mit besonderer Liebe hingab, lag in seinen Händen die Ausführung der Vorprojekte, Projekte, Vorkostenanschläge, Anschläge, Ausführungszeichnungen, Ausschreibungen und Vergebungen der Arbeiten, Vertragsabschlüsse, Einzelheitszeichnungen mit inneren Einrichtungen. Beweis der Sorgfalt, mit der Herr Schuckmann seine Arbeiten erledigte, mag sein, dass Ueberschreitungen der in den Kostenvoranschlägen vorgesehen Summen nicht vorgekommen sind und, dass ich mich hinsichtlich der einzelnen Ratenzahlungen auf lange Zeit hin genau auf die Anforderungen für die Bauten einstellen konnte. Ueber die künstlerische Seite der verschiedenen Bauten mochte ich als Auftraggeber nicht ein persönliches Urteil abgeben. Ich kann hier nur darauf hinweisen, dass sämtliche Bauten eine sehr gute Kritik gefunden haben, soweit mir bekanntgeworden ist und was ich in den Zeitungskritiken gelesen habe.

Alles zusammengefasst kann ich nur sagen, dass Herr Schuckmann mir ein treuer Mitarbeiter und gewissenhafter Treuhänder meiner Interessen war: ein Zeichen meiner Zufriedenheit ist, dass ich Herrn Schuckmann nach Ablieferung seiner Arbeit stets vor eine neue Aufgabe gestellt habe bis zum Abschluss meines vorgesehenen Bauprogramms.

Bremen, am Bredenkamp No. 12

John F. Ries

Das letzte Gebäude des von Vater und Sohn Schuckmann entworfenen fünfteiligen Ries-Ensembles, das neue Postgebäude, war zu diesem Zeitpunkt noch nicht erbaut.

* * *

173 Ebd., S. 21.

174 Ebd.

175 Anlage zum Bewerbungsschreiben Dipl. Ing. Schuckmann, Regierungsbaumeister a. D., Architekt, 20. März 1939. Privatunterlagen Schuckmann. Vgl. auch Schotge, G.: Die Rathausseite, Ritterhuder Heimat- und Bürgerzeitung vom 13.11.1996. Das in diesem Artikel abgebildete »pseudohandschriftliche« Zeugnis gibt es im Original nicht. Es handelt sich vermutlich um eine von der Redaktion vorgenommene Transkription in eine Computerhandschrift. Das Originalzeugnis wurde mit einer Schreibmaschine geschrieben.

Abb. 23: Die Linden-Apotheke wurde am 7. Dezember 1926 eingeweiht.

Abb. 24: Der Architekt der Ries-Stiftungen: Regierungsbaumeister a. D. Friedrich August Schuckmann. Auf dem Dach der Ries-Schule. 1930.

Abb. 25: Prof. Oskar Leopold Schuckmann, Architekt der Turnhalle. 1916.

Geschehen Ritterhude, den 29. Juni 1926.
im Fr. Wilh. Beisner'schen Lokale.

Gegenwärtig:
Gemeindevorsteher Evers,
Beigeordneter Kahl
" Flügger
Gemeindeausschussmitglieder:
1. Dreyer,
2. Murken
3. Block
4. Caselitz
5. Rehter
6. Sandhasen
7. Hohorst
8. Klingemann
9. Schumacher
10. Brünjes
11. Meyer

Zu der heutigen Sitzung des hiesigen Gemeindeausschusses, wozu sämtliche Mitglieder ordnungsgemäss geladen waren, hatten sich die hier-neben bezeichneten Mitglieder eingefunden.

Tagesordnung:

Alleiniger Tagesordnungs-Punkt: ~~1.~~ Beschlussfassung betr. Annahme eines Geschenkes der Ehrenbürger, der Herren Herm. H. und Joh. Fr. Ries in Gestalt eines Gebäudes, welches auf dem alten Pfarrgarten errichtet werden soll.

Der Tagesordnung gemäss wurde folgendes verhandelt und beschlossen:

~~Zu Punkt 1.~~ Der Gemeindeausschuss nimmt mit grossem Jnteresse und grosser Freude von dem Bericht des Gemeindevorstehers über die von ihm am Donnerstag, den 24. ds. Mts. mit den Ehrenbürgern, den Herren Herm. H. und John Fr. Ries gehabte längere Unterredung Kenntnis.

Nach dieser Unterredung haben die Herren Ries zu erkennen gegeben, dass sie gewillt sind, ihrer Heimatgemeinde Ritterhude ein weiteres Geschenk in der Gestalt eines Gebäudes, welches auf dem alten Pfarrgarten, der ebenfalls in dankenswerter Weise von den Herren Ries der Gemeinde übereignet worden ist, errichtet werden soll, zu machen.

Der Gemeindeausschuss ist der Meinung, dass dieses Grundstück im Herzen der Gemeinde ge-

Eine Abschrift dieses Beschlusses wurde den Herrn Ries am Sonnabend den 3. Juli ds. Jrs. abends 6 Uhr im Ratskeller zu Bremen überreicht. Es fand ein gemeinschaftliches Essen statt an dem die beiden Herren Ries und von der Gemeinde ...

Abb. 26: Protokoll der Gemeindeausschusssitzung vom 29. Juni 1926 mit dem Beschluss ein weiteres Geschenk der Ehrenbürger H. und J. Ries anzunehmen. Mit handschriftlicher Notiz von Christian Evers.

Abb. 27 VS: John F. Ries (l.) und Christian Evers in Bad Sachsa. August 1926.

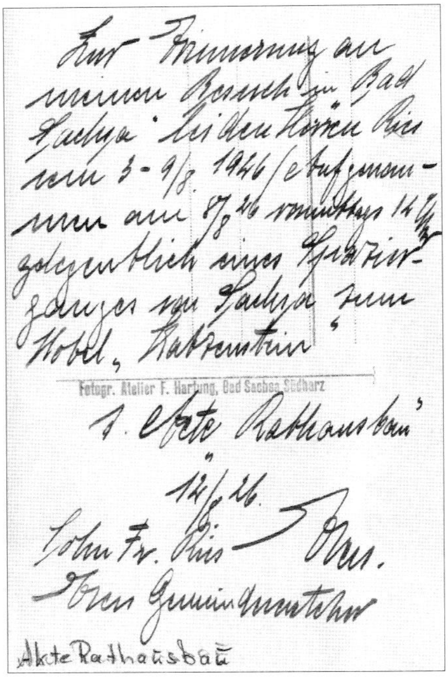

Zur Erinnerung an
meinen Besuch in Bad
Sachsa' beiden Herren Ries
am 3-9/8 1926 / e aufgenom-
men am 8/8 26 vormittags 14 U
gelegentlich eines Spazier-
ganges von Sachsa zum
Hobel, Katzenstein'

Fotogr. Atelier F. Hartung, Bad Sachsa Südharz

s. Akte Rathausbau'

12/8 26.

Lohn Fr. Ries — Evers.
Evers Gemeindevorsteher

Akte Rathausbau

Abb. 27 Rückseite: Notiz von Christian Evers zum Harzbesuch.

Abb. 28: Grundsteinlegung für das Rathaus am 19. Februar 1927. In der Bildmitte während der Hammerschläge: Gemeindevorsteher Christian Evers. Hinter ihm warten weitere Redner: Architekt Schuckmann, mit Schürze: Klempnermeister Gerdes.

Die geladenen Gäste: *Untere Reihe von links nach rechts: Johann Hohorst, Johann Schuhmacher, Dietrich Block, Friedrich Flügger, Johann Brünjes, Georg Klingemann, Pastor Conrad Degener. Zweite Reihe von unten: Hermann Sandhusen, Doktor Carl Caselitz, Carl Dreyer, Heinrich Kahle, Georg Reuter. Dritte und oberste Reihe zusammen: Hinrich Bartels, Gottlieb Bredenkamp, Georg Heilshorn, H. Schröder (Bahnhofsgastwirt), Johann Plump, Schneider Garfes, die Inhaber des früheren Baugeschäftes Steeneck und Mevius aus Osterholz-Scharmbeck, Bürgermeister Christian Evers, Rektor Schnakenberg, A. Otte (Verwalter auf dem Dammgut), Postmeister Horst, Lehrer Wäbekind, Architekt Schukmann aus Bremen (beauftragter Bauingenieur), die Brüder Arend und Bernhard Lürßen.*

Abb. 29: Die geladenen Gäste bei der Grundsteinlegung für das Rathaus.

Abb. 30: Rathausbau. 1927.

Abb. 31: Rathauseinweihung am 1. September 1928.

Abb. 32: Rathaus. 1929.

Abb. 33: Untere Rathaushalle. 1928.

Abb. 34: Ratssaal. 1928. Mit Portraits von den Stiftern Hermann und John F. Ries.

Abb. 35: Briefumschlag und Visitenkarten von Marie Bergmann und John F. Ries mit Dank an Gemeindevorsteher Evers für den Kranz auf dem Grab ihres verstorbenen Bruders Hermann H. Ries. 11. Mai 1925.

Abb. 36: Ende der zwanziger Jahre gab es heftige Diskussionen darüber, neben den Brüdern Ries auch dem Gemeindevorsteher Christian Evers ein Denkmal zu errichten.

Dorf-Zeitung

Für die Ritterhuder Werktätigen.

Bremer Arbeiter-Zeitung verboten!

Drohendes Verbot der Kommunistischen Partei!

Der Brmer Koalitionssenat hat auf Grund der Not=
verordnung vom 28.März die"Arbeiter Zeitung" Wiederum
auf 6 Wochen Verböten.Und zwar wegen eines Artikel
in Nr 169 vom 2o.August.

Der betr. Artikel,mit der Überschrift,
"Macht ganz Bremen mobil" enthält Ausdrücke,
wie "Gegen den Raubzug des SPD-Koalitions-
senat"-"Das Raubprogramm der Brüning
Regierung" -"dieser infame Raubzug"
"dieses infame Programm".

Durch diese letzteren Ausdrücke sollen
Behörden und leitende Beamte des Reiches
und des Staates Bremen beschimpft und
böswillig verächtlich gemacht worden sein.

Ausserdem sollen die, nach den Worten
"Wenn wir die Macht haben,erzittern die
Ausbeuter" folgenden Forderungen und Absich=
ten,nur durch den gewaltsamen Umsturz der
Verfassung durchgeführt werden können,

Und sollen somit die öffentliche Sicherheit
und Ordnung gefährden.

So ist richtig,das tugendhare Bremen ist
wieder mal gerettet! - Ordnung und Sicherheit
auf die Dauer von 6 Wochen gewährleistet.-

Die Verfassung soll gefährdet sein. Wie
sagte doch Lassalle?- "Verfassungsfragen sind Machtfragen".

Möge man die Parteipresse oder die Partei verbieten,wie Hör=
sing,der Reichsbannergeneral verlangt,-Ideen lassen sich nicht
verbieten: Die KPD wird siegreich sein - trotz Verfolgung und
Verbote. Denn,wie das Bismark'sche Schandgesetz von 1878 bis 189o
den Vormarsch der revolutionären Sozialdemokratie nicht aufhalten
konnte,werden alle Massnahmen und Verbote den Vormarsch der KPD
nicht aufhalten !

Man will uns hemmen-doch man zwingt uns nicht.

Unser die Welt : T r o t z a l l e d e m !!

Abb. 37: Titelblatt einer Ausgabe der »Dorf-Zeitung« der KPD Ritterhude.

Abb. 38: Zeichnung eines Einwohners, abgedruckt in der »Dorf-Zeitung«: »Der Gemeindeverwaltungswagen in Ritterhude.« Der Karikaturist lässt Evers, der Caselitz, Brünjes und Schumacher vor seinen Wagen gespannt hat, sprechen: »Wir schützen die Gehälter unserer Beamten und bewilligen lieber die Steuern, die jeden Arbeiter auch treffen!«

Abb. 39: Christian Evers (Mitte) während der Preußischen Landgemeindeverbandstagung. Berlin, 15. November 1928.

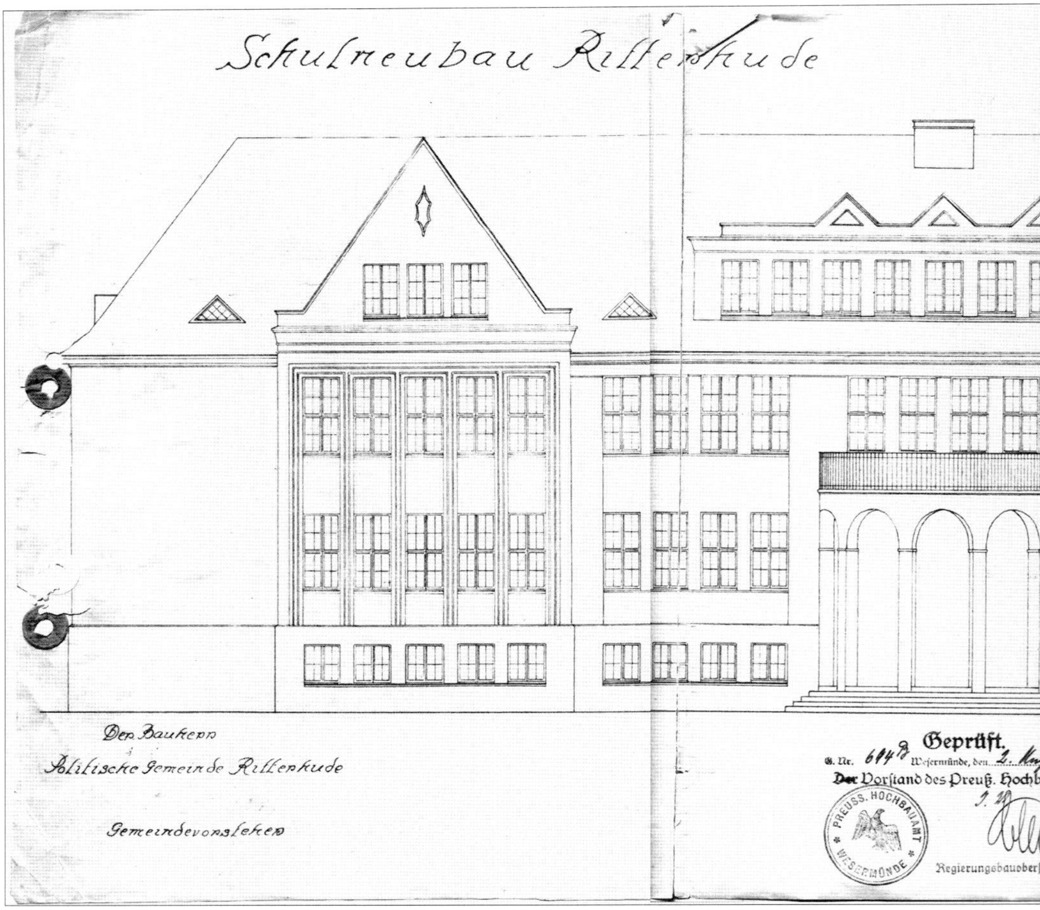

Abb. 40: Vorderansicht der Ries-Schule. Unterschriften: Bauherr: Politische Gemeinde Ritterhude, Gemeindevorsteher Evers; Entwurf & Bauleitung Regierungsbaumeister a. D. Schuckmann, Bremen, November 1928. Geprüft vom Preussischen Hochbauamt Wesermünde, 2. August 1929.

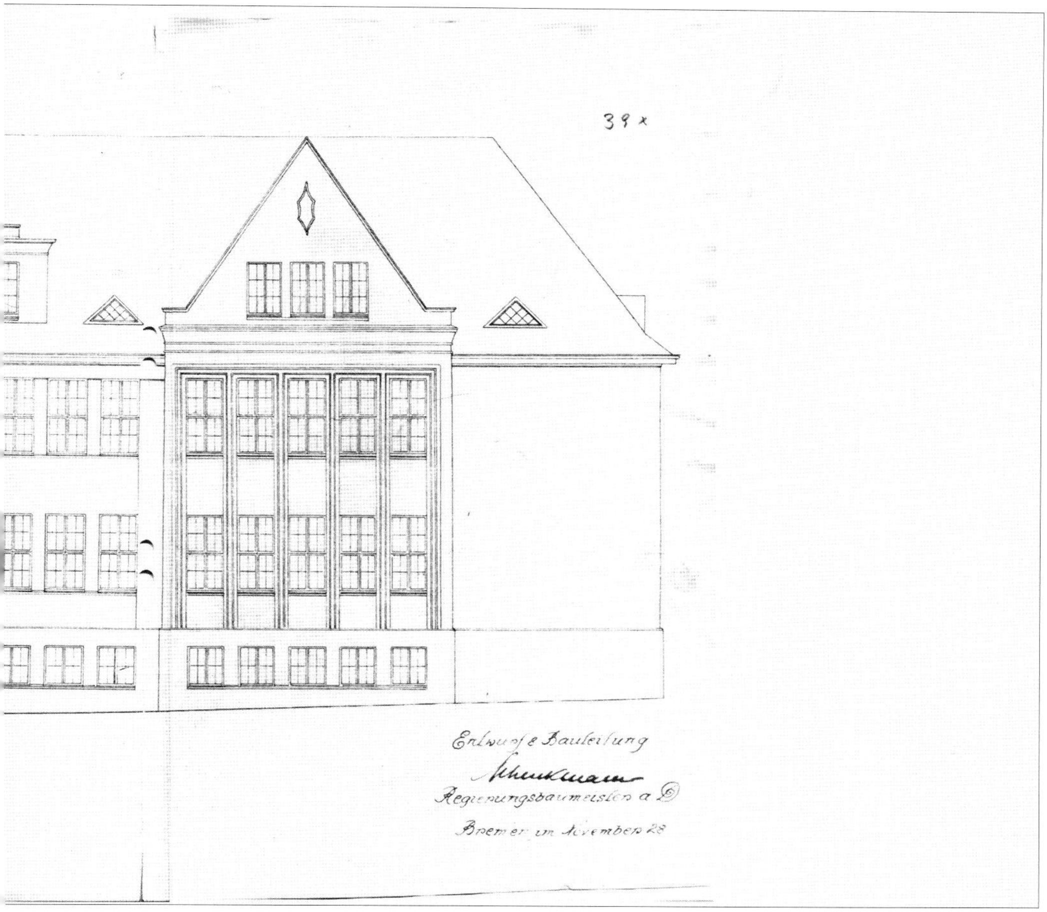

Abb. 41: Richtfest der Ries-Schule. 1. v. l.: Chr. Evers. 3. v. l.: Arend Lürssen. 4. v. l.: Schulrektor Schnackenberg.

Die hundertjährige Ries-Stiftung – Evers' Meisterwerk

Die Sorge vieler Ritterhuder Bürger, wie denn die - für eine kleine Gemeinde wie Ritterhude - großen Gebäude zukünftig unterhalten werden sollten, war berechtigt. Darüber hatte sich auch der Gemeindevorsteher Gedanken gemacht und daraufhin ein Projekt auf den Weg gebracht, das im Ergebnis dafür sorgte, dass Ritterhude als letztes Geschenk von den Geschwistern Ries-Bergmann die Hundertjährige Ries-Stiftung erhielt. Dabei handelt es sich nicht um ein Gebäude, sondern um Grundstücke. Ihre Bewirtschaftung oder Verpachtung sollte den Unterhalt der Ries-Gebäude zumindest teilweise sichern. Der Stiftungsvertrag von 1931 legte fest, dass die Ländereien in den kommenden 100 Jahren nicht veräußert werden durften.

Evers gelang damit, was sein Verhandlungsgeschick und die ihm eigene Art von Diplomatie angeht, ein Meisterstück. 16 Jahre später sollte er die Geschichte, wie er die Geschwister Ries/Bergmann 1930/31 von seiner Idee mit den Ländereien überzeugte, aufschreiben.[176] John F. Ries und Frau Bergmann hatten dem Vorschlag zunächst völlig ablehnend gegenübergestanden, doch Evers sollte sich ein weiteres - ein letztes Mal - ihnen gegenüber dank seiner außergewöhnlichen Hartnäckigkeit und Entschlossenheit durchsetzen.

Ankauf der Ländereien

Evers' Darstellung vom Kauf der Grundstücke soll hier ausführlich zitiert werden, denn sie gewährt Einblick in die Entstehungsgeschichte der noch heute bestehenden Stiftung - wohlgemerkt, aus der Perspektive des Gemeindevorstehers. Engagement und Einflussnahme von Christian Evers werden hier besonders deutlich: wie beharrlich er seinen Standpunkt vertrat, mit welcher Vehemenz er sich einsetzte, wie massiv er immer wieder im Interesse der Gemeinde und in seinem eigenen Interesse als Gemeindevorsteher intervenierte - denn er kannte die Großzügigkeit und Gutmütigkeit der Geschwister Ries/Bergmann gut. Ohne diesen Mut und eine hohe Risikobereitschaft gäbe es dieses letzte Geschenk an Ritterhude, die Hundertjährige Ries-Stiftung, nicht. Evers beschrieb die Geschichte folgendermaßen:

Da die letzte Stiftung der Herren Gebrüder Ries, die Errichtung des Postgebäudes, ihrer Vollendung entgegenging, habe ich im Herbst 1930 und Frühjahr 1931 weitere Pläne an den noch lebenden Herrn John Fr. Ries und dessen Schwester Frau Bergmann, wie den Bau eines Feuerwehrgerätehauses und einer Badeanstalt mit Schwimmbecken herangetragen.

Außerdem hatte ich gelegentlich Herrn Ries und Frau Bergmann gegenüber den Wunsch geäußert, der Gemeinde zur Sicherstellung der Unterhaltungskosten der von ihnen gestifteten Gebäude ein Legat in Form eines Grundbesitzes zu vermachen. Diesem Plan standen die Geschwister Ries-Bergmann zunächst aus mir völlig begreiflichen Gründen gänzlich ablehnend gegenüber. Eines Tages, im Februar d. Js. erhielt ich jedoch sehr erfreulicherweise von den Geschwistern den Auftrag, Wiesen-Ländereien in einer Größe von 50–60 Morgen für die

176 Ritterhude, 10. März 1947. Evers an den Hauptentnazifizierungsausschuss des Kreises Osterholz. 18 Seiten. Nl Evers, Akte Entnazifizierungsverfahren.

Gemeinde zu kaufen. Wenn mich der Umfang des Auftrages auch keinesfalls befriedigte, da der Reinertrag [...] für den gedachten Zweck von vornherein zu klein sein würde, zeigte ich mich doch hoch beglückt und ging in aller Ruhe und Stille an die Erledigung des Auftrages heran. [...][177]

Doch geeignetes Land zu erwerben, sollte sich als weitaus schwieriger herausstellen, als zunächst gedacht:

Durch Vermittlung des Auktionators Friedrich Beisner, Ritterhude, kaufte ich zunächst 24 Morgen Wiesen und Weiden von dem Landwirt Albert Harjes in Höftdeich. Um Herrn Ries nicht als Käufer auftreten zu lassen, da bei Nennung dessen Namens erfahrungsgemäß leicht die Gefahr bestand, daß unberechtigte Preise verlangt wurden, sollten die Käufe vereinbarungsgemäß auf meinen persönlichen Namen lauten. Ich [...] musste schließlich erkennen, daß es auch mit Hilfe des Auktionators gar nicht so einfach war, weitere Flächen zu bekommen. Andererseits drängte mich die Zeit sehr, denn Herr Ries war 80 Jahre alt und konnte jeden Tag aus dem Leben scheiden. Dazu kam, daß Herr Ries und Frau Bergmann mir gesagt hatten, daß sie ein Testament gemacht hätten, nach dem die Gemeinde Ritterhude nach ihrem Tode keine weiteren Vermächtnisse erhalten würde, da über das dann noch erhaltene Vermögen verfügt sei. [...]

Das Wissen, dass es sich dieses Mal um die allerletzte Stiftung und Hilfestellung für die Gemeinde Ritterhude handelte, dürfte Christian Evers bei den weiteren Verhandlungen bis aufs Äußerste angespornt haben. Er beschrieb im weiteren Verlauf Beispiele misslungener Versuche, Land in der Umgebung anzukaufen, und erklärte:

Ich führe dieses alles aus, um der Öffentlichkeit wenn auch nur ganz kurz vor Augen zu führen, welche Arbeiten, Mühseligkeiten und Aufregungen mit der Erfüllung eines einzigen Ries'schen Auftrages oder noch besser gesagt der Erreichung eines mir selbst gesteckten Zieles im Interesse der Gemeinde verbunden waren.

Zu bemerken ist ferner noch, daß ich alle diese Bemühungen in voller Stille abwickeln musste, den Namen Ries überhaupt nicht erwähnen durfte und daher mit niemandem darüber sprechen konnte. Es war nämlich so, und es wird auch wohl leider so bleiben, daß gerade das, was man einem beschränkten Kreis als vertraulich und geheim hinstellt, mit besonderer Eile weiterverbreitet wird. [...] Obwohl ich durch meine Tätigkeit als Gemeindevorsteher mehr als reichlich zu tun hatte, beschäftigten mich die Pläne, die ich noch gern mit Herrn Ries verwirklicht haben wollte, wo ich ging und stand. Ja, ich kann es ohne Übertreibung ruhig sagen, diese Pläne beschäftigten mich Tag und Nacht.

Da, wie ich schon an anderer Stelle sagte, die Angelegenheit wegen des Ries'schen Alters Eile gebot, Herr Ries sich nicht mehr sehr wohl fühlte, [...] fasste ich den Entschluss, abermals an Herrn von Marschalck heranzutreten und zu versuchen, von diesem das Restgut, den in Ritterhude gelegenen Hudenhof zu kaufen. In den Jahren 1928/29 war es mir in sehr langwierigen und schwierigen Verhandlungen gelungen, von Herrn von Marschalck das Hofgrundstück des Hudenhofes als Bauplatz für die Ries-Schule mit Schulhof und Sportplatz und den Friedhof, letzteren hatte die Kirchengemeinde in Erbpacht, für 65.000.- RM käuflich zu erwerben.

177 Ebd., S. 4 ff.

Evers teilte - ohne Auftrag der Gemeinde und ohne Auftrag der Geschwister Ries/Bergmann - Herrn Dietrich Marschalck anlässlich einer persönlichen Begegnung mit, dass er die Absicht habe, ihm den gesamten Hudenhof abzukaufen. Dieser zeigte sich überrascht, wollte sich die Sache aber überlegen. Evers besuchte den Rittergutsbesitzer Herrn von Marschalck von Bachtenbrock auf Ovelgönne bei Hechthausen im Landkreis Stade, der schließlich 300 000 für das Land forderte. Einige Zeit später besuchte von Marschalck den Kaufinteressenten Evers in Ritterhude und ermäßigte seine Preisvorstellung auf 250 000 RM. Inzwischen war unter ihnen das Geheimnis gelüftet, dass Evers das Land im Auftrag von Ries/Bergmann für die Gemeinde kaufen wollte. Die Preisverhandlungen gerieten ins Stocken. Evers überredete Herrn von Marschalck, gemeinsam nach Bremen zu den Geschwistern Ries/Bergmann zu fahren, um deren Stellungnahme einzuholen. Diesen Auftritt beschrieb Evers folgendermaßen:

Nach kurzem Vortrag meinerseits erklärte Herr Ries mein Vorhaben, statt 50-60 Morgen jetzt rund 430 Morgen kaufen zu wollen, für geradezu unverschämt und lehnte mein Ansinnen rundweg ab. Herr Ries meint noch, daß die Gemeinde Ritterhude nun wohl bald genug erhalten hätte. Das war für mich eine sehr peinliche Situation, doch nicht die erste dieser Art, die ich schon früher bei den Herren Ries und Frau Bergmann erlebt hatte. Ich beschwichtigte Herrn Ries und Frau Bergmann mit passenden Worten, entschuldigte mich und zog wie ein begossener Pudel vondannen.

Mein Vorhaben, den Hudenhof zu kaufen, gab ich jedoch nicht auf. Ich hatte schon ähnliche Szenen erlebt und sagte mir: »Auf den ersten Hieb fällt kein Baum. [...]«[178]

Evers beschreibt dann *en detail* die angespannte Atmosphäre auf der Rückfahrt. Rittergutsbesitzer Dietrich von Marschalck hatte noch seinen Vetter namens Otto oder Max von Marschalck bei sich. Schließlich legten sie hinter der Eisenbahnbrücke in Oslebshausen eine Pause ein. Im Auf- und Abgehen entspann sich hier die Kaufverhandlung. Evers wollte nicht aufgeben, aber auch nicht mehr als 200 000 RM bezahlen. Ein zähes Feilschen begann, in dessen Verlauf von Marschalck von anfänglichen 250 000 auf 225 000 und über 220 000 schließlich auf 210 000 RM hinunterging.

[...] *und als ich dann immer noch auf meinem Standpunkt verharrte, fragte der Besitzer Herr Dietrich von Marschalck mich schließlich und endgültig, ob ich denn überhaupt ein Angebot von 200.000,- RM ernstlich aufrechterhalte, und ob ich solvent, d.h. zahlungsfähig für eine solche Summe sei.*

Nachdem ich die beiden Fragen bejahte, Herr Dietrich von Marschalck noch darauf hinwies, daß die Ländereien an Herrn von Rex-Gröning verpachtet seien, und ich mir eine Zahlungsfrist bis zum 31. Juli erbat, um gegebenenfalls bis dahin noch einzelne Grundstücke verkaufen zu können, waren wir handelseinig. Wir bekräftigten den Handelsabschluss durch Handschlag und beschlossen, gleich zu Herrn Rechtsanwalt und Notar Dr. Benecke in Osterholz-Scharmbeck zu fahren, um den Verkauf bezw. Kauf notariell beurkunden zu lassen. Wir trafen Herrn Dr. Benecke leider nicht in Osterholz Scharmbeck an. [...]

Wie es hieß, sollte er sich auf dem Amtsgericht in Lilienthal aufhalten. Nach vergeblicher Suche in Lilienthal fanden sie Dr. Benecke schließlich in einer Gastwirtschaft in Tüschendorf, an der Kreisstraße Lilienthal-Zeven gelegen, inmitten einer Verhandlung.

178 Ebd., S. 7. Zum Folgenden: Ebd., S. 7ff.

[...] In der fraglichen Gaststätte angekommen, stellten wir fest, daß die Gaststube voller Menschen war; es waren wohl hauptsächlich Zeugen. In dem Zimmer gegenüber, das anscheinend die Stube war, tagte das hohe Gericht. Ich ließ Herrn Dr. Benecke kurz herausbitten, erzählte ihm den Vorgang, erbat Tinte, Federhalter und Papier und ließ mir von der Gastwirtin ein Zimmer anweisen, in dem ich den Kaufvertrag schreiben wollte. Das einzig freie Zimmer war ein kleines Schlafzimmer. Die Herren von Marschalck saßen auf der Bettkante. Ich setzte mich auf den Stuhl und schrieb den Kaufvertrag in Ermangelung eines Tisches auf der Kommode. [...] Nachdem ich den Kaufvertrag geschrieben hatte, verständigte ich Herrn Dr. Benecke, der den Vertrag vorlies, von Herrn von Marschalck und mir unterschreiben ließ und beglaubigte.[179] *Hiermit hatte ich den Hudenhof in einer Gesamtgröße von 107,56 ha = 430 Morgen 6 ar und 28 qm für 200.000,-- RM gekauft und zwar, wie ich in diesem Zusammenhange nochmals erwähnen möchte, persönlich, ohne Auftrag der Gemeinde, ja ohne Wissen irgendeiner Person aus der Gemeinde Ritterhude und gegen den Willen von Herrn Ries und Frau Bergmann. Hierin sah ich aber nicht meine Aufgabe als erfüllt an, mir kam es nicht etwa darauf an, den Hudenhof auszuschlachten, Grundstein für Grundstein bestmöglichst zu verkaufen, um auf diese Weise vielleicht 100.000 RM zu verdienen, was durchaus möglich gewesen wäre, nein, ich handelte vollkommen uneigennützig, d.h. wollte den mir von Herrn Ries und Frau Bergmann erteilten Auftrag, 50–60 Morgen Wiesen- und Weidenländereien für die Gemeinde Ritterhude zu erwerben, nicht nur erfüllen, sondern nach Möglichkeit versuchen, die Geschwister Ries-Bergmann zu beeinflussen oder gar zu überreden, die Gesamtfläche für die Gemeinde Ritterhude für den gedachten und von mir in Vorschlag gebrachten Zweck zu erwerben. Dieses musste mir gelingen, wenn die Erträgnisse des geplanten Legats überhaupt eine Summe erreichen sollten, die im Rahmen der gemeindlichen Finanzen fühlbar war, und aus der sich die gestellte Aufgabe, die Unterhaltungskosten der gestifteten Gebäude sicherzustellen, bestreiten ließ. Ich gab jedenfalls die Hoffnung, dieses Ziel zu erreichen, nicht auf, zumal es mir bei den vorhergehenden Stiftungen schon öfter nicht besser ergangen war, denn alle Stiftungen der Geschwister Ries-Bergmann sind keinesfalls von selbst gemacht worden, sondern von mir, von den kleinsten Anfängen, von der Kirchenglocke an, erbeten, erarbeitet, ja zum Teil im wahrsten Sinne des Wortes erkämpft worden.*

Mit diesem gesunden Optimismus bin ich dann und zwar in voller Zuversicht erneut an Herrn John Fr. Ries und die Schwester Frau Bergmann herangetreten. Ich habe ihnen sogleich über den doch getätigten Kauf des gesamten Hudenhofes berichtet. Ich bin sehr vorsichtig zu Werke gegangen, d.h. ich habe ihnen die enormen Schwierigkeiten geschildert, die mit dem Erwerb von Einzelgrundstücken von verschieden Besitzern, [...] verbunden waren und noch verbunden sein würden, und daß es meines Erachtens das Beste sein würde, gegebenenfalls von dem Hudenhof für den fraglichen Zweck 50–60 Morgen zu behalten und den Rest wieder zu verkaufen. Ich habe in wirklich vorsichtiger Weise zur Erwägung anheim gestellt, das Legat auf 100, 150 ja 200 Morgen zu erhöhen. Ich habe von der Verdienstmöglichkeit gesprochen, die selbstverständlich ihnen zufallen sollte, ja ich habe dann schließlich gewagt, ihnen zu sagen, daß sie für den Fall des Kaufes des gesamten Hudenhofes und der Überlassung dessel-

179 Die Vertragsunterzeichnung erfolgte am 30. April 1931. Vgl. Beschluss-Verhandlung für die 16. Sitzung der Gemeindevertretung nach der Neuwahl. Verhandelt Ritterhude, 31. Juli 1931. Nl Evers, Akte Entnazifizierung.

ben als Vermächtnis an die Gemeinde damit allen vorhergegangenen Stiftungen die Krone aufsetzen würden.

Wenn auch immer noch kein »Ja« zu hören war, so merkte ich schließlich doch, daß ihre anfängliche ablehnende Haltung zumindest schwächer wurde, daß sie auch schon mal in »wenn und aber« sprachen. Nach mehrmaligen Besuchen, bei denen immer wieder das Hauptthema »Kauf des Hudenhofes« war, ist es mir dann gelungen, zunächst von Frau Bergmann und dann auch von Herrn Ries das »Jawort« zu erhalten, allerdings noch mit der Einschränkung, daß ihnen die Gesamtfläche zu groß sei, und daß die kleinen Streuparzellen verkauft werden sollten.

Ich habe mich herzlich für das nunmehr doch erreichte Ziel bedankt, das ich allerdings noch weiter zu hegen und zu pflegen hatte, da mir der Wiederverkauf der einzeln gelegenen Flächen natürlich nicht passte. Im weiteren Verlauf der Verhandlungen gewannen die Geschwister Ries-Bergmann immer mehr Interesse, ja Freude an der nunmehr bevorstehenden Stiftung. Der Gesundheitszustand von Herrn Ries wurde von Tag zu Tag schlechter; er sprach davon, daß seine Zeit wohl bald abgelaufen sei usw. Um die Gedanken an den wiederholt zur Debatte stehenden Wiederverkauf von einzelnen Grundstücken abzuschwächen, [...] schlug ich vor, der Kirchengemeinde für den gleichen Zweck auch eine größere Fläche zu geben. Dieser Vorschlag fiel bald auf fruchtbaren Boden, d. h. gewann bald Anklang. Wir kamen überein, daß die Kirchengemeinde rund 10 ha = 40 Morgen haben sollte. Ich sollte mir überlegen, welches Land die Kirchengemeinde haben sollte und beim nächsten Besuch einen entsprechenden Vorschlag machen. Anlässlich meines nächsten Besuches schlug ich dann vor, der Kirchengemeinde eine möglichst arrondierte Fläche, den sogenannten Rottkamp, von 11,17 ha = 45 Morgen zu geben. Diese Fläche war Herrn Ries und Frau Bergmann nun wieder zu groß; sie erklärten sich aber grundsätzlich einverstanden.

Bei dieser Gelegenheit sprach Herr Ries mir sehr anerkennende Worte für meine unermüdlichen, uneigennützigen Bemühungen im Interesse der Gemeinde aus und sagte mir, daß er mit seiner Schwester überein gekommen sei, daß ich auch ein Andenken an sie in Form von einigen Grundstücken haben sollte. Während mir dieses Anerbieten ganz überraschend kam, und ich erklärte, nur meine Pflicht der Gemeinde gegenüber getan zu haben, sagten mir Herr Ries und Frau Bergmann beide: »Sie haben mehr als ihre Pflicht getan, wir geben Ihnen gern einige Grundstücke, die haben sie mehr als verdient. Wir hätten einen Makler auch bezahlen müssen, und der hätte unsere Interessen bestimmt nicht besser vertreten als Sie. Herr Evers, die Grundstücke sollen Sie haben, suchen Sie sich einige aus. Es freut uns jetzt sehr, daß sie nicht lockergelassen haben, daß Sie ihren Willen nun doch durchgesetzt haben, und daß wir der Gemeinde dieses Vermächtnis noch geben können. Ich habe mir die Sache nur mit meiner Frau hin und her überlegt und mich dahin entschlossen, daß ich zwei Grundstücke, die sogenannten Korn-Ländereien wählen wollte, die am nächsten zu meinem Hof gelegen waren. [...]« Es handelte sich um zwei Parzellen mit insgesamt 3, 54 ha. Herr Ries und Frau Bergmann waren mit Evers Vorschlag einverstanden und sollen bei der nächsten Unterredung bemerkt haben: [...] das sei nicht viel für meine Leistungen, und für alles, was ich sonst für sie getan hätte. [...][180]

180 Evers an Hauptentnazifizierungsausschuss, 10. März 1947, a.a.O., S. 10f.

Bis im Sinne der Geschwister Ries/Bergmann die richtige Landverteilung für die politische und die Kirchengemeinde gefunden war, wie sie schließlich im Vertrag vom 31. Juli 1931 festgelegt wurde, dauerte es noch einige Verhandlungsrunden. Doch schließlich war man sich einig. Evers bat die Geschwister, sobald es wärmer wäre, einmal wieder nach Ritterhude herauszukommen.

Ich wollte sie dann mit meinem Kutschwagen von der Bahn abholen und die Ländereien mit ihnen besichtigen. Hierzu ist es aber leider nicht gekommen. Herr Ries war seit längerer Zeit an der Gürtelrose erkrankt, die ihm erhebliche Schmerzen verursachte. Herr Ries wurde von Tag zu Tag schwächer und verstarb schließlich am 29. Juni 1931. [...][181]

Gedächtnisrede zum Tod von John F. Ries

John F. Ries, wie er sich selbst bis zuletzt nannte, starb in seinem 82. Lebensjahr im Haus seiner Schwester. Sie war bei ihm, sie hat ihn gepflegt.

[...] *Bei der Trauerfeier auf dem Riensberger Friedhof in Bremen hielt neben Dompastor Mauritz auch der Ritterhuder Pastor Tönnies eine Gedächtnisrede auf den Verstorbenen.182 Pastor Tönnies war nicht nur von Ritterhuder Seite gebeten worden, das Leben des Ehrenbürgers zu würdigen, sondern auch von der Kirchengemeinde Lesum, die Johann Hinrich Ries einst konfirmiert hatte und »*[...] *mit der der Entschlafene so eng verbunden war und der er die Liebe gehalten hat und Liebe erzeugt hat noch vor zwei Jahren anlässlich des 150jährigen Kirchenjubiläums«. Pastor Tönnies lässt uns an einen besonderen Moment im Leben des Verstorbenen teilhaben:*

Unvergesslich ist mir jener Augenblick, da er nunmehr vor einem Jahre in unserer völlig wiederhergestellten, neuen Kirche sich in stiller, tiefer Liebe herzlich freuen durfte über den wundervollen schönen Klang der Orgel, die er uns geschenkt hat. Tränen rangen dem schlichten, treuen und edlen Menschen voll tiefer Ergriffenheit über die Wangen. Das ist der schönste Dank für ihn zu seinem Gott gewesen, dass er Grosses tun konnte. Grosses hat er geleistet auch an so manchen Menschenkindern der Ärmsten der Armen, denen er selbst und die Seinen so gern halfen. [...][183]

Vier Jahre zuvor hatte Dompastor Mauritz die Gedächtnisrede für Hermann Hinrich Ries gehalten. An die Trauergemeinde um John F. Ries wandte er sich mit folgenden Worten[184]:

Es ist mir nicht ganz leicht, in diesem Augenblick das Wort zu nehmen, denn er gehörte Ihnen, der teure Mann, Ihnen, die Sie Ihr liebes Ritterhude Ihre Heimat nennen. Und Ihre Herzen sind es, die in dieser Stunde den unsichtbaren Kranz der Liebe und der Dankbarkeit widmen. [...] Dann führte er zwei Bibelworte an, die [...] *am Treffendsten das Leben und Wesen und das Wirken dieses teuren Mannes bezeichnen. Es heißt einmal:*

»Habe Gott vor Augen und im Herzen«

Und dann heißt es wiederum einmal:

»Ich will Dich segnen und Du sollst ein Segen sein!«

181 Ebd.

182 Nl Evers BRiesBr 11,12. Die Urne wurde auf der Grabstelle von Ludwig Bergmann auf dem Riensberger Friedhof in Bremen beigesetzt. Die Grabstelle besteht nicht mehr.

183 Gedächtnisrede für Herrn John F. Ries, gehalten von dem Ritterhuder Pastor Tönnies im Riensberger Krematorium. Nl Evers BRiesBr 11.

[...] Habt mich im Herzen, Ihr lieben Menschen, dann werdet Ihr glücklich sein, so und wann immer Ihr auf der Wanderung seid«, den Ruf, liebe Freunde, hat er gehört und erhört, den Weg zu ihm, der ja das Ziel Eures Lebens ist, hat er gefunden. [...] Wo in irgendeiner Form der Ruf gehört wird, entsteht immer der Eindruck eines Menschen, der still und fest, liebenswert und hilfsbereit durch's Leben geht, mag er ein Unglücklicher oder ein Glücklicher sein, immer erscheint er uns als Einer, dem man's anfühlt, dass eine Ehrfurcht in ihm ist und das Leben betrachtet als ein von Gott anvertrautes Gut, dessen Überfluss er hingibt an die Vielen, die auf ihn warten, sodass er im wahrsten Sinne des Wortes Überbringer des göttlichen Gutes ist, ein Jünger unseres Heilandes und ein Sendbote des ewigen wirklichen Gottes. Diesem Herzensrufe, verehrte Trauerversammlung, hat er sich nicht verschlossen, hat ihn gehört, ihn lieb und ernst genommen; dementsprechend hat er gelebt, gewirkt, gedacht, geglaubt, geliebt und gehandelt. Alles in allem: Wenn ich mich, menschlich gesagt, so ausdrücken darf: Als der liebe, ewige Gott es bei diesem lieben Menschen sah, wie er treulich mit seinem Bruder Hand anlegte, den Glaubenssinn Gottes zu erfüllen und im Lebensdienst Gutes zu tun, da sprach er: ich will Dich segnen und Du sollst ein Segen sein! [...] Dieser Glaubensidealismus bestimmte jene beiden Herzensmenschen, ein Glück hinzunehmen wie ein Gut, das uns von Gott anvertraut ist, um es dann ausströmen zu lassen, in stillem Gutes tun. Wie oft haben die beiden Brüder sich in ihre treuen Augen geschaut und immer wieder miteinander gelobt: Komm, lass uns Gutes tun und nicht müde werden darin! ... Wie war er mit Ihnen, verehrte Frau, doch glücklich. Ach, wie weit waren die beiden Männer von Ihnen weg, von Ihnen als treue und geliebte Schwester. [...]

Dompastor Mauritz bezog deutlich Stellung zu Ausländerfeindlichkeit und Nationalismus:

Ich möchte dies, verehrte Freunde, mit besonderem Nachdruck aussprechen, da gerade der Mensch unserer Zeit im Glauben der Vaterlandsliebe denkt, anderen Ländern nun eine Missachtung entgegenbringen zu müssen. Er bedenkt nicht, das auch andere Länder religiöse und christliche Menschen umfassen, und dass es in der christlichen Botschaft heißt: Gott ist der Vater aller Völker aller Zeiten. [...]

Schon einige Gedankengänge zuvor hatte Pastor Mauritz Äußerungen des »Volksmundes« moniert, die Brüder Ries aber davon ausgenommen:

So zogen sie denn hinaus ins Ausland, und wir erleben ja heute wieder, dass das Ausland durchaus nicht ein Feindesland ist; diese Äußerung, die man so oft im Volksmunde hört, ist nicht richtig, denn alle Länder und alle Nationen und mit Ihnen alle Menschen gehören ja Gott, dem ewigen, unendlichen Gott für diese und für alle Zeiten. Mit dieser Überzeugung in ihrem schönen Herzen gingen beide hin ins ferne Land und schritten zur Arbeit, die sie dort suchten und fanden und mit tapferen Händen anpackten. Ein gütiges Geschick half diesen beiden bei ihrer zähen und tapferen Arbeit [...][185]

184 Gedächtnisrede für Herrn John F. Ries, gehalten von Dompastor Mauritz im Riensberger Krematorium. Bremen, 2. Juli 1931. Nl Evers BRiesBr 12.

185 Ebd., S. 3f.

Dann wandte Pastor Mauritz sich Marie Bergmann zu, die ihren Bruder begleitet hatte:

Ach, die letzte Zeit war nicht leicht, verehrte Frau, wie haben Sie ihn in treuer Liebe gehegt, gepflegt und geholfen, wo und wie Sie es nur konnten. Schönste und aufopfernde Hilfe haben Sie ihm angedeihen lassen und keine fremde Hand ist an ihn gekommen. Wie fühlte er sich glücklich, dass er in dem lieben, lieben Hause, welches das Ihrige ist, in den letzten Jahren sein Leben hat leben, sich freuen und sterben dürfen. In den letzten Träumen, die seinem Tode vorhergingen, da hat er noch des verstorbenen Bruders gedacht und in herzlichen, treuen Gedanken gelächelt, als Sie ihm seinen Namen genannt haben. Ach, wie war so schön und treu diese Bruderschaft und diese Geschwisterschaft, die Schwester zwischen den beiden Brüdern, alles miteinander schlichte, wahre und treue Menschen. Es ist eine Feier für unser aller Herzen, wenn wir an diese drei herzlichen und edlen Menschen denken. [...]

Dompastor Mauritz ließ seine Rede ausklingen:

Du hast auch erhört das Wort, das aus weiter Ferne und aus menschlicher Nähe an Dir ergangen ist, das göttliche Wort: »Ich will dich segnen und Du sollst ein Segen sein!«

Wahrlich, Du geliebter Mann, Du bist ein Segen gewesen ! Amen !

Die Auflassung der Grundstücke verzögerte sich aufgrund unvorhersehbarer Zwischenfälle, die darin gipfelten, dass Christian Evers Herrn von Marschalck mit einer Klage drohte. Evers erläuterte:

Durch die Lahusen-Affäre[186] *war unsere Mark erheblich ins Rutschen gekommen; die Banken hatten kein Geld oder zahlten nur ganz geringe Beträge aus. Herr von Marschalck weigerte sich, die Grundstücke unter diesen Umständen aufzulassen, bezw. die deutsche Mark in Zahlung zu nehmen. Herr von Marschalck verlangte Dollar, die ich ihm nicht geben konnte, bezw. Frau Bergmann ihm auch nicht geben wollte, zumal Herr Ries jetzt tot war und dem auch devisenrechtliche Bestimmungen entgegenstanden. Die von Herrn Ries in Amerika noch lagernden Wertpapiere waren im Kurs auch sehr gesunken, sodaß Frau Bergmann in diesem Augenblick auch keine Papiere verkaufen wollte. Andererseits drängte Frau Bergmann darauf, die Sache in Ordnung zu bringen. Herr von Marschalck beharrte auf seinem Standpunkt, unter diesen Verhältnissen nicht auflassen zu wollen. Ich verhandelte im Auftrage von Frau Bergmann mit der Deutschen Bank wegen größerer Geldabhebungen. Es herrschten tolle Verhältnisse, die mich schließlich veranlassten, Herrn von Marschalck mit einer Klage zu drohen.* [...][187]

Schließlich einigte man sich doch ohne ein Gerichtsverfahren. Frau Bergmann hatte Evers die Vollmacht gegeben, die erforderlichen Geldmittel von der Deutschen Bank abzuholen und so konnte am 30. Juli 1931 die Auflassung erfolgen. Bis dahin wusste, außer Luise und dem ersten Beigeordneten, Herrn Flügger, die Evers wegen der Landaufteilung ins Vertrauen gezogen hatte, niemand etwas von der Angelegenheit. Evers notierte:

186 Der Nordwolle-Konzern hatte sich in der wirtschaftlichen Krisenzeit 1925/30 Millionenkredite verschafft, indem er durch Bilanzverschleierungen seine Kreditgeber täuschte. G.C. Lahusen wurde am 29. Dezember 1933 zu fünf Jahren Gefängnis und 50 000 Reichsmark Geldstrafe verurteilt. Quelle: Der Spiegel Nr. 52/1950.

187 Evers an Hauptentnazifizierungsausschuss, 10. März 1947, a.a.O., S. 13.

Am folgenden Tage, dem 31. Juli 1931, rief ich dann morgens, noch von der Feier im kleinen Kreise im Ratskeller zu Bremen, die selbstverständlich mit dem Verkauf bezw. Kauf verbunden war, leicht angeschlagen, den Gemeindeausschuss auf 20 Uhr zu einer dringenden Sitzung zusammen. [...][188]

Der Vertrag vom 31. Juli 1931

Das Protokoll der Gemeindeausschuss-Sitzung vom 31. Juli 1931 überliefert uns das Folgende:
Punkt 1.
Erklärung über die Annahme einer weiteren Stiftung von unserem Ehrenbürger Herrn John Fr. Ries und unserer Ehrenbürgerin Frau M. Bergmann.

Vor Eintritt in die Tagesordnung widmete der Gemeindevorsteher dem am 29. Juni ds. Js. verstorbenen Ehrenbürger Herrn John Fr. Ries noch ehrende Worte des Nachrufes. Die Gemeindevertretung und die Anwesenden erhoben sich während dieser Gedächtnisrede von den Sitzen. [...]

Während der Auftrag [...] *zunächst wohl nur dahin ging, Wiesenländereien in Grösse von 50 bis 60 Morgen zu kaufen, haben die Bemühungen des Gemeindevorstehers gezeitigt, dass durch notariellen Kaufvertrag vom 30. April 1931 sämtliche, dem Rittergutsbesitzer Dietrich Marschalck von Bachtenbrock in Ovelgönne gehörigen, in der Gemarkung Ritterhude gelegene Ländereien* [...] *in Grösse von 107 ha 56 ar 28 qm von dem Gemeindevorsteher im Auftrage des Herrn Ries und der Frau Bergmann gekauft worden sind* [...]

Die weiteren Besprechungen zwischen Herrn Ries und Frau Bergmann einerseits und dem Gemeindevorsteher als Vertreter der Gemeinde andererseits haben ergeben, das von den Ländereien

1. *die politische Gemeinde Ritterhude Parzellen* [...] *in einer Gesamtgröße von 92 ha 25 ar 12 qm,*
2. *die Kirchengemeinde in Ritterhude* [...] *in einer Gesamtgröße von 11 ha 17 ar 17 qm und*
3. *der Gemeindevorsteher Christian Evers* [...] *in einer Größe von insgesamt 3 ha 54 ar 73 qm*

erhalten sollen. [...]

Die politische Gemeinde wie die Kirchengemeinde haben die Grundstücke als ein Legat zu betrachten, aus dessen Ertrag die etwaigen Unterhaltskosten der Ries-Stiftungen

a) bezüglich der politischen Gemeinde insbesondere der Turnhalle, der Apotheke, des Rathauses, der Ries-Schule und des Post-Gebäudes,
b) bezüglich der Kirchengemeinde insbesondere des Pfarrhauses und der Kirche bestritten werden sollen.

Die Gemeinden haben durch Beschluss ihrer rechtsverbindlichen Vertreter zu erklären, dass sie die Grundstücke bestmöglichst verpachten oder zu bewirtschaften haben und haben sich

188 Ebd., S. 14.

weiter zu verpflichten, die Grundstücke, soweit sich nicht zwingende Gründe ergeben, dass einzelne Grundstücke oder Grundstücksteile durch Anlegung von Strassen, Wegen, Gräben und für die Bebauung verwandt werden müssen, nicht vor Ablauf von 100 Jahren (einhundert) zu verkaufen.

Der Erlös aus derartigen früheren Verkäufen ist dem Legat bezw. dem hieraus zu schaffenden Gebäudeunterhaltungsfonds zuzuführen. Dabei bleibt es der Ehrenbürgerin Frau Bergmann unbenommen zu bestimmen, dass bei ihrer Lebzeiten einzelne Splitterparzellen wieder veräussert werden, deren Erlös Frau Bergmann zufällt. Zu diesen Spliterparzellen gehören insbesondere die Ackergrundstücke. [...]

Das Protokoll schließt mit folgenden Worten:

Die Gemeindevertretung ist sich darüber bewusst, das der Gemeinde Ritterhude mit diesem Vermächtnis eine für viel Jahre unbedingt sichere Einnahmequelle erschlossen ist, die manche sonst evtl. auftretenden Sorgen der jeweiligen Gemeindevorsteher bezügl. der Unterhaltung der Gebäude von vornherein beseitigt.

Die Gemeindevertretung spricht für dieses Vermächtnis den Geschwistern Ries-Bergmann deren arbeitsreiches Leben so ausserordentlich segensreich für die Heimatgemeinde Ritterhude gewesen ist, ihren tiefempfundenen und aufrichtigen Dank aus, zumal sie voll und ganz davon überzeugt ist, dass bei Einkehren stetiger wirtschaftlicher und politischer Verhältnisse in unserem deutschen Vaterlande und somit auch in der Heimatgemeinde Ritterhude die Einwohner von Ritterhude auf Generationen hinaus von den Ries-Stiftungen aller Art grossen Vorteil ziehen werden. [189]

Zwei weitere Abschriften derselben Sitzung tragen im letzten Absatz einen veränderten Wortlaut, der das Verdienst des Gemeindevorstehers besonders hervorhebt. Es ist Evers zuzutrauen, dass er selbst für diese zweite Variante gesorgt hat:

Im Anschluss an die Annahme der Stiftung sprachen die Gemeinderatsverteter Dr. Caselitz und Johann Brünjes den Geschwistern Ries-Bergmann für die grossen segensreichen Geschenke und Vermächtnisse an die Gemeinde Ritterhude den herzlichsten Dank aus. Sie hoben insbesondere auch hervor, dass es dem Bemühen und der Initiative des jetzigen Gemeindevorstehers zu verdanken sei, dass der durch den Krieg und auch andere Umstände zerrissene Freundschaftsfaden zwischen den Herren Ries und der Gemeinde Ritterhude nach dem Kriege wieder angeknüpft sei und der Name des jetzigen Gemeindevorstehers wie die Namen der Geschwister Ries mit der Geschichte der Gemeinde Ritterhude für immer auf's Engste verbunden bleiben werde. Insbesondere wurde der Gemeindevorsteher für die Erwirkung des jetzt in Frage stehenden Geschenkes, das mit grosser Sorgfalt, Liebe und kluger Taktik erworben sei, der herzlichste Dank ausgesprochen. Caselitz und Joh. Brünjes beantragten zudem die Aufnahme ihrer Dankesworte in das Protokollbuch.[190]

189 Beschluss-Verhandlung für die 16. Sitzung der Gemeindevertretung nach der Neuwahl. Verhandelt 31. Juli 1931. 3. Anlage, 28. August 1931. Abschrift, Oktober 1935. Nl Evers BRiesBr 10-1/2.

190 Beschlussverhandlung für die 16. Sitzung, 31. Juli 1931. Abschrift der 3. und 4. Anlage des Gemeinderatssitzungsprotokolls, 31. Juli 1931. Nl Evers BRiesBr 10-2, 10-3. Die Abschriften beider Varianten von 1931 sind im Jahr 1935 noch einmal beglaubigt worden. Bedauerlich ist, dass das Protokollbuch der Gemeinde aus den Jahren 1925 bis 1933 fehlt, während die Protokollbücher vor und nach diesem Zeitraum vorhanden sind.

Christian Evers hat sich mit aller Kraft und allen ihm zur Verfügung stehenden Mitteln für die Ries-Stiftungen eingesetzt, zugleich hat er sich aber auch um die Entwicklung der Gemeinde gekümmert.

Evers über die Entwicklung der Gemeinde Ritterhude

Der Volkskalender veröffentlichte 1930 einen auf Anfrage des Verlages verfassten Aufsatz des Gemeindevorstehers mit dem Titel: »Die Entwicklung der Gemeinde Ritterhude vom Jahre 1900 bis zum Jahre 1929«.[191] Der Autor erinnerte zunächst an die örtlichen Verhältnisse in der 17-jährigen Amtszeit seines Vaters. Als Georg Evers im Jahr 1902 das Gemeindevorsteheramt übernahm, lag

[...] *auf der Hauptstraße noch ein sehr schlechtes, primitives, mit Wasserpfützen dicht besetztes Pflaster. Von einer Befestigung irgendwelcher Nebenstraßen, noch von der Anlegung von sogenannten Verbindungsstraßen mit anderen Gebietsteilen des Kreises und der Stadt Bremen war keine Rede. Damals waren wir, wie unsere Väter und Großväter, noch gezwungen, unsere Zeitungen und sonstigen Schriften bei der einfachsten Petroleumbeleuchtung oder sogar noch bei sogenannten »Krüseln«192, die hier und dort wohl noch vereinzelt vorkamen, zu lesen.* [...]

Unter schweren Geldopfern und großen Sorgen für die Gemeindevertreter begann man zunächst in dem Innern des Ortes selbst bessere Straßen und Wege anzulegen. Alsdann streckte man seine Fühler durch Straßenneubauten nach dem St. Jürgenslande, nach Lesumstotel und nach dem Blocklande, nach Bremen, in die Nachbargebiete, um Verkehr nach Ritterhude zu ziehen und um Ritterhude zu einem Wirtschaftszentrum für die nächsten Nachbargebiete zu erheben. Nachdem nun Verbindungsstraßen zu unseren Nachbargebieten geschaffen waren, brach der schrecklichste aller Kriege aus und legte während seiner vierjährigen Dauer und der ihm folgenden Wirren jede größere Kommunaltätigkeit lahm. Infolge Mangel an Petroleum musste während des Krieges aus der Not heraus ein Gaswerk geschaffen werden, welches für die Gemeinde, wenn auch nicht zu einer überaus gewinnbringenden, so doch zu einer segensreichen Einrichtung sich auswirkte. Vieles, was im Orte bis zur Beendigung des Krieges liegen geblieben war, musste von der im Jahre 1919 neu gebildeten Gemeindevertretung und von der Gemeindevertretung, die bis zum 17. November d. J. amtierte, unter starker Beteiligung der hier vertretenen Arbeiterpartei, der Sozialdemokratischen Partei, nachgeholt werden. [...][193]

Im November 1919 begann Christian Evers' eigene Amtszeit. Seitdem, also in den zurückliegenden zehn Jahren, waren drei Kilometer an Straßen befestigt und eingedeckt worden. Eine detaillierte Auflistung liefert das Wahlplakat von 1929.[194] Um dem veränderten Verkehr gerecht

191 Evers, Christian: Die Entwicklung der Gemeinde Ritterhude vom Jahre 1900 bis zum Jahre 1929. In: Volks-Kalender 1930. Volks-Zeitung für die Kreise Blumenthal, Osterholz und Stadt Vegesack. 88 S. Hier: S. 82-85. Auch das Originalmanuskript von 1929 ist erhalten. Nl Evers, Diverses.

192 Als »Krüseln« bezeichnete man die allgemein gebräuchlichen Öllampen.

193 Evers, Volks-Kalender, a.a.O., S. 82.

194 Die einzelnen Baumassnahmen sind auf einem Wahlplakat von 1929 aufgelistet und sollen hier im Originalwortlaut zitiert werden: 1. Neubau einer Beekbrücke an der Untermühle und Umlegung der Straße, 2. 300 laufende

zu werden, wurde 1925, im Zuge des Ausbaus der Straße nach Bremen, auch die bis dahin hölzerne Schlossbrücke über die Hamme durch eine Stahlkonstruktion ersetzt.

85 neue Wohneinheiten waren aus Mitteln der Gemeinde und der Niedersächsischen Heimstätte an der Stader und Bremer Landstrasse bis Ende 1929 gebaut worden. Der Wohnraum wurde dringend gebraucht, war doch die Einwohnerzahl von 2000 zur Jahrhundertwende auf 2600 im Jahr 1929 angewachsen. Von den Einwohnern waren 80 bis 90 Gewerbetreibende, rund 50 teils größere, teils kleinere Landwirte sowie 70 Prozent Arbeitnehmer, »[...] *die fast sämtlich genötigt sind, ihre werktätige Arbeit in Betrieben benachbarter preußischer Gemeinden, wie Osterholz-Scharmbeck, Grohn, Blumenthal und vor allen Dingen in den Betrieben der Stadt Bremen zu verrichten.* [...]«

Evers verwies auf die Einführung der Elektrizität und fuhr nach Erwähnung der Ries-Stiftungen fort:

Mit dem Schulneubauprojekt steht in unmittelbaren Zusammenhang die Anlage eines Spiel- und Sportplatzes. [...] *Es würde zu weit führen, die weiteren Schöpfungen, die insbesondere in der Nachkriegszeit entstanden sind, aufzuzählen, wie den Bau eines gemeindeeigenen Landjägerdoppelhauses195, Gründung einer freiwilligen Feuerwehr, Anschaffen einer Motorspritze.* [...]*196*

Für Ortsfremde fügte Evers abschließend an:

[...] *von der Größe und Lage unseres Ortes möchte ich dem Fremden sagen, der Ritterhude nicht kennt, daß Ritterhude ein Ort ist, dessen Grundfläche 1500 ha groß ist, zur Hälfte aus der bebauten Ortschaft und der in nordwestlicher Richtung gelegenen Ackerfeldmark, und zur anderen Hälfte aus der großen ebenen Wiesenfeldmark besteht, die einen Teil der weit und breit bekannten St.-Jürgens-Feldmark zwischen Hamme und Wümme bildet. Der Ort liegt langgestreckt an der Hamme. Auf der Hamme spielt sich während der Sommermonate ein reges rudersportliches und segelsportliches Leben ab. Von Ritterhude aus lassen sich sehr schöne Wanderungen in die Wiesenfeldmark nach dem in der Nähe gelegenen und weit bekannten Worpswede machen, sowie Wanderungen in den benachbarten Stoteler Wald vornehmen.* [...][197]

Meter Straße Vor Vierhausen, 3. 500 laufende Meter Lesumstoteler Straße, 4. Beseitigung des Dreckloches unter der Eisenbahnbrücke, 5. 150 laufende Meter »In der Neustadt«, 6. eine neue Brücke in der Beckstr., 7. die Straße nach dem Blockland und die neue Schloßbrücke, 8. Anlegung eines Weges von der Nordseite nach Hagensfähr, 9. Ausbau der rd.400 m langen Beckstraße, 10. Ausbau der rund 600 m langen »Grünen Straße«, 12. Der Ausbau der rd. 300 m langen Siedlerstraße, 13. Die Planierung des alten Postweges, 14. Planierung und teilweise Bepflasterung an der Straße an der Obermühle, 15. die Planierung des Weges auf dem Rathen. Nl Evers, Wahlplakat von 1929: Wähler und Wählerinnen von Ritterhude!

195 Gemeint ist das Gebäude in der heutigen Goethestraße, damals Hinter den Höfen, in dem sich heute das Sozialamt befindet,. Das Doppelwohnhaus wurde 1924 gebaut und diente bis in die 1960er Jahre als Polizeistation. Als Landjäger bezeichnete man seit 1919 die dem preußischen Innenministerium unterstellte, entmilitarisierte, berittene Ordnungseinheit auf dem Land, die Polizei.

196 Evers, Volkskalender, a.a.O., S. 83. Die Gründung der Freiwilligen Feuerwehr erfolgte in Ritterhude am 13. Juli 1923. Bis dahin oblag die Brandbekämpfung der Polizei, preußisch: Landwehr. Vgl. auch: Lange, B., Chronik der Polizei Ritterhude. Ritterhude 1978. 128 S., hier S. 111. Vgl auch: Müller, K., Von der Eimerkette zur Freiwilligen Feuerwehr. In: Ritterhuder Hefte 13, 1991, S. 3-17.

197 Ebd., S. 85.

Am 8. Dezember 1931 bat der Arbeiterturnverein »Freie Turnerschaft« Frau Bergmann um finanzielle Unterstützung. Unter dem Hinweis darauf, dass der Turnverein der Deutschen Turnerschaft »Frisch-Auf« bereits seit Jahren unterstützt werde, schrieb er:

Wir gestatten uns, zu bemerken, dass durch die Wirtschaftskrise, in der wir leben, die meisten unserer Mitglieder von der Arbeitslosigkeit betroffen sind, von der Unterstützung aus der Arbeitslosenversicherung oder von der Wohlfahrtserwerbslosenunterstützung ihr Leben fristen müssen. Dadurch ist in den meisten Fällen das Geld für die Beiträge an den Turnverein nicht mehr übrig, d.h. nicht mehr aufzubringen, sodass der Verein als solcher sich in schwieriger Lage befindet und seinen vielfachen Aufgaben nicht in dem Masse gerecht werden kann, als er diesen gerecht werden müsste. In der Zeit der Not wenden wir uns daher vertrauensvoll und in dankbarer Anerkennung Ihrer bisherigen Vermächtnisse an unsere Heimatgemeinde Ritterhude an Sie mit der ganz ergebenen Bitte, auch uns über die schlechte Zeit durch eine Gabe hinweghelfen zu wollen. - [...][198]

Die Antwort ist leider nicht überliefert.

Das fünfte und jüngste Gebäude des Ries-Ensembles, das neue Postgebäude an der damaligen Dorfstraße, heute Ries-Straße, war im Juli 1932 bezugsfertig. Für den Postmeister war eine Wohnung im Haus vorgesehen.

Evers erwähnt dieses Ereignis beiläufig in einem Schreiben an Frau Bergmann, die sich zu diesem Zeitpunkt in Schierke im Harz aufhält:

Hier in Ritterhude ist nichts Neues von wesentlicher Bedeutung passiert. Von guten Zeiten können auch wir hier nicht sprechen. Die Post ist am Sonntag, den 17.ds. Mts., von ihrer alten Behausung in das neue prächtige Gebäude übergesiedelt. Herr Postmeister Horst erklärte mir, dass es ihm, wie allen übrigen Beamten und Angestellten in dem neuen schönen Hause doch wesentlich besser gefiel. - [...][199]

* * *

198 Schreiben »Freie Turnerschaft Ritterhude« an Marie Bergmann, Ehrenbürgerin von Ritterhude, 8. Dezember 1931. Nl Evers BRiesBr 9.

199 Evers an Marie Bergmann, Schierke, Hoppe's Hotel, 26. Juli 1932. Nl Evers BRiesBr 6.

Abb. 42 und 43: Bau der Schlossbrücke. Sommer 1925. Sie überbrückt die Hamme am Ortsrand von Ritterhude auf dem Weg nach Bremen. Das Rathaus liegt knapp 200 m entfernt, der Evers'sche Hof 100 m.

Abb. 44: Straßenbau vor dem Beissner'schen Lokal, dem heutigen Ritterhuder Landhaus, direkt an der Schlossbrücke. 20er-Jahre.

Rechts:
Abb. 45: Schreiben der Freien Turnerschaft an Marie Bergmann. Nl Evers BRiesBr 9.

Freie Turnerschaft
Ritterhude.
-.-

Ritterhude, den 8. Dezember 1931.

An

Frau M. Bergmann,
Ehrenbürgerin von Ritterhude,

in Bremen,
-.-.-.-.-.-.-.-.-.-.-.-
Am Bredenkamp Nr.12.

Sehr geehrte Frau Bergmann!

Wie wir seit Jahren in Erfahrung gebracht haben, haben Ihre Herren Brüder und auch Sie dem Turnverein "Frisch-Auf" in Ritterhude alljährlich durch ein Geschenk, bestehend in barem Gelde, unterstützt. Da Sie in Gemeinschaft mit Ihren Herren Brüdern Ihr Interesse für die Turnerei und somit für die Volksgesundheit durch die Stiftung des ersten Geschenkes in Gestalt der Turnhalle bewiesen haben, fassen auch wir den Mut, an Sie mit der Bitte heranzutreten, auch unseren Verein durch einen Beitrag, dessen Höhe wir Ihnen ganz überlassen, zu unterstützen.-

Wir gestat-ten uns, zu bemerken, dass durch die Wirtschaftskrise, in der wir leben, die meisten unserer Mitglieder von der Arbeitslosigkeit betroffen sind, von der Unterstützung aus der Arbeitslosenversicherung oder von der Wohlfahrtserwerbslosenunterstützung ihr Leben fristen müssen. Dadurch ist in den meisten Fällen das Geld für die Beiträge an den Turnverein nicht mehr übrig, d.h. nicht mehr aufzubringen, sodass der Verein als solcher sich in schwieriger Lage befindet und seinen vielfachen Aufgaben nicht in dem Masse gerecht werden kann, als er diesen gerecht werden müsste. In der Zeit der Not wenden wir uns daher vertrauensvoll und in dankbarer Anerkennung Ihrer bisherigen Vermächtnisse an unsere Heimatgemeinde Ritterhude an Sie mit der ganz ergebenen Bitte, auch uns über die schlechte Zeit durch eine Gabe hinweghelfen zu wollen.-

Der Dank des Arbeiterturnvereins "Freie Turnerschaft" Ritterhude wird Ihnen gewiss sein!

Wir verbleiben daher

mit Turnergruss
i.A.des Vorstandes des Arbeiterturnvereins "Freie Turnerschaft"
gez. Fritz Brockmeyer
Ritterhude, Alter Postweg 452.

Marie Bergmann – Ehrenbürgerin von Ritterhude – Bremer Stifterin

Dass Marie Bergmann ebenfalls Ehrenbürgerin von Ritterhude war, wissen heute nur wenige. Ihre Verdienste wurden von der zeitgenössischen Presse und der bisherigen Historiografie kaum zur Kenntnis gebracht.

Dabei stellte die Gemeinde Ritterhude die Ehrenbürgerurkunde am 1. September 1928 aus, an dem Tag, an dem auch das Rathaus offiziell eingeweiht wurde. Es hätte wohl kaum einen geeigneteren Anlass geben können, die Würdigung der Öffentlichkeit mitzuteilen. Aber auch die zeitgenössische Berichterstattung zur Rathauseinweihung erwähnt sie nicht. So erging es Marie Bergmann wie vielen anderen Frauen: Ihr Wirken blieb, neben dem ihrer prominenten Brüder, im Hintergrund.

Über ihr persönliches Leben ließ sich nur wenig ermitteln. Das Staatsarchiv Bremen verfügt über Daten des Einwohnermeldeamtes mit entsprechenden Adressverzeichnissen.[200] Umso wertvoller ist die von ihr verfasste handschriftliche Korrespondenz, die durch den schriftlichen Nachlass von Christian Evers erhalten ist.[201] Dabei handelt es sich meist um Kurzmitteilungen, die die Ries-Stiftungen betreffen, oder um Postkarten mit Urlaubsgrüßen an die Familie des Gemeindevorstehers.

Das Archiv der Bremer St. Petri-Domgemeinde verwahrt Schriftwechsel zu ihrem Vermächtnis. Er legt offen, dass Marie Bergmann, als sie starb, zweifache Millionärin war. Ihre Güte und Großzügigkeit zeigt sich zuletzt darin, wie sie ihren Nachlass verteilt wissen wollte. Die fast vergessene Stifterin, die sich stets für die Bedürftigsten in Ritterhude engagiert hat, vererbte ihr Vermögen sechs wohltätigen Institutionen.

Marie Wilhelmine Bergmann, geb. Ries, wurde am 14. Oktober 1855 als viertes von fünf Kindern in Ritterhude geboren. Schon als Kind hatte sie erfahren müssen, was es heißt, Abschied zu nehmen. Als Marie fünf war, starb, nach nur einem Lebensjahr, ihr kleiner Bruder Heinrich. Als sie neun war, verabschiedete sich der sieben Jahre ältere Hermann und zog für unbestimmte Zeit in die Fremde. Ein Jahr später folgte ihm Johann. Und nur ein weiteres Jahr später verlor sie auch noch den letzten Bruder, der ihr geblieben war, den 16-jährigen Louis, auf besonders tragische Weise: Am Neujahrstag 1868 war er mit Schlittschuhen über die gefrorenen Wiesen unterwegs zum Gottesdienst in die St. Jürgens Kirche. Doch das Eis trug nicht. Louis brach ein und ertrank. Marie war gerade elf, als nacheinander alle vier Geschwister aus ihrem Leben gegangen waren.

19-jährig verließ Marie Ries Ritterhude und heiratete im Dezember 1874 in Bremen den 14 Jahre älteren Christian Carl Ludwig Bergmann. Ludwig war, wie ihr Vater und ihre Brüder, Kaufmann und betrieb in der Molkenstraße 8 eine gut gehende Butter-, Käse- und Mehlhandlung.

200 Staatsarchiv Bremen (StA Bremen) Einwohnermeldekarte, Adressverzeichnisse für Branchen, Einwohner und Straßen, hier für die Jahre: 1869–1936 und Häuserakten.

201 Nl Evers BRiesBr 1-31.

Die kommenden 21 Jahre wohnte das Ehepaar über dem kleinen Ladengeschäft in der Bremer Altstadt zwischen Langen- und Obernstraße. [202]

Im Jahr 1886 starben in Ritterhude kurz nacheinander beide Eltern: Im August verstarb die Mutter, der Vater folgte ihr im Oktober.

Das Haus, am idyllischen, ruhigen Bredenkamp Nr. 5 im Fesenfeld am Rande zum Steintorviertel gelegen, erwarb Ludwig Bergmann im Jahr 1895. Hier sollten 30 Jahre später die Brüder Hermann und John F. mit einziehen. Bis heute bildet vor dem Haus ein wunderschönes, blumenbepflanztes Rondell, das von eng beieinander liegenden kleinen, trapezförmigen Grundstücken umrahmt wird, den Mittelpunkt der beschaulichen, halbrunden Kopfsteinpflasterstraße.

Der im Jahr 1895 mit Feder und schwarzer Tinte in Sütterlin geschriebene Lassungsentwurf für die kleine Immobilie ist erhalten.[203]

Lassungsentwurf

> *Namen der Parteien:*
> *Veräußerer: Schankwirt Gerhard Friedrich Holtmann, Bremen*
> *Erwerber: Kaufmann Christian Carl Ludwig Bermann Bremen, Molkenstraße Nr. 8*
> *Datum der Veräußerung: Per 17. Juli 1895. Die Lassung erfolgt October 1895.*
> *Gegenleistung des Erwerbers: Der Kaufpreis beträgt 12000 M. - geschrieben: Zwölftausend Mark und wird bei der Lieferung nachgeführter Lassung bar bezahlt. [...] Die Immobilie ist in der Vorstadt, am Bredenkamp No. 5 gelegen, im Kataster der Feldmark Pagenthorn mit 159 FF beziffert und besteht aus einem Wohnhause nebst Vorhof, Garten, Anteil an einem gemeinschaftlichen Fahrweg und Zubehör. [...]*
> *Das Wohnhaus hat eine Breite von 6.80 m, eine Tiefe von 9.57 m.*

202 Die Hochzeit fand am 13. Dezember 1874 statt. StA Bremen, Einwohnermeldekarte, Bergmann, Wwe., Chr. Carl Ludwig, geb. Ries. Ludwig Bergmann, am 4. Februar 1841 in Osterholz geboren, hat im August 1869 in Bremen zunächst in der Langwedelerstraße 4 als Einzelkaufmann ein Geschäft eröffnet und es noch im selben Jahr am 28. Oktober in das Bremer Handelsregister eintragen lassen. StA Bremen, Bremer Handelsregister 1, Personalgesellschaften, Bd. 3, 1868-70, Bl. 387, Fiche 31. Ein Jahr später zog er um in die Molkenstraße Nr. 8. Die Molkenstraße wurde im Zweiten Weltkrieg vollständig zerstört, alle Häuser wurden vernichtet. Die im Bremer Branchenverzeichnis als Butterhandlung eingetragene Firma bestand 25 Jahre in der Molkenstraße. Dann zog sie um, zum Bredenkamp 5. Vgl. Bremer Adressbuch, Einwohner-, Straßen- und Branchenverzeichnisse 1869 bis 1936. Hier: 1870, 1871 bis 1895, 1896.

203 StA Bremen, Häuserakte, Am Bredenkamp (5), 12, Lassungsentwurf, 12. August 1895. Das Haus wurde 1870 erbaut und hatte bis dahin verschiedentlich den Besitzer gewechselt. Ergänzung aus dem Lassungsentwurf: [...]Dasselbe grenzt: im Norden an den gemeinschaftlichen Gehweg, im Osten an J. H. Döll, im Süden an die Straße »am Bredenkamp« im Westen an L. Schultze. Der Vorhof hat eine Breite an der Straße von 4.41m, eine Tiefe im Osten von 6.95 m, im Westen von 7.93 m. Die Befriedung im Osten ist mit dem benachbarten Haus gemeinschaftlich; die Befriedung im Westen gehört hierher. [...] Der an der Nordseite des Gartens vorbeiführende Gehweg ist mit dem sämtlicher anliegender Häuser gemeinschaftlich. [...] Das Wohnhaus ist umher in Brandmauern gebaut. Die Mauer im Osten ist mit dem benachbarten Haus gemeinschaftlich; die übrigen Mauern gehören zu diesem Bau. [...]

Die Immobilie misst ohne den gemeinschaftlichen Weg im Ganzen:
Im Norden ca. 9.10 m
Im Osten 29.08 m
Im Süden 4.41m
Im Westen 7.93 + 16.16 m.
Der Flächeninhalt beträgt nach dem Kataster 169 qm.
Von außerordentlichen Lasten ist die Immobilie frei. [...]

Bremen, den zwölften August achtzehnhundertfünfundneunzig.

Hier: Dr. jur. Dreyer
Gez. Michalkowsky Dr.

1910 änderten sich die Hausnummern: Am Bredenkamp Nr. 5 wird zu Nr. 12.[204] Da Bergmanns immer auch in dem Haus wohnten, in dem sich der Laden befand, ist anzunehmen, dass Marie ihren Mann auch geschäftlich unterstützt hat. Mit 61 Jahren konnte Ludwig Bergmann 1902 die Butter-, Käse- und Mehlhandlung schließen und die kommenden 16 Jahre als Privatmann leben.[205] Christian Carl Ludwig Bergmann starb im Alter von 77 Jahren am 15. April 1918. Er wurde auf dem Riensberger Friedhof beigesetzt.

Nach dem Tod ihres Mannes lebte Marie Bergmann allein. Sie hatte keine Kinder. Als nach sieben Jahren des Alleinlebens die Brüder den Lebensabend bei ihr in Bremen verbringen wollten, wird sie sich vermutlich sehr gefreut haben. Sie war 70 Jahre alt, als die beiden Auswanderer 1926 nach 60 Jahren heimkehrten. Das kleine Häuschen mit einer Grundfläche von 65 Quadratmetern bot für die Millionäre aus dem New Yorker Hotel »Savoy« eine bescheidene Herberge. Sie suchten im hohen Alter offenbar die Geborgenheit des Familiären.

Zehn Monate konnten die drei Geschwister noch gemeinsam verbringen. Dann starb Hermann im März 1927. Mit John F. konnte Marie noch vier weitere Lebensjahre teilen.

Ihn führte es noch einmal nach New York. Ende Juli 1927 überquerte John F. Ries ein letztes Mal den Ozean, und die Schwester freute sich sehr auf seine Rückkehr. Aus dem Harz schrieb sie an Luise Evers: [206]

204 StA Bremen, Bremer Adressbuch, Straßenverzeichnis 1910, 1911,1912.

205 Der Eintrag im Handelsregisterbuch lautet: Die Firma erlischt am 29. Dezember 1902. StA Bremen Bremer Handelsregister 1, Personalgesellschaften, Bd. 3, 1868-70, Bl. 387, Fiche 31. In den folgenden 16 Jahren erschien Ludwig Bergmann im Bremer Adressverzeichnis nicht mehr als Kauf-, sondern als Privatmann. Das Verzeichnis gibt nur Hauseigentümer an. Deshalb wird Marie Bergmann hier erstmals 1919 genannt: Bergmann, Wwe., Chr. C. Ludwig. Bremer Adressverzeichnis, Einwohner 1919 bis 1935.

206 Nl Evers BRiesBr 24-2.

Frau Luise Evers
Ritterhude / Hannover

Bad Grund, 24/8/1927

Liebe Frau Evers!
Haben Sie recht herzlichen Dank für Ihren lieben Brief. Ja, der Aufenthalt ist hier herrlich, u. das Wetter auch. - Wie ich mich freue, daß der Bruder kommt, können Sie sich denken. Hoffentlich hat er eine ruhige Überfahrt. [...]

Mit herzlichem Gruß
Ihre Marie Bergmann

Sicher war sie in diesem August 1927 noch in Trauer um den ältesten Bruder Hermann. Während ihres Aufenthaltes in Bad Grund schrieb sie innerhalb von 14 Tagen vier Postkarten an die Familie des Gemeindevorstehers.[207]

Seit 1925 hatte Marie Bergmann alljährlich zum Weihnachtsfest ungefähr 50 Einwohner ihres Geburtsortes, vor allem ältere Alleinstehende, aber auch Kinder mit Geschenken bedacht.[208] Um die Namen der Bedürftigsten zu erfahren, wandte sie sich an den Gemeindevorsteher: [209]

Sehr geehrter Herr Evers!
Haben sie recht herzlichen Dank für Ihre freundlichen Bemühungen für mich in Osterholz.

Sie haben mir eine große Gefälligkeit gezeigt, denn die Tour dahin ist für mich eine Strapaze - zumal bei jetzigem Wetter. Hoffentlich ist so alles in Ordnung. -

Und nun komme ich nochmals mit einer Bitte. Würden Sie mir wohl die genauen Adressen von den bedürftigen Kirchenarmen in Ritterhude besorgen können?

Ich wäre Ihnen sehr dankbar, wenn ich dieselben im Laufe nächster Woche bekommen könnte. Hoffentlich haben Sie nicht allzu viel Mühe davon. Im Voraus Ihnen besten Dank.

Mit freundlichem Gruß,
Ihre
Marie Bergmann
Bremen 10/12 1925

1933 schrieb sie: [210]

Sehr geehrter Herr Evers!
Bei Ihrem letzten Hiersein habe ich in der angeregten Unterhaltung vergessen Sie um die Namensliste unserer armen Alten in Ritterhude zu bitten. - Ich möchte den Alten ein kleines Weihnachtsgeschenk bereiten. Die Liste ist bitte so zu halten wie früher, nicht darüber hinaus.

207 Nl Evers BRiesBr 24-1, -2, -3, -4.
208 Die Listen mit Namen und Hausnummern sind für die Jahre 1925/26 und 1928 bis 1933 überliefert. Nl Evers BRiesBr 1-1, 1-2, 5-2, 5-3, 14-1, 14-2, 29-1, 29-2.
209 Nl Evers BRiesBr 30.
210 Nl Evers BRiesBr 2.

- Sollte die kleine Schenkung sich nicht mit der Wohlfahrtseinrichtung oder Winterhilfswerk vertragen, - also den Alten abgezogen werden, bitte ich mir Nachricht darüber zu geben.

Mit bestem Gruß
Ihre
Marie Bergmann
Bremen
4/12 1933.

Marie Bergmann hatte an der Entwicklung der Ries-Stiftungen in Ritterhude regen Anteil. Sie stand ihren Brüdern, dem Architekten Schuckmann und Gemeindevorsteher Evers beratend zur Seite und nahm Einfluss. Auch zu Lebzeiten der Brüder regelte sie finanzielle Angelegenheiten mit dem Gemeindevorsteher. Ihr Wohnzimmer bot über Jahre eine Art informelles Sitzungszimmer, in dem Pläne geschmiedet und weitreichende Entscheidungen getroffen wurden. Christian Evers kam nicht selten in Begleitung von Luise und Margarete. Margarete erinnerte Jahrzehnte später, dass sie von Frau Bergmann zu Ostern und zu Weihnachten Kinderbücher geschenkt bekam, »sonst auch eine Tafel Schokolade«.[211]

Marie Bergmann war die Erbin ihrer Brüder. Wie Christian Evers in seinem Bericht über den Erwerb der Ländereien für die Hundertjährige Ries-Stiftung mitteilt, hatten die Ries/Bergmann-Geschwister im Frühjahr 1931 testamentarisch festgelegt, dass Ritterhude nach ihrem Tod keine weiteren Vermächtnisse erhalten werde: »[...] Über das dann noch vorhandene Vermögen sei verfügt. [...]«[212]

Die Stiftungen der Brüder Ries an die Gemeinde Ritterhude in Gestalt der Turnhalle, der Linden-Apotheke, des Rathauses, des Pfarramts, der Ries-Schule, des Postamts und der Ländereien hatten in der Summe den Wert von 1 413 000 Reichsmark. Die weiteren Geschenke wie Kirchenglocke, Gestühl, Orgel und Spenden sind in dem Betrag noch nicht enthalten.[213]

Eine noch höhere Summe aus dem Vermögen der Brüder Ries sollte Marie Bergmann an Bremen vererben.

Marie Wilhelmine Bergmann starb in ihrem 80. Lebensjahr am 30. August 1935. Nach ihrer Beerdigung, am 4. September, erschien in der »Weser Zeitung« die schlichte Anzeige einer Kusine:[214]

211 Interview M. Overath mit Margarete Voss, a.a.O.

212 Evers an den Hauptentnazifizierungsausschuss, 10. März 1947, a.a.O., S. 4.

213 Die Summe entspricht dem Wert von etwa 4,7 Millionen Euro im Jahr 2000. Die Kaufkraft einer Reichsmark in den Jahren 1924 bis 1936 entsprach im Jahr 2000 3,32 Euro und 1937/38 3,58 Euro. Quelle: Hamburger Staatsarchiv und Statistisches Bundesamt.

214 StA Bremen, Weser Zeitung, 4. September 1935. Die Gärtnerei H. Mahlstedt aus Ritterhude lieferte einen Kranz im Wert von 2 Reichsmark. DAB H.2.c., Nr. 5, Frau Marie Bergmann Nachlass. Abrechnung per 1. Februar 1936. 45 S., hier S. 25.

Statt besonderer Anzeige!
Am Freitagabend ½ 10 Uhr entschlief sanft im 80. Lebensjahre meine liebe Kusine, unsere liebe Tante, Frau
Marie Bergmann
geb. Ries.
In tiefer Trauer im Namen der Angehörigen: Frau Wilhelmine Kohlsaat
Bremen, den 3. September 1935
Bredenkamp 12.
Die Beerdigung hat auf Wunsch der Verstorbenen in aller Stille stattgefunden.

40 Jahre lang hatte Marie Bergmann in ihrem kleinen Häuschen Am Bredenkamp gewohnt und sich dort vermutlich sehr wohl gefühlt. Denn in ihrem Nachlass bedachte sie auch Nachbarinnen und die Pflege des kleinen Blumenrondells. Sie hatte, wie ihre Brüder, keine Kinder, die ihr Erbe hätten antreten können. Ihre Güte und Religiosität, ihr großes soziales Engagement, Mitgefühl und Verantwortungsbewusstsein für weniger Begünstigte und Bedürftige der Gesellschaft zeigten sich ein letztes Mal darin, wie sie ihr Erbe verteilt wissen wollte. In ihrem Testament, das sie zwei Jahre vor ihrem Tod, am 11. Juli 1933, verfasste, hatte sie zunächst zwei Erbinnen benannt, die je 30 000 Reichsmark aus ihrem Nachlass erhalten sollten. Auf deren Erbteil legte sie die Verpflichtung, das etwaige weitere, zum Zeitpunkt ihres Todes verfügbare Vermögen, zu gleichen Teilen sechs wohltätigen Einrichtungen in Bremen zugute kommen sollten. Sie bedachte:

1) Das Sankt Petri-Waisenhaus,
2) den Bürgerparkverein in Bremen,
3) die Bremer Domgemeinde für die Zwecke der populären Orgelkonzerte,
4) das Almata-Stift in Bremen-Walle,
5) den Verein für Blinde in Bremen,
6) den Verein für Kriegsblinde in Bremen.[215]

Als Testamentsvollstrecker hatte sie Rechtsanwalt und Notar Dr. Eb. Noltenius Jun. und Architekt F.A. Schuckmann gewählt. Fünf Monate dauerte es, bis der Nachlass von Marie Bergmann am 1. Februar 1936 auf 45 Seiten zusammengestellt war. Die Liste zeigt auch, wie Hermann und John F. Ries ihr Kapital in den Vereinigten Staaten angelegt hatten. Das überwiegend in New Yorker Stadtanleihen und US-amerikanische Eisenbahngesellschaften investierte Vermögen betrug zum Zeitpunkt des Verkaufs im Winter 1935/36 fast zwei Mil-

215 § 5 des Testaments von Frau Christian Carl Ludwig Bergmann, Wwe., Marie Wilhelmine, geb. Ries, vom 11. 7.33. DAB H.2.c. Nr. 5 Bl. 4 des Schreibens von Dr. EB. Noltenius Jun. an St. Petri Domgemeinde, 10. Februar 1936, betr. Marie Bergmann Nachlass. Die beiden Erbinnen waren: Die Kusine Wilhelmine Kohlsaat, Lüneburg, und Charlotte Bullwinkel, Hamburg. DAB H.2.c., Nr. 5, Abkommen der Testamentsvollstrecker mit St. Petri-Domgemeinde, 29. Februar 1936. Erstmals erwähnt der Aufsatz von Budde/Schotge, Der Aufbau, a.a.O. Marie Bergmanns Vermächtnis.

lionen Reichsmark.[216] Es ist gut möglich, dass Marie Bergmann die Höhe ihres Vermögens nicht kannte.

Nach Abzug zahlreicher Vermächtnisse an Bekannte und Verwandte und aller weiteren Kosten verblieben 1,5 Millionen Reichsmark.[217] Die Vermächtnisnehmer sollten die ihnen zugedachte Spende so bald wie möglich erhalten. Noltenius und Schuckmann entschieden, zunächst 1 410 000 Reichsmark, also 235 000 Reichsmark an jede der sechs Institutionen auszuzahlen.[218] Sie wussten noch nicht, welche Forderungen die Steuerbehörde der Vereinigten Staaten möglicherweise stellen würde.

Nach einer zweiten Abrechnung per 1. Juni 1937 kamen noch einmal 75 000 Reichsmark zur Verteilung. Somit hat jede der sechs von Marie Bergmann bedachten Einrichtungen insgesamt die Summe von 250 000 Reichsmark erhalten.[219] Im Fall des Vereins für Kriegsblinde war die Zuwendung allerdings nicht möglich. Dr. Noltenius musste 1936 feststellen:

Was insbesondere den im Testament genannten Verein für Kriegsblinde angeht, so liegt eine gewisse Schwierigkeit darin, dass ein solcher Verein nicht existiert. Wohl aber gibt es in Bremen Kriegsblinde. Wir haben nun geglaubt, den Willen der Erblasserin am besten so zu erfüllen, dass wir das den Kriegsblinden zugedachte Kapital dem Verein für Blinde überweisen, einem angesehenen, seit Jahrzehnten bestehenden und wohl bewährten Verein, dessen Fürsorge ja auch die Kriegsblinden mit umfasst. [...][220]

Alle sechs Vermächtnisnehmer wurden gebeten, sich mit dieser Regelung einverstanden zu erklären.

Im Folgenden zeigt ein Kurzüberblick, wie die Vereine und Stiftungen mit der Marie Bergmann Spende umgegangen sind, soweit es sich nach Nationalsozialismus, Zweitem Weltkrieg und Währungsreform rekonstruieren lässt.

216 Dieses Vermögen hat die Weltwirtschaftskrise überstanden. Einige Depots waren mit Verlust verkauft worden. Die genaue Summe betrug: 1 995 383 Reichsmark. DAB H.2.c., Nr. 5, Frau Marie Bergmann Nachlass. Abrechnung per 1. Februar 1936. 45 S., hier S. 22.

217 Das Testamentsvollstreckerhonorar betrug allein zweimal 2 Prozent des Nachlasses, also 80 000 Reichsmark. Ebd., S. 29. Für den Unterhalt der eigenen Grabstelle auf dem Riensberger Friedhof für die kommenden 30 Jahre sah Marie Bergman 5000 Reichsmark vor. Die ev. Kirchengemeinde Ritterhude erhielt für den Unterhalt der elterlichen Grabstelle 10 000 Reichsmark. Mehrere Bekannte und Verwandte erhielten Summen von je 30 000 Reichsmark. Marie Bergmann hat Kosten für die Reparatur einer gemeinschaftlich genutzten Grundstücksabgrenzung für die Nachbarin am Bredenkamp 14 übernommen. Ihr Haus vermachte sie einer Frau Engelken. Ebd., S. 29 und 42.

218 Ebd., S. 43 und: Schreiben Dr. Eb. Noltenius Jun. an die St. Petri-Domgemeinde, 10. Februar 1936, S. 2., und Stiftungsurkunde. 250 000 Reichsmark entsprechen einer Kaufkraft im Jahr 2000 von 780 000 Euro.

219 DAB H.2.c. Nr. 5, Schreiben Dr. Eb. Noltenius Jun. und Schuckmann, 26. Mai 1937 an Bremer Domgemeinde, Dr. Traub. Mit der Anlage: Marie Bergmann Nachlass. II. Abrechnung per 1. Juni 1937. Nach dieser Verteilung verblieben den Nachlassverwaltern noch 15 500 RM.

220 DAB H.2.c. Nr. 5, Schreiben Dr. Eb. Noltenius Jun. an die St. Petri-Domgemeinde, 10. Februar 1936, betr. Marie Bergmann Nachlass, S. 3.

1.) Das St. Petri Waisenhaus
Die Stiftung St. Petri-Waisenhaus besteht seit 1691. Sie wurde vom schwedischen König Karl XI, genehmigt, der damals, seit dem Westfälischen Frieden, das Erzbistum Bremen regierte.[221]

Die Marie-Bergmann-Spende von 235 000 Reichsmark ist die höchste Einzelspende, die das Haus in seiner über 300-jährigen Geschichte erhalten hat.[222]

K.H. Wriedt hat die wechselvolle Geschichte des Hauses anlässlich des 300-jährigen Bestehens ausführlich recherchiert und dokumentiert. Dabei fand er auch heraus, dass die Geschwister Ries das Waisenhaus, als es zu Beginn der 1920er Jahre in großer finanzieller Not war, unterstützt haben.

Dennoch ging der Ausbau der Anstalt weiter [gemeint ist das Waisenhaus, sic!]. Maßgeblich zu danken war das den Brüdern John und Hermann Ries, die das St. Petri Waisenhaus großzügig finanziell unterstützten und damit zu seinem raschen Wiederaufbau beitrugen. Nachdem im Juni 1931 mit John Ries der zweite der beiden Brüder gestorben war, setzte deren Schwester, Marie Bergmann, die traditionelle Freundschaft mit St. Petri fort. [...] Als Marie Bergmann 1935 starb, beschloss die Verwaltung, ein Mehrfamilienhaus Ecke Holler-Allee und Kaiser Friedrichstraße zu bauen, um das Geld sicher anzulegen. [...][223]

Aus dem St. Petri-Waisenhaus entwickelte sich die St. Petri-Kinder- und Jugendhilfe, die heute in Bremen sehr aktiv ist.[224]

2.) Der Bürgerparkverein in Bremen
Der Bürgerparkverein erhielt aus Marie Bergmanns Vermächtnis Zuwendungen in Höhe von 267 500 Reichsmark »zur Ausstattung eines Fonds zur Verschönerung des Parks in eigener Verwaltung«. Der ursprünglichen Summe von 235 000 Reichsmark folgten im gleichen Jahr 1935 noch einmal 20 000 und zwei Jahre später noch einmal 12 500 Reichsmark.[225]

Der Bürgerparkverein nutzte die Spende für den Bau einer neuen Brücke. Die alte eiserne Rickmersbrücke sollte seit langem ersetzt werden. Es ist nicht eindeutig überliefert, ob dabei die schon bestehenden Pläne des Architekten Rudolf Leymann von 1934 zur Ausführung gelangten oder ob F.A. Schuckmann dessen Plan vor der Realisierung überarbeitet hat.

Die 1938 fertiggestellte Beton- und Klinkerbrücke liegt an zentraler Stelle des Bürgerparks. Von der Parkallee kommend, quert sie hinter den Polizeigebäuden, rechter Hand auf dem Weg

221 Die Stiftung öffentlichen Rechts besteht seit 1691. Sie gilt heute als gemeinnützig nach kirchlichem Recht. Vgl. Satzung des St. Petri-Waisenhauses in Bremen. DAB 363-4, St. Petri Waisenhaus 1938–1966. Und ebd.: Schreiben, 30. März 1939 an das Büro der Domkirche, Bremen.

222 Vgl.: Wriedt, Karl-Heinz: Bald Leid, bald Freud. Die Geschichte der Stiftung St. Petri Waisenhaus von 1692 in Bremen. Hrsg. im Eigenverlag: Stiftung St. Petri Waisenhaus von 1692 in Bremen. Bremen 1992. 230 S., hier S. 164.

223 Ebd. Die Berichte über die Ries-Spenden, die Wriedt noch ausgewertet hat, sind im Archiv leider nicht mehr auffindbar. Es handelt sich um Akten im Bestand: DAB A.8.f.nr.16, Rep 1292, »Bericht der Verwaltung des St. Petri-Waisenhauses über die von der Inspektion der Waisenhäuser aufgeworfene Frage ...«. Hier: Bericht über das Jahr 1931 und 1938.

224 Vgl.: www.stpetribremen.de.

225 Schwarzwälder, Harry: Der Bremer Bürgerpark und seine Brücken. Unveröffentlichtes Manuskript. 1986 bis 1989. Quellen aus Staatsarchiven und Bibliotheken, hier S. 286–288. Und: Peters, Fritz: Zwölf Jahre Bremen 1933 bis 1945, 333 S., hier S. 153.

zum Tiergehege gelegen, ein schmales Gewässer. Der Fußweg, 3,85 Meter breit, ist über dem Bogen leicht erhöht und in quadratischem Ziermuster mit Klinkern belegt. Als seitliche Geländer dienen hüfthohe, diagonal aufgemauerte Pfeiler, die auf ganzer Länge mit dicken, hellen Sandsteinplatten abgedeckt sind. Gut möglich, dass hier, wie bei den Ritterhuder Ries-Bauten Obernkirchener Sandstein verwendet wurde. An der westlichen Innenseite der Brücke verweist der in schlichten lateinischen Grossbuchstaben, dezent in die Sandsteinplatte gemeißelte Brückenname auf die Stifterin: MARIE BERGMANN-BRÜCKE.

H. Schwarzwälder recherchierte:

Mit der Namensgebung »Marie Bergmann-Brücke«, die anlässlich einer Besichtigung durch die Teilnehmer der Generalversammlung des Bürgerparkvereins am 23. Juni 1938 mitgeteilt wurde, wurde eine große Gönnerin und Freundin der Parkanlagen geehrt. Aber schon der Jahresbericht für das Jahr 1937, der die Fertigstellung des neuen, wertvollen Schmuckstücks des Bürgerparks umfangreich darstellt, erwähnt nicht die Herkunft des Baugeldes und die hochherzige Spenderin. [...][226]

Auch der ausführliche Artikel der »Bremer Nachrichten« vom 24. Juni 1938 über den Jahresbericht des Bürgerparkvereins erwähnte wohl die Erneuerung der alten Rickmersbrücke durch die Marie Bergmann-Brücke, aber nicht, dass Marie Bergmann ihre Stifterin war.[227] Schwarzwälder fuhr fort:

Der Fonds wuchs bis 1946 noch auf die Summe von 349.732,95 RM (Protokoll vom 22. August 1947), ging dann aber bald in der Währungsreform verloren. Die Kapitalanlagen in Form von drei Wohnhäusern (Contrescarpe 31, Germaniastraße 8 und Sielwall 72) wurden im Zweiten Weltkrieg vollständig zerstört. [...][228]

Marie Bergmann war offensichtlich Liebhaberin des Orgelspiels und geistlicher Musik. In besonderer Weise fühlte sie sich der St. Petri-Domgemeinde verbunden.

3.) Die Bremer Domgemeinde

Die St. Petri-Domgemeinde hat aus dem ihr zugeflossenen Vermögen von insgesamt 250 000 Reichsmark die Marie-Bergmann-Stiftung eingerichtet und verwirklicht bis heute den Wunsch der Stifterin, der gemäß Paragraf 3 der Stiftungsurkunde lautet:

Zweck der Stiftung ist die Pflege edler Kirchenmusik, insbesondere des Orgelspiels im Geiste der von Musikdirektor Liesche bereits eingeführten eintrittsgeldfreien Motetten. Es war der Wunsch der Erblasserin, über die Motetten hinaus volkstümliche Kirchenmusik

226 Schwarzwälder, S. 287.

227 Bremer Nachrichten, 24. Juni 1938. Peters notiert a.a.O., S. 153.: Die an Stelle der Rickmers-Brücke errichtete neue Brücke erhält den Namen »Marie Bergmann-Brücke«.

228 Schwarzwälder, S.287.

durch ihr Vermächtnis zu ermöglichen. Darüber, was diesem Ziele im Einzelfalle dienen mag, entscheidet der Vorstand der Stiftung nach bestem Ermessen. [...]

Paragraf 7 der Satzung ergänzt:

Ein angemessener Teil des Stiftungsvermögens darf verwandt werden zu Einrichtungen im Domgebäude, die der Förderung und Veredlung der volkstümlichen musikalischen Veranstaltungen zu dienen vermögen. [229]

Am 30. März 1936 tagte der Kirchenvorstand der St. Petri-Domgemeinde zum Thema »Bergmann Legat - Anlage der Gelder«. Ein heikles Thema, denn der Vorstand war verpflichtet, für das Vermögen sichere Anlagen zu wählen; andererseits war die zu etablierende Stiftung darauf angewiesen, Gewinn zu machen. Sie konnte nicht nur unbebaute Grundstücke kaufen, die zu diesem Zeitpunkt auch schwer zu bekommen waren. Welche Anlagen waren sicher? Gemeindeführer und stellvertretender Führer der St. Petri-Domgemeinde, wie die Vorstandsvorsitzenden derzeit genannt wurden, waren beide von Beruf Kaufmann. Man beriet sich mit Vertretern der Handelskammer und der Deutschen Diskonto Bank.[230]

Schließlich entschied der Kirchenvorstand, das derzeit zur Hälfte in Reichsbahnschatzanweisungen angelegte Geld zu je 25 Prozent in Aktien und in Häuser oder Grundbesitz sowie zu 50 Prozent in Reichsanleihen oder industriellen Obligationen und Pfandbriefen anzulegen.[231]

Sobald 1936 das Geld aus dem Bergmann-Vermächtnis zur Verfügung stand, erwarb die St. Petri-Domkirche am 18. Juni zwei Wohnhäuser.[232] 1945 fanden hier ausgebombte Familien Unterkunft.[233]

Im Dezember 1942 hatte die Marie-Bergmann-Stiftung einen Überschuss von 42 353,58 Reichsmark erwirtschaftet, die sie der St. Petri-Domgemeinde mit der Auflage überwies, die Summe zur Pflege volkstümlicher Kirchenmusik zu verwenden:

1. *Anschaffung neuer Musikinstrumente für das Kammerorchester des Domchors nach Vorschlägen von Herrn Musikdirektor Richard Liesche.*

229 Die Stiftungsurkunde befindet sich beim Senat für Inneres, Bremen, Aktenzeichen 110-50-03 Nr. 524 und im Bestand des Domarchiv Bremen (DAB) H.2.c., Legate und Stiftungen, Nr. 5. Unterakte Nr. 5a Bergmann Stiftung 1936–1940. Die Marie-Bergmann-Stiftung wurde am 30. April 1937 errichtet. Die Genehmigung für die Stiftung erfolgte durch den Senator für die innere Verwaltung am 16. Juni 1937. Verfügung vom Senator für innere Verwaltung vom 16. Juni 1937 mit Original der Stiftungsurkunde und Satzung vom 30. April 1937 mit den Unterschriften des amtierenden Gemeindeführers Franz Albrecht Schütte und seinem Stellv. Carl Eduard Meyer.

230 DAB H.2.c., Nr. 5. Akte betr. Testament der Ww. Christian Carl Ludwig Bergmann, Marie , geb. Ries 1935-1943. Bergmann Legat - Anlage der Gelder, Bremen, 30. März 1936, Kirchenvorstandssitzung. Als erstklassige Aktien wurden empfohlen: »I.G. Farben A.G.«, »Berliner Licht und Kraft«, »Siemens & Halske« und Reichsbank-Anteile.

231 Ebd.

232 DAB H.2.c., Nr. 5. Register Nr. 9513 Notariatsakte, 24. November 1937 Dr. Jur. Max Bulling. Es handelt sich um die Grundstücke: Kornstrasse Nr. 153, eingetragen im Grundbuch Vorstadt L 10 Blatt 660 und Kornstrasse Nr. 155, Ecke Claudiusstrasse Nr. 1, eingetragen im Grundbuch Vorstadt L 10, Blatt 659. Der geschätzte Geschäftswert betrug 70.000 Reichsmark. Vgl. auch: DAB H.2.c., Nr. 5c, Kornstraße 153.

233 DAB Marie Bergmann-Stiftung, Akte 462-1.5.2 und 1.5.3 Vermietung Kornstr. 153/155/Claudiusstr. und Akte 462-1.6 Haus Fehrfeld 42 1968. Nach Verkauf der Grundstücke in der Kornstr. im Jahr 1966 wurde das Haus Fehrfeld Nr. 42 erworben und vermietet.

234 DAB H.2.c., Nr. 5. Beschluss der Verwaltung der Marie Bergmann-Stiftung über die Verwendung der Erträgnisse aus den Jahren 1941 u. 1942. Bremen, 28. Dezember 1942 für die Verwaltung der Marie-Bergmann-Stiftung Noltenius, Finanzbevollmächtigter der St. Petri-Domkirche..

2. Anschaffung einer Sammlung von großen Werken der Kirchenmusik.
3. Erweiterung der großen Orgel und Anlage einer korrespondierenden Orgel. [...][234]
Vom langjährigen Domkantor Richard Liesche - er leitete den Bremer Domchor von 1930 bis 1957 - ist ein Brief mit entsprechenden Vorschlägen erhalten.[235] Die Satzung der Marie-Bergmann-Stiftung wurde mit Genehmigung des Senators für Inneres im Lauf der Jahrzehnte erweitert.[236]

Der Wunsch der Stifterin wird seit mehr als 70 Jahren erfüllt: Bis heute sind die eintrittsfreien Motetten- und Orgelmusiken im Bremer St. Petri-Dom am Donnerstagabend der Marie-Bergmann-Stiftung zu verdanken.

4. Das Almata-Stift

Weil das »Almata-Stift« in Bremen-Walle damals keine Möglichkeit hatte, das Vermächtnis sinnvoll zu verwenden, ist das Marie-Bergmann-Legat einer ähnlichen Einrichtung zugeflossen: dem in Gröpelingen gelegenen »Adelenstift für genesende evangelische Frauen und Mädchen der Stadt Bremen«. Der Bremer Kaufmann Ludwig Schrage (1843–1934) hatte die Stiftung im Andenken an seine früh verstorbene Tochter 1890 ins Leben gerufen. Die Absicht war:
a. *erholungsbedürftigen und zwar vorzugsweise genesenden Frauen und Mädchen eine Heimstätte in ländlicher Umgebung zur Sammlung neuer Kräfte und Frische zu gewähren und*
b. *daneben unter tunlicher Berücksichtigung dieses Zwecks den Aufgaben der Evangelischen Diakonissenanstalt in Bremen zu dienen, insbesondere auch den Schwestern dieser Anstalt Erholung und Gelegenheit zur Ausbildung zu bieten.*[237]

Die Verwaltung des Adelen-Stifts oblag der Evangelischen Diakonissenanstalt.[238] Mit dem Legat von Marie Bergmann waren die Diakonissen in der Lage, 1939 den mit Schulden belasteten Grundbesitz der Adelenstiftung[239] zu kaufen und somit auch die Idee des Stifters Ludwig Schrage weiterzuführen.

Nach den Bombenangriffen am 19. August 1944 waren alle Gebäude, auch das Krankenhaus, bis auf den achtstöckigen Bunker, völlig zerstört. Weil das Gelände dem Evangelischen Diakonissenmutterhaus aufgrund des Legats von Marie Bergmann seit 1939 gehörte, hatte es Ende

235 Ebd., Nr. 5. Schreiben Richard Liesche, 24.Februar 1943 an den Bauherren der St. Petri-Domgemeinde Dr. Noltenius.

236 Ebd., Nr. 5. Notariatsakte, 24. November 1937 Dr. Jur. Max Bulling Register Nr. 9513. Gemäß Verfügung vom 21. Dezember 1942 vom Senator für die Innere Verwaltung erhält § 4 Abs. 2 den Zusatz: »Der Vorstand führt die Verwaltung ehrenamtlich.« Und ebd., Nr. 5d: Am 27. Dezember 1954 beschloss der Kirchenkonvent die Satzungsänderung, wonach die Marie-Bergmann-Stiftung ausschließlich gemeinnützige Zwecke im Sinne der Gemeinnützigkeitsverordnung vom 24. Dezember 1953 verfolgt. Die Genehmigung vom Senat für Inneres erfolgte am 11. Januar 1955.

237 Bremen, 27. April 1948, Dr. Johannes Dreier, Rechnungsführer des Adelenstiftes - späteren Ludwig-Schrage-Stifts von 1934–1944: »Geschichte des Ludwig - Schrage - Stiftes«. Vgl.: Anlage zum Schreiben der Schwester Jenny Dreier, Schwesternkanzlei des Evangelischen Diakonissenmutterhauses Bremen, Adelenstrasse 68, Brief, 27. September 2007.

238 Das heutige Evangelische Diakonissenmutterhaus Bremen nannte sich früher Evangelische Diakonissenanstalt.

239 Später »Ludwig Schrage-Stift« genannt.

240 Brief Schwester Jenny Dreier, Schwesternkanzlei des Evangelischen Diakonissenmutterhauses Bremen, 27. September 2007. Das Mutterhaus beherbergt heute die Schwesternschaft und ein Pflegeheim.

der 1950er Jahre die Möglichkeit, den Neubau für das Krankenhaus, das heutige DIAKO und das Mutterhaus im Park des Ludwig-Schrage-Stifts mit zu planen und hier 1960 einzuziehen.[240]

5. Verein für Blinde

Der Verein für Blinde gründete sich in Bremen 1896. Die damalige Blindenanstalt ist heute eine Begegnungsstätte und liegt Am Sielwall 27.[241] Einer ihrer Zwecke bestand darin, blinden und sehbehinderten Menschen Wohnraum zur Verfügung zu stellen.

Die Aufzeichnungen des gut erhaltenen, leinengebundenen 335-seitigen Geschäftsbuches aus dem Gründungsjahr 1896 mit dem in Goldlettern eingelegten Titel »Protocolle der Vorstandssitzungen« reichen bis zum Jahr 1968. Die Eintragungen in Sütterlin-Handschrift bestätigen den Erhalt des Marie-Bergmann-Vermächtnisses von einer halben Million Reichsmark am 11. Februar 1936 unter Punkt 5:

5. Marie Bergmann Stiftung.

Der Vorstand berichtet über das dem Verein vermachte großherzige Legat von Frau Marie Bergmann in der Höhe von 250000.- RM. Der Vorstand ist der Erblasserin von Herzen dafür dankbar und übernimmt das Legat in ganz getrennte besondere Verwaltung.

Ein Legat der gleichen Erblasserin in gleicher Höhe für die Kriegsblinden wird der Vorstand auf Wunsch der Testamentvollstrecker ebenfalls dem Verein für Blinde überlassen. Der mit den Testamentvollstreckern darüber abgeschlossene Bankvertrag wird verlesen und genehmigt. Das Vermögen soll bei Auflösung des Vereins der Inneren Mission für gleiche Zwecke und unter gleichen Verpflichtungen zufallen. Ein Ausschuß soll dieses Legat verwalten. Zu dem Ausschuß werden gewählt: der Vorstand, der Rechnungsführer und die Herren Freudenberg, Krauss und Dr. Noltenius. Der Vorstand nahm grundlegend Kenntnis von der vorgeschlagenen Gebühr für die Testamentsvollstrecker und stimmte der Verpflichtung zur anteiligen Übernahme der evtl. noch zu zahlenden ausstehenden Erbschaftssteuer zu.[242]

Einen Monat später wurde vermerkt, dass Mittestamentvollstrecker F. A. Schuckmann in den Ausschuss gewählt worden sei:

In den Ausschuß der Marie Bergmann Stiftung für Kriegsblinde ist auf Vorschlag des Testamentvollstreckers Dr. Noltenius der Mittestamentsvollstrecker Schuckmann hinzugewählt. Es wird beschlossen auch für die Marie Bergmann Stiftung für Blinde einen Ausschuß zu wählen, der die Belegung der Gelder veranlaßt. Zu Mitgliedern dieses Ausschußes wurden dieselben Herren gewählt, die der andere Ausschuß für Kriegsblinde hat. Je 2 Herren des Ausschusses sollen nun gemeinschaftlich verfügungsberechtigt sein. [...][243]

241 Im Jahr 1896 schlossen sich drei Vorgängerorganisationen zum Verein für Blinde zusammen, in dem sich sehende Menschen um Sehbehinderte und blinde Menschen kümmern. Hinter der heutigen Begegnungsstätte, Am Sielwall 27, liegt ein Gelände, das zusammen mit den angrenzenden Grundstücken der vereinseigenen Wohnhäuser der Luisen- und Schildstraße, einen geschützten Garten bildet. Hier befanden sich früher die Werkstätten der Blindenanstalt. Die Werkstätten wurden Ende der siebziger Jahre in den »Martinshof« integriert.

242 Protocolle der Vorstandssitzungen des Vereins für Blinde. S. 71. Sitzung des Vorstands vom Dienstag 11. Februar 1936 abends 7:30 in der Blindenanstalt, Sielwall 27.

243 Ebd., S. 73.

Über die Verwendung der Marie-Bergmann-Spende von knapp einer halben Million Reichsmark ließ sich in der Vereinsgeschichte nichts feststellen, eine getrennte Verwaltung ist nicht bekannt. Marie Bergmanns Spende wird dazu gedient haben, vorhandene vereinseigene Immobilien zu erhalten und neue anzukaufen. Auch ein Zeitungsartikel aus dem Jahr 1956 berichtet, der Verein für Blinde habe das Geschenk in Immobilien angelegt.[244]

Zu seinem 60-jährigen Bestehen im Jahr 1956 weihte der Verein ein von Architekt Jan Noltenius entworfenes Haus mit dreizehn, speziell ausgestatteten Wohnungen ein und gedachte damit auch der einstmaligen Spenderin. Unter der Überschrift: »Ein Wohnhaus als Denkmal. Dreizehn Blindenwohnungen im ›Marie-Bergmann-Haus‹« wurde berichtet:

Mit seinen geschwungenen Balkons, den freundlichen Farben und den gut ausgewogenen Proportionen stellt das »Marie-Bergmann-Haus« in der Luisenstrasse eine Augenweide dar.

Man sollte vom Sielwall aus ruhig mal ein paar Schritte in die stille Seitenstraße hinein tun, um es anzuschauen. So mancher wird sich dabei fragen, wer jene Frau Marie Bergmann ist, der hier mit diesem Haus ein Denkmal gesetzt wurde. [...]

Das Marie-Bergmann-Haus bietet noch heute blinden und sehbehinderten Menschen besondere Wohnmöglichkeiten. Doch die Lage an der nahe gelegenen Sielwallkreuzung ist für die Betroffenen aufgrund des hohen Verkehrsaufkommens nicht mehr so günstig.

So wie kaum jemand weiß, wer Marie Bergmann war, werden die Nutznießer der Stiftungen wohl auch kaum wissen, dass sie einen grossen Teil des Vermächtnisses dem Mut und dem umsichtigen Unternehmergeist der Ritterhuder Brüder Ries in New York zu verdanken haben. Familiäre Bindungen zogen die vermögenden Deutschamerikaner Hermann und John F. Ries an ihrem Lebensabend in die Heimat zurück - nicht nach Ritterhude, dem Dorf waren sie entwachsen, sondern zu ihrer Schwester nach Bremen. In ihrem kleinen Häuschen berieten sich die drei Geschwister darüber, wie sie, nach eigenen Worten, »ihr Geld auf anständige Weise wieder loswerden konnten«.

Marie Bergmann bedachte zu Lebzeiten - und durch ihr Vermächtnis bis heute - hilfsbedürftige und benachteiligte Menschen in Ritterhude und in Bremen, verbunden mit dem Wunsch, dass auch sie die Gelegenheit haben sollten, kulturelle Veranstaltungen zu besuchen. So sorgte sie für die allwöchentlichen, eintrittsfreien Konzertabende im Bremer St. Petri Dom. Sie fühlte sich der Schönheit der Natur sehr verbunden und förderte den Erhalt des Bremer Bürgerparks.

244 Fünf Wohnhäuser und ein Werkstattgebäude seien später im Bombenkrieg zerstört worden, so der »Weser Kurier«, Nr. 190, 16. August 1956, S. 4. Die in diesem Artikel angegebenen Daten sind allerdings mit Vorbehalt zu lesen. Mehrere Angaben über Marie Bergmann sind falsch. Es würde den Rahmen dieser Dokumentation sprengen, die Verlustnennungen der einzelnen Gebäude zu überprüfen. Die vereinseigenen Häuser in der Luisen- und Schildstraße, u.a. das Marie-Bergmann-Haus, sind nach dem Zweiten Weltkrieg gebaut worden.

Der von Baumeister Arend Lürßen kunstvoll gezeichnete, mit farbigen Jugendstilmotiven verzierte Ehrenbürgerbrief für Marie Bergmann hängt im Ritterhuder Rathaus, in massive Eiche gerahmt, in der ersten Etage gegenüber dem Treppenaufgang.

Ehrenbürgerbrief

Hierdurch wird beurkundet, daß Frau Mariechen Bergmann, Wwe., geb. Ries wohnhaft in Bremen,
wegen ihrer dankenswerten und rührigen Mitwirkung bei den vielfältigen und großzügigen Stiftungen,
mit dem ihre Brüder Herm. H. Ries und John F. Ries ihren Heimatort erfreut, wesentlich verschönt und wirksam gefördert haben, durch Beschluß des Gemeindeausschusses am heutigen Tage zur
Ehrenbürgerin der Gemeinde Ritterhude
ernannt worden ist.

Ritterhude,
1. Sept. 1928

Der Gemeindevorsteher
Evers
Flügge *Heinz Kahl*

Arend Lürßen

* * *

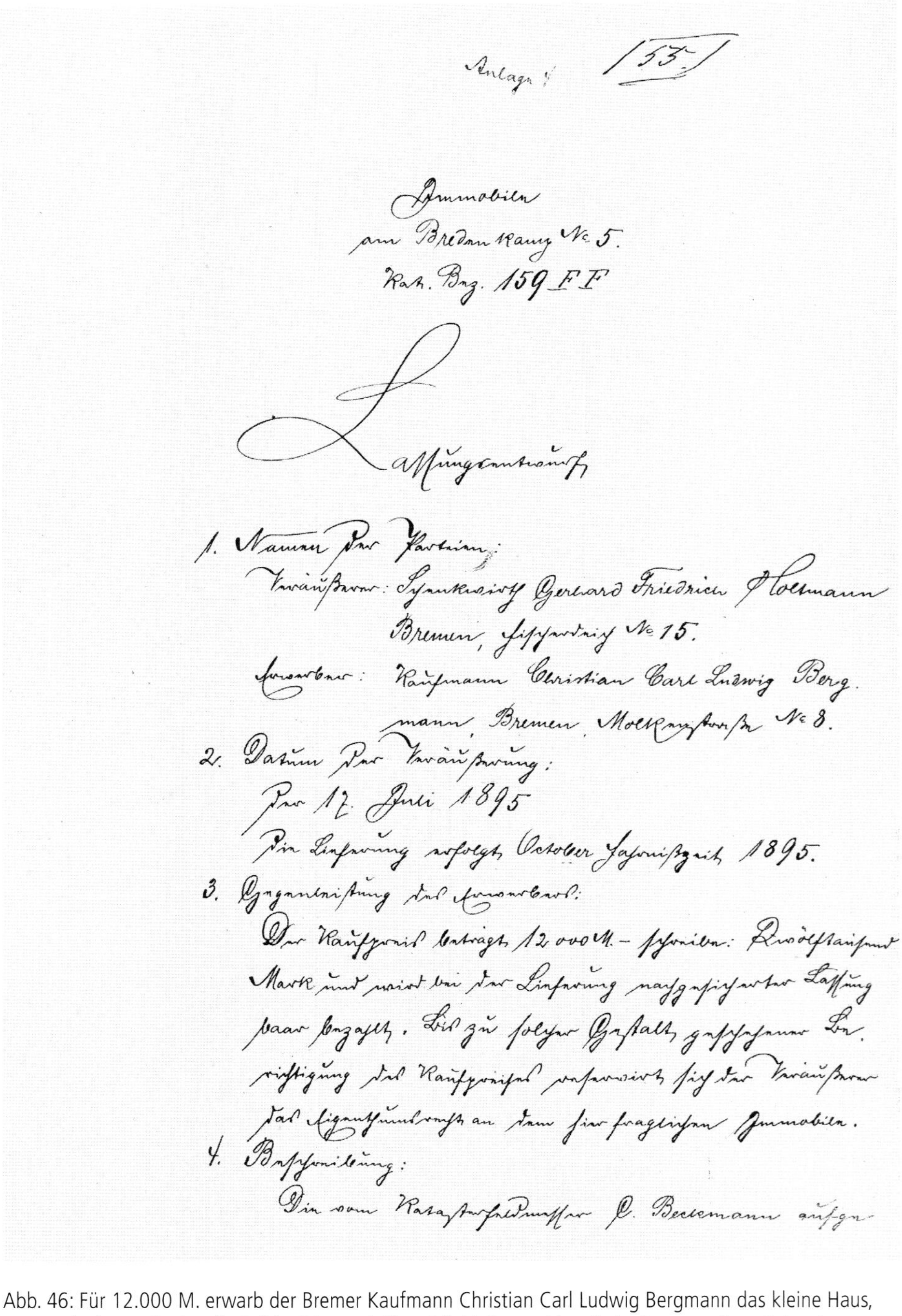

Anlage 1 [153]

Immobilen
am Bredenkamp No 5.
Kat. Bez. 159 FF

Lassungsentwurf

1. Namen der Parteien:
Veräußerer: Schenkwirth Gerhard Friedrich Holtmann
Bremen, [illegible] No 15.
Erwerber: Kaufmann Christian Carl Ludwig Bergmann, Bremen, Moltkestraße No 8.

2. Datum der Veräußerung:
Den 17. Juli 1895
Die Lieferung erfolgt Octoberjahreszeit 1895.

3. Gegenleistung des Erwerbers:
Der Kaufpreis beträgt 12 000 M. – schreibe: Zwölftausend Mark und wird bei der Lieferung nachgesuchter Lassung baar bezahlt. Bis zu solcher Gestalt geschehener Berichtigung des Kaufpreises reservirt sich der Veräußerer das Eigenthumsrecht an dem hier fraglichen Immobilen.

4. Beschreibung:
Die vom Katasterfeldmesser C. Beckmann aufge-

Abb. 46: Für 12.000 M. erwarb der Bremer Kaufmann Christian Carl Ludwig Bergmann das kleine Haus, Am Bredenkamp, in das die Brüder Ries nach ihrer Rückkehr aus New York einzogen. Erste Seite des Lassungsentwurfs von 1895.

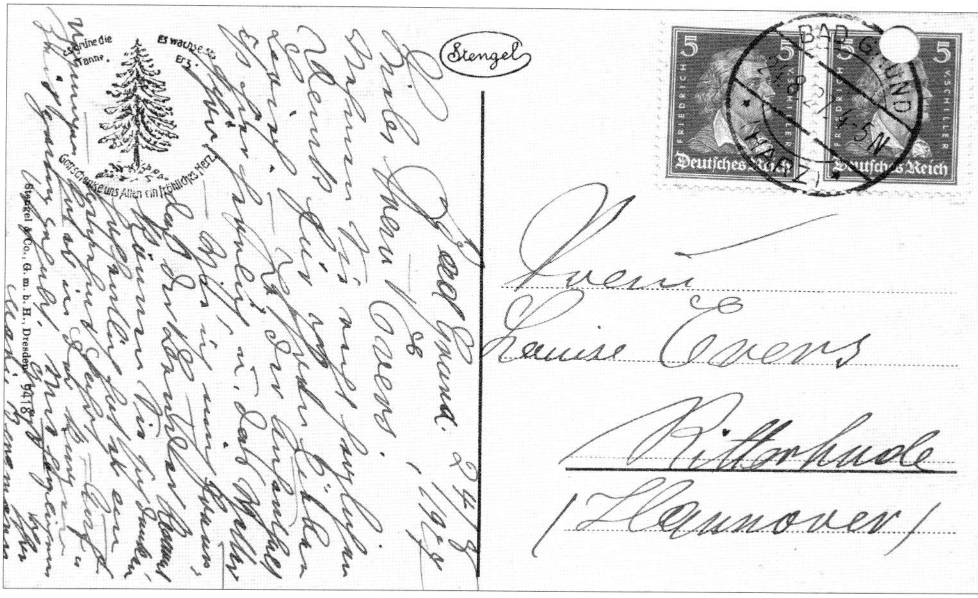

Abb. 47: Marie Bergmann an Luise Evers. Nl Evers BRiesBr 24-2.

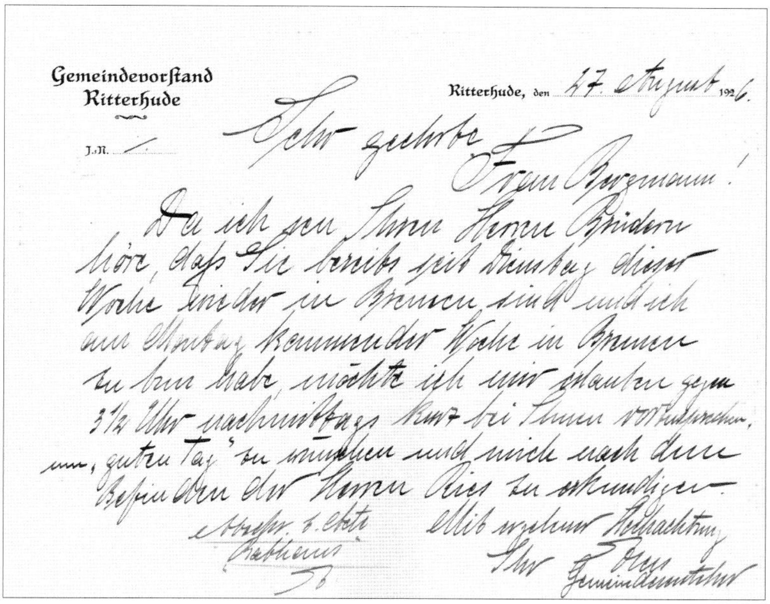

Gemeindevorstand
Ritterhude

Ritterhude, den 27. August 1926.

J.-N.

Sehr geehrte Frau Bergmann!

Da ich von Ihren Herren Brüdern höre, daß Sie bereits seit Dienstag dieser Woche wieder in Bremen sind und ich am Montag kommender Woche in Bremen zu tun habe, möchte ich mir erlauben gegen 3 1/2 Uhr nachmittags kurz bei Ihnen vorzusprechen, um „guten Tag" zu wünschen und mich nach dem Befinden der Herren Ries zu erkundigen.

Mit vorzüglicher Hochachtung
Ihr Evers
Gemeindevorsteher

Abb. 48: Gemeindevorsteher Evers an Marie Bergmann mit dem Wunsch, sie und »die Herren Ries« besuchen zu wollen. 27. August 1926.

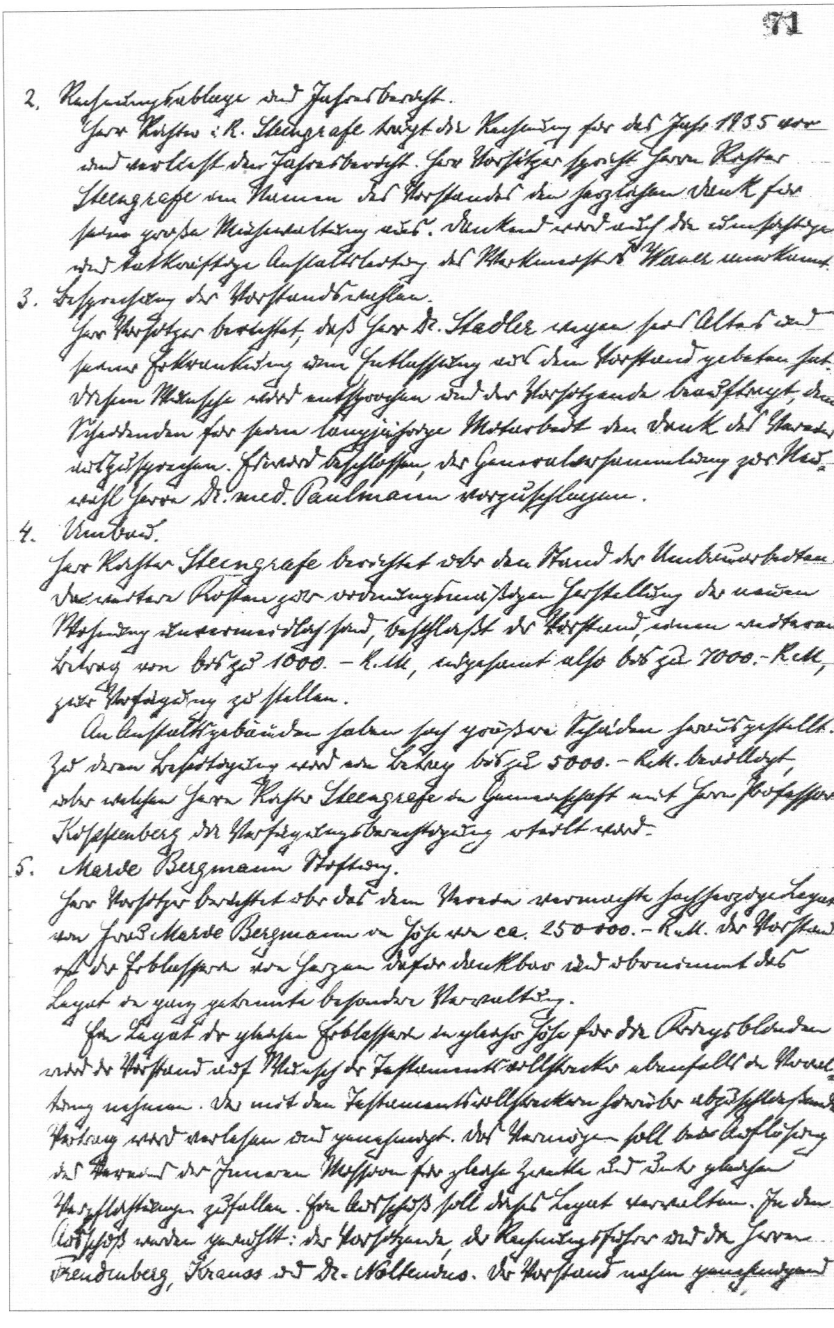

71

2. Rechnungsablage und Jahresbericht.
Herr Kaufm. R. Steingrafe legt die Rechnung für das Jahr 1935 vor und verliest den Jahresbericht. Herr Vorsitzer spricht Herrn Kaufm. Steingrafe im Namen des Vorstandes den herzlichen Dank für seine große Mühewaltung aus. Dankend wird auch die umsichtige und tatkräftige Anstaltsleitung des Werkmeisters Waack anerkannt.

3. Besprechung der Vorstandswahlen.
Herr Vorsitzer berichtet, daß Herr Dr. Stadler wegen seines Alters und seiner Erkrankung um Entlassung aus dem Vorstand gebeten hat. Diesem Wunsche wird entsprochen und der Vorsitzende beauftragt, dem Scheidenden für seine langjährige Mitarbeit den Dank des Vereins auszusprechen. Es wird beschlossen, der Generalversammlung zur Wahl Herrn Dr. med. Paulmann vorzuschlagen.

4. Umbau.
Herr Kaufm. Steingrafe berichtet über den Stand der Umbauarbeiten. Da weitere Kosten zur ordnungsmäßigen Herstellung der neuen Werkstätten unvermeidlich sind, beschließt der Vorstand, einen weiteren Betrag von bis zu 1000.- RM, insgesamt also bis zu 7000.- RM, zur Verfügung zu stellen.
An Anstaltsgebäuden haben sich größere Schäden herausgestellt. Zu deren Beseitigung wird ein Betrag bis zu 5000.- RM bewilligt, über welchen Herrn Kaufm. Steingrafe in Gemeinschaft mit Herrn Professor Rosenberg die Verfügungsberechtigung erteilt wird.

5. Marie Bergmann Stiftung.
Herr Vorsitzer berichtet über das dem Verein vermachte hochherzige Legat von Frau Marie Bergmann in Höhe von ca. 250000.- RM. Der Vorstand ist der Erblasserin von Herzen dafür dankbar und übernimmt das Legat in ganz getrennte besondere Verwaltung.
Ein Legat der gleichen Erblasserin in gleicher Höhe für die Kriegsblinden wird der Vorstand auf Wunsch der Testamentsvollstrecker ebenfalls in Verwaltung nehmen. Der mit den Testamentsvollstreckern hierüber abgeschlossene Vertrag wird verlesen und genehmigt. Das Vermögen soll bei Auflösung des Vereins der Inneren Mission für gleiche Zwecke und unter gleichen Verpflichtungen zufallen. Ein Ausschuß soll dieses Legat verwalten. In den Ausschuß werden gewählt: der Vorsitzende, der Rechnungsführer und die Herren Freudenberg, Krauss und Dr. Noltenius. Der Vorstand nahm genehmigend

Abb. 49: Auszug aus dem Protokollbuch des Vereins für Blinde: Protocolle der Vorstandssitzungen, S. 71. Punkt 5: Marie Bergmann Stiftung.

Gemeindeschulze, Bürgermeister und Landrat Christian Evers

Im Februar 1932 erreichte die Arbeitslosigkeit ihren Höchststand. 6,1 Millionen Menschen waren in Deutschland offiziell erwerbslos - also jeder dritte Arbeitnehmer. Evers hielt einen befreundeten Gemeindevorsteher, der sich seinerzeit in einem Kurbad aufhielt über die Kreisausschuss-Sitzungen in Osterholz auf dem Laufenden und schrieb ihm im Juni 1932:

Meines Erachtens muss irgendeine Wendung erfolgen d.h. müssen irgendwelche gangbaren Wege gefunden werden, die brachliegenden Arbeitskräfte produktiv zu beschäftigen. Der heutige Zustand lässt sich meines Erachtens nicht länger aufrecht erhalten. Hoffentlich vermag die neue Regierung derartige Wege zu finden und uns zu zeigen. [...][245]

Am 30. Januar 1933 ernannte der 84-jährige Reichspräsident Paul von Hindenburg Adolf Hitler zum Reichskanzler. Damit war 14 Jahre und 82 Tage nach Ausrufung der Republik das Experiment der ersten deutschen Demokratie gescheitert. 20-mal hatte in diesem Zeitraum die Regierung gewechselt.

Christian Evers 1933 bis 1948

Evers blieb Gemeindeschulze, so die neue Amtsbezeichnung. Der Titel Bürgermeister wurde erst im Jahr 1935 in Ritterhude eingeführt. Gleichzeitig wurde das Amt mit weiteren Kompetenzen ausgestattet. Demokratische Strukturen wurden von den Kräften des NS-Regimes systematisch und sukzessiv ausgeschaltet.

Bei den Reichstagswahlen im März 1933 gaben 1811 Wahlberechtigte in Ritterhude ihre Stimme ab. Die NSDAP erhielt 464, die SPD 670, die KPD 246 und SWR (Kampffront Schwarz, Weiß, Rot und Deutschnationale Volkspartei, DNVP) 218.[246]

Eine Woche später wurden der Preußische Landtag, der Kreistag und der Gemeindeausschuss neu gewählt. Danach waren die Sitze im Gemeindeausschuss folgendermaßen verteilt: SPD 5, Liste Sachliche Gemeindepolitik 3, Liste Sparsamkeit und Gerechtigkeit 2, KPD 1 und NSDAP 1.

Der gewählte Vertreter der KPD durfte sein Mandat gar nicht erst antreten. Die größte Fraktion, die SPD, sollte nur noch an zwei Sitzungen teilnehmen, dann wurde sie für die kommenden 20 Sitzungen ausgeschlossen. Diese Entscheidung traf der Gemeindeausschuss auf Antrag des einzigen NSDAP-Mitgliedes mit sieben zu fünf Stimmen. Evers enthielt sich bei dieser Abstimmung. Anschließend äußerte er gegenüber dem Landrat von Osterholz Bedenken über die Verfahrensweise, weil der Ausschluss einer Partei höchstens sieben Sitzungen und nicht länger als sechs Monate dauern dürfe. Sein Einspruch blieb wirkungslos. Die Regeln der Demokratie galten nicht mehr, sie wurden einfach außer Kraft gesetzt.

245 Evers an Bürgermeister Stephan z. Zt. Kuranstalt Ilten bei Hannover, 10. Juni 1932. Nl Evers Korrespondenz mit Bekannten (Kor.m.Bek.).

246 Protokollbuch der Gemeindeausschusssitzungen von 1933 bis 1935, Gemeinde Ritterhude. Und: Müller, Vom Adligen Gericht, S.116.

Das Protokoll der Gemeindeausschusssitzung vom 24. Mai 1933 vermerkt:

[...] *vor Eintritt in die Tagesordnung gedachte der Vorsitzende in ehrenden Worten der neuen Regierung und ließ ihn ein dreifaches »Sieg Heil« auf den Reichspräsidenten, den Reichskanzler und die Reichsregierung ausbringen. Anschließend ergriff der Führer der NSDAP das Wort und forderte auf, das Horst Wessel-Lied und das Deutschland-Lied zu singen.* [...]

Das Protokoll hielt weiterhin fest, dass während des Singens zwei Zuhörer sitzen geblieben seien. Daraufhin wurden sie aufgefordert, den Saal zu verlassen.[247] Die Gleichschaltung durchzog Schritt für Schritt das gesamte öffentliche Leben, die Vereinstätigkeiten bis hinein in das Private.[248] Evers' eigenen Angaben zufolge wurde ihm im April 1933 von Ritterhuder NSDAP-Mitgliedern nahegelegt, der Partei beizutreten: Seiner Aufnahme stünde nichts entgegen. Vollzöge er diesen Schritt nicht, kämen andere an das Ruder. Erst daraufhin habe er dann den Antrag auf Mitgliedschaft in die NSDAP ausgefüllt.

Im Schreiben an den Entnazifizierungsausschuss im Jahr 1946 sollte er seinen Parteieintritt folgendermaßen rechtfertigen:

Ich bin vom 14. November 1919 bis zum 8. Mai 1945 ununterbrochen Gemeindevorsteher bzw. Bürgermeister in meinem Geburtsort Ritterhude gewesen. Vor 1933 habe ich einer politischen Partei nicht angehört, weil ich auf dem Standpunkt stand, das ein Beamter durch die Zugehörigkeit zu einer Partei nicht gebunden sein dürfe, dass er vielmehr in seinen ganzen Dienstleistungen und Entscheidungen frei sein müsse und dass er nur das Wohl der Gesamtheit ins Auge zu fassen und danach sein ganzes Auftreten und Wirken zu richten habe.

Politisch habe ich der Deutschen Volkspartei nahe gestanden, d.h. dieser bei Wahlen stets meine Stimme gegeben.[249] *Etwa in den Jahren 1927–1928 sollte ich auf Vorschlag des derzeitigen Regierungspräsidenten Dr. Rose, Stade, für die Deutsche Volkspartei für den Landtag der Provinz Hannover kandidieren. Ich habe die Kandidatur abgelehnt, weil ich sie mit meinem vorbeschriebenen Standpunkt für nicht vereinbar hielt.* [...][250]

Evers unterschlägt hier, wie auch in den Fragebögen der Militärregierung, seine Mitgliedschaft in der Deutschen Volkspartei bis etwa zum Jahr 1925, die er an anderer Stelle, im Jahr 1935, erwähnt hat.[251]

Im selben Schreiben an den Entnazifizierungsausschuss betonte er noch einmal, dass er der sich stark ausbreitenden NSDAP weder vor 1933 noch bei der Märzwahl 1933 seine Stimme gegeben habe und führt weiter aus:

247 Ebd.

248 Für Ritterhude vgl. ausführlicher: Müller, Vom Adligen Gericht. Und: Ritterhuder Frauen erzählen über Arbeit, Liebe, Freizeit und Konsum 1939 -1999, Gemeinde Ritterhude (Hrsg.), Andrea Hauser Verfasserin. 2002. 157 S.

249 Die Deutsche Volkspartei (DVP), nicht zu verwechseln mit der Deutsch-nationalen Volkspartei (DNVP), war eine Partei von Rechtsliberalen um Gustav Stresemann.

250 Evers an den Hauptentnazifizierungsausschuss des Kreises Osterholz, 30. November 1946, S. 2. Nl Evers, Entnazifizierungsakten, Akte: Vorstellungsverfahren des Christian Evers, Ritterhude, Hauptstr. 447.

251 Evers an Regierungsassessor Dr. Freudenthal, 28. Oktober 1935, Bl. 2. Nl Evers, Akte Strafsache.

[...] wurde ich in der letzten Zeit vor der Machtübernahme durch die NSDAP und auch noch kurz nachher von einzelnen Mitgliedern der NSDAP und ihren Hintermännern erheblich angriffen. Mir wurde insbesondere meine Zusammenarbeit in den vielen Jahren von 1919 bis 1933 mit der SPD vorgeworfen. Ich sollte auch damals meines Amtes enthoben werden. Nur den Bemühungen einflussreicher Personen ist es zuzuschreiben, dass ich im Amt verblieben bin. [...] Während ich bis dahin an keine Partei gebunden war, wurde nunmehr von der damaligen Staatsführung von allen im öffentlichen Dienst stehenden Personen die Zugehörigkeit zur NSDAP verlangt. Wieder auf Anraten vieler Bürger der Gemeinde und zwar aus allen Bevölkerungsschichten habe auch ich mich entschlossen, der NSDAP zum 1. Mai beizutreten, um im Interesse der Gemeinde im Amt zu verbleiben und weiter zum Segen der Gemeinde arbeiten zu können. [...][252]

Seit dem 1. Mai 1933 war Christian Evers Mitglied der NSDAP. Anderenfalls hätte er sein Amt aufgeben müssen. Das war aber offensichtlich auch von einflussreichen Ritterhuder Bürgern nicht gewollt. Ohne selbst Parteimitglieder zu sein, setzten sie sich beim Kreisleiter der NSDAP für Evers ein und gaben ihm zu verstehen, den Gemeindeschulzen im Amt behalten zu wollen. Bei dieser Unterredung in einem Gasthaus kam es zu heftigen Wortgefechten, da auch gerade diejenigen NSDAP-Mitglieder anwesend waren, die sich insgeheim schon auf den Amtsantritt als Gemeindeschulze gefreut hatten.

Später und in einem anderen Zusammenhang erklärte Evers zu seinem, aus der Perspektive von NSDAP Anhängern recht späten Gesuch: Er habe den Beitritt nicht früher beantragt, weil er Bedenken gehabt habe, überhaupt in die Partei der Nationalsozialisten aufgenommen zu werden, da er zuvor 14 Jahre lang Vorsteher einer eher links orientierten Gemeinde gewesen sei: »[...] *also sowohl die Linke als auch die Rechte hat mich gewählt.* [...]«

Die Fähigkeit sich immer wieder in das passende Licht zu rücken, sollte Evers ermöglichen, mit dreijähriger Unterbrechung über 45 Jahre, von 1919 bis 1964, ein öffentliches Amt zu bekleiden. Gegenüber dem Entnazifizierungsausschuss sollte er später ergänzen, er sei 1933 gerade erst 35 Jahre alt gewesen, im Besitz seiner besten Kräfte und habe noch viele Pläne zu verwirklichen gehabt, so dass er sich nicht habe bei Seite drängen lassen wollen. Die Arbeitslosigkeit hatte katastrophale Ausmaße angenommen, und die NSDAP versprach, umfangreiche Mittel für Arbeitsbeschaffungsmaßnahmen zur Verfügung zu stellen. Hier sah er ein reiches Betätigungsfeld und die Möglichkeit, seit langem gefasste Pläne zu realisieren. Dazu zählten zurückgestellte Reparaturen und Verbesserungen an öffentlichen und privaten Gebäuden, Schaffung erforderlichen Wohnraumes durch Um- und Neubauten, Straßenbau und Kanalisation, Deich- und Sielbauten im St. Jürgensfeld und am rechten Hamme-Ufer, den Bau einer Badeanstalt und anderes mehr.[253] Tatsächlich wurden diese Projekte später mit Hilfe von Beschäftigungsprogrammen für Arbeitslose, später mit Fremd- und Zwangsarbeitern und Kriegsgefangenen realisiert.

In den Jahren 1934 bis 1937 wurde vor Gericht ein erbitterter Kampf ausgetragen. Vier Ritterhuder Bürger hatten sich entschlossen, gegen Christian Evers zu klagen. Sie warfen ihm vor,

252 Evers an Hauptentnazifizierungsausschuss, 30. November 1946, a.a.O., S. 2.
253 Ebd.

er bereichere sich an Steuergeldern der Gemeinde.[254] Die von Evers überlieferten Prozessakten vermitteln ein einseitiges Bild. Ein überzeugter Nationalsozialist empörte sich u.a. darüber, dass er selbst eine höhere Parteinummer habe als Christian Evers und diese Tatsache einen späteren Parteieintritt suggeriere, obwohl letzterer die Mitgliedschaft viel später beantragt habe. Der Kläger schrieb:

Herr Evers bringt alles fertig, er kann sich nach allen Richtungen drehen [...] *In den 14 Jahren nach dem Kriege ging er mit den Sozialdemokraten durch dick und dünn.* [...]

Weitere Vorwürfe lauteten: Die SPD habe in der Gemeindevertretung der 1920er Jahre die Mehrheit gehabt, und sie habe im Rathaus eine Parteisitzung abgehalten, was angeblich gegen den Willen der Stifter war. Evers behauptete hingegen, die ganze Kampagne gegen ihn sei initiiert, weil der Hauptkläger, obwohl er ein Bekannter der Ries-Brüder war, beim Bau der Ries-Stiftungen nicht allein die Aufträge für bestimmte Handwerksarbeiten erhalten habe.[255] Schließlich wurden vier Einwohner des Ortes zu Gefängnisstrafen verurteilt. Auf Antrag konnten sich drei von ihnen vor dem Strafantritt bewahren, der Vierte musste jedoch ein halbes Jahr im Gefängnis verbringen.

Am 15. Juni 1934 erfolgte der erste Spatenstich für die Verstärkung des Wümmedeichs im St. Jürgensfeld. Das Ereignis ließ sich von den Nationalsozialisten hervorragend zu Propagandazwecken instrumentalisieren. Der entsprechende Personenkreis war eingeladen: der aus Blumenthal kommende und auch für Ritterhude zuständige Kreisleiter der NSDAP Löffler, Kreisbauernführer Kattenhorn aus Leuchtenburg und der Sonderbeauftragte der SA-Führung, Obersturmbannführer Quinckhardt aus Lesum. Nachdem Landrat Dr. Lampe aus Osterholz die erste Rede des Tages gehalten hatte, begrüßte Gemeindeschulze Christian Evers die Versammelten. Zunächst gedachte er des Vorkämpfers für die umfassende Deichbautätigkeit am St. Jürgensfeld, des Deichgrafen Georg von Gröning. Hier gilt es zu beachten, dass viele Bauern über lange Zeit gegen einen Deichbau waren, da die alljährlichen Überflutungen auch eine natürliche Düngung des Bodens bewirkten. Evers fuhr in seiner Rede fort: [...] *Es sei bezeichnend, das es der nationalsozialistischen Regierung vorbehalten war, dem Bauern zu geben, was des Bauern ist. Aus dankbarem Herzen forderte er die Anwesenden auf zu Ehren Hitlers und Hindenburgs in ein Sieg-Heil einzustimmen.* [...][256]

Ein Foto, das die Anwesenden mit dem Hitler-Gruß ablichtet, ist von Evers selbst überliefert. Die regionale Presse berichtete ausführlich über weitere Reden der Anwesenden, die rein ideologischer Natur waren und puren Blut-und-Boden-Mythos verkündeten.

Evers war seit Frühjahr 1931 Verbandsvorsteher vom Deichverband Ritterhude und seit 1935 Ausschussmitglied des Deichverbandes für das St. Jürgensfeld.[257] Am 17. Juni 1938 gründete sich

254 Nl Evers, Akte Strafsache.

255 Ebd.

256 Nl Evers, Fotos. Und: Zit. n. Müller, K, Deichbau an Hamme und Wümme. In: Ritterhuder Hefte 20, 1998, S. 23-40, hier S. 32, 33.

257 Fragebogen Military Government of Germany, Fassung vom 1. Januar 1946, 15. November 1946. Nachlass Evers, Akte Fragebögen.

der »Ritterhuder Deichverband auf dem rechten Hammeufer«, dessen Verbandsvorsteher er bis zum Oktober 1960 bleiben sollte.[258]

1934 lud der Ritterhuder Freundschaftsbund in New York zur Feier seines Goldenen Jubiläums ein. Zu diesem Anlass sollten ein großes Bankett veranstaltet und eine Festschrift gedruckt werden. Evers wurde gebeten »*eine Photographie, Gesamt-Ansicht von Ritterhude, Ihre Photographie, Photographien der Gebrüder Ries und eine kurze Geschichte von Ritterhude, Kr. Osterholz oder ein schönes Gedicht*« *zu senden.*

[...] *Ganz besonders würde es alle hoch erfreuen, wenn Sie, um die Zeit uns hier in Amerika besuchen würden. Sie wären dann unser Gast und mein Haus, das sehr modern ist, steht während Ihres Aufenthalts hier, zu Ihrer Verfügung.* [...][259]

Evers folgte der Einladung jedoch nicht. In der Festschrift wird er gelobt:

Mit der alten Heimat wurde stets das innigste Verhältnis aufrecht gehalten und hauptsächlich durch die heimatlichen Besuche mehrerer Mitglieder, die immer daselbst auf das herzlichste empfangen und bewirtet wurden. Auch gedachte der Bund mit Geld-Geschenken der Notleidenden in Ritterhude und die Berichte und Dankschreiben des liebenswürdigen und vortrefflichen Vorstehers, Herrn Chr. Evers, wurden dann den Mitgliedern in den Versammlungen mitgeteilt. [...][260]

Mitte der 1930er Jahre wurden in das Straßenpflaster »Vor der Untermühle« bei der Bahnunterführung zwei Hakenkreuze eingelassen. Darüber sollte es 1949 bei Evers' Wahl zum Landrat heftige Auseinandersetzungen geben.[261]

Im Dezember 1938 wurde Evers von der NSDAP zum Hauptstellenleiter Rundfunk berufen. Den Akten ist zu entnehmen, dass er versucht hat, die Aufgabe abzulehnen. Er konnte sich aber nicht durchsetzen. Nach eigenen Angaben hat er in dieser Funktion bis Kriegsende 1945 acht oder neun Rundfunkempfänger aus der »Goebbels Spende« an Bürger der Gemeinde verteilt.[262] Die »Goebbels Spende« diente der Propaganda im doppelten Sinn. Sie war ein Geschenk an diejenigen, die sich kein Radiogerät kaufen konnten, und sie gewährleistete den Nationalsozialisten, ihre Ideologie allen Deutschen direkt in die Privatsphäre senden zu können. Die vorgeschriebenen Feste und öffentlichen Rundfunkübertragungen fanden in Ritterhude auf dem Schulhof der Ries-Schule statt.

Von einigen wenigen persönlichen Briefen abgesehen, fehlen für die Jahre 1933 bis 1945 jegliche Schriftstücke, die die Arbeit des Gemeindevorstehers dokumentieren. Christian Evers hat den Nachlass selbst bereinigt. Den Beginn des Zweiten Weltkriegs kommentierte er im Weihnachtsbrief an einen befreundeten Landrat im Jahr 1939:

258 Am 28. Oktober 1960 legte Evers das Amt nieder. Zum Nachfolger wurde Heinz von Rex-Gröning gewählt. Vgl. Brief Landrat Evers, 7. Januar 1961 an Landesverband Niedersachsen der Wasser- und Bodenverbände. Nl Evers, Akte »Mitgliedschaft von Christian Evers zum Ritterhuder Deichverband«. Vgl. auch: Ritterhuder Hefte 20, S. 36f.

259 Brief Ritterhuder Freundschaftsbund, New York, 18. Oktober 1933. Nl Evers Kor.m.Bek.13.

260 Die Festschrift ist im Original überliefert. Sie enthält zahlreiche Abbildungen, u.a. auch eine Liste der 102 Mitglieder des Ritterhuder Freundschaftsbundes. Nl Evers, Diverses.

261 Nl Evers, Zeitungsartikel zur Landratswahl.

262 Nl Evers, Akte Fragebögen. Alle Haushalte sollten mit einem Rundfunkempfänger versorgt sein, um die Propagandareden von Hitler und Goebbels empfangen zu können.

Leider hat der Krieg ja viele Pläne, die man hatte, wenigstens vorläufig über den Haufen geworfen. Es war ja meine Absicht, im Herbst 1939 mit meiner Frau nach dort zu kommen (Tetschen-Bodenbach, Sudetenland), was ja nun leider hinfällig geworden ist. Zunächst haben wir alle unsere ganze Kraft darauf zu richten und dafür einzusetzen, dass der uns aufgezwungene Kampf baldigst und siegreich für Deutschland beendigt wird. Es haben alle unsere privaten Wünsche in den Hintergrund zu treten. [...][263]

Drei Jahre später, im Dezember 1942, schreibt Evers einem weiteren befreundeten Landrat einen ausführlichen Brief über die Lage in Ritterhude:

Mein lieber Herr Landrat!
[...] *Nun noch einiges über die wichtigsten Geschehnisse in Ritterhude. Der Brite hat uns im Jahre 1942 wieder allerhand zuschaffen gemacht. Die stärksten Angriffe auf Bremen waren wohl am 4. Juni, 29. Juni und 14. September. Von dem zuletzt genannten Angriff wurde auch die Gemeinde Ritterhude erheblich betroffen. Auf Ritterhuder Gebiet fielen 2 schwere Sprengbomben, davon eine Luftmine, in etwa 40 m Entfernung von der Schloßbrücke, das ist die Brücke im Zuge der Straße nach Oslebshausen, die etwa 300 m vom Rathaus entfernt liegt. Diese Luftmine hat an etwa 200 Häusern teils kleinere, teils größere Schäden mit einer Schadenssumme von rund 100.000,- RM hervorgerufen. Außerdem hat der Brite mehrere 100 Phosphor-Kautschuk-Brandbomben auf Ritterhude geworfen, wodurch 4 mit Stroh gedeckte Wohngebäude und 2 Scheunen trotz schnellen Eingreifens der Feuerwehr abgebrannt sind. Durch die Brandbomben sind auch einige massive Gebäude getroffen worden, die aber vor der völligen Einäscherung bewahrt geblieben sind. Bei den strohgedeckten Gebäuden ist jedoch leider nicht viel zu machen, da die Splitter bei diesen Gebäuden zu schnell und zu reichlich Nahrung erhalten. Die Behebung der Schäden, Unterbringung der Betroffenen, verursacht viel Arbeit. Die Teilschäden sind aber nun größtenteils behoben, während die Behebung der Totalschäden noch hinausgeschoben werden muß. Nach neuerdings ergangenen Bestimmungen wird wohl nur in einem Falle, d.h. bei einem bäuerlichen Betriebe, ein Wiederaufbau in Frage kommen. Es fehlt eben doch sehr an Arbeitskräften und Materialien, die eben, soweit sie vorhanden sind, für noch dringlichere Arbeiten eingesetzt werden müssen.* [...] *Seit dem 14. September haben wir nun glücklicherweise noch keine so erheblichen Angriffe wieder erlebt. Wir wollen hoffen, daß das noch länger so bleiben möge.*

Ich hatte beim Luftgaukommando 5 öffentliche LS-Räume beantragt. Jeder sollte 200 Personen fassen. Ich habe jedoch nur einen LS-Raum bewilligt erhalten, den wir unter vielen, vielen Schwierigkeiten auch nunmehr fertig gestellt haben. Ich hoffe jedoch, daß wir im 4. Kriegswirtschaftsjahr noch weitere Bunker bewilligt erhalten. Ich muß mich jedenfalls im Interesse unserer Bevölkerung darum bemühen, zumal ich befürchte, daß wir noch einige unliebsame Besuche von den Briten erhalten werden.
Seit Sommer 1941 ist in Ritterhude unmittelbar am Bahnhof ein größeres Lager für 1000 Personen errichtet worden. In diesem Lager ist zurzeit ein tschechisches Bau-Bataillon untergebracht. Durch diese Maßnahme ist es mir gelungen, noch eine Straße durch das Ausschach-

263 Evers an Landrat Dr. Ender, 30. Dezember 1939. Nl Evers, Kor.m.Bek.

tungsgebiet am Bahnhof als Auffahrt für das Lager bauen zu können. Diese Straße hatte ich schon seit Jahren geplant. Jetzt habe ich sie bekommen und sogar größtenteils durch Bremen bezahlt erhalten. [...][264]

In der Ries-Schule waren seit Frühjahr 1940 verschiedene Flakabteilungsstäbe untergebracht. »Was die eine Abteilung in der Schule gebaut hatte, riss die andere Abteilung wieder weg«, so Evers. Am 24. Februar 1945 kam Oberfeldarzt Dr. Thürnagel mit dem Auftrag nach Ritterhude, in der Schule ein Lazarett einzurichten. Hier sollte später Margarete Voss als DRK-Schwester helfen.[265]

Am 14. November 1944 feierte Christian Evers sein 25-jähriges Dienstjubiläum. Überaus zahlreiche Glückwunschkarten signalisierten ihm Akzeptanz, Anerkennung und Unterstützung. Zu diesem Ereignis konnten auch seine Tochter Margarete, soeben verheiratete Voss, und sein Schwiegersohn, der frisch promovierte und derzeit als Lazarettarzt in Ostpreußen stationierte Kinderarzt Dr. med. Wolfgang Voss, in Ritterhude anwesend sein. Gemeinsam holten sie morgens bei Apotheker Niemann den Wein für die Jubiläumsfeier des Gemeindevorstehers ab. Margarete und Wolfgang hatten sich während ihrer Ausbildungszeit in Kiel und Travemünde kennengelernt. Wolfgang Voss stammte aus Hamburg. Am 9. April 1944 hatte im Ritterhuder Rathaus die Kriegstrauung stattgefunden.[266]

Margarete war seit Januar 1940 DRK-Schwester. Sie hatte zunächst in einem Marinelazarett in Kiel gearbeitet und war seit September 1941 in Warschau eingesetzt. Im März 1942 hatte sie nach einem dreimonatigen Schwesternkurs in Bremen das Staatsexamen erworben.

Seit April 1942 war ihr Einsatzgebiet immer weiter ostwärts verlegt worden. Nach Stationen in Krakau und Lemberg musste sie schließlich im Dezember 1942 an die Ostfront nach Charkow in der Ukraine. Ihr Vater schrieb einem Bekannten:

[...] *Anfangs lag das Feldlazarett dicht hinter der Front, sodaß der Schlachtenlärm dauernd hörbar war. Sie schrieb derzeit, daß der Russe öfter über ihnen gewesen sei und Bomben abgeworfen habe. Das Mädchen hat im Feldlazarett sehr viel erlebt und sehr viel von dem Kampf gegen den Tod gesehen. Meine Frau und ich sind aber stolz darauf, daß sie das alles so tapfer und mutig erträgt. Zu Weihnachten haben wir sie erwartet. Wir erhielten jedoch gestern ihren Weihnachtsbrief, in dem sie uns mitteilt, daß sie zugunsten einer anderen Schwester dort geblieben sei, zumal die Verwundeten sie inbrünstig darum gebeten hätten. Allmählich haben meine Frau und ich große Sehnsucht nach ihr und würden uns wirklich herzlich freuen, wenn wir sie einmal wieder hier hätten und sie mütterlich und väterlich betreuen könnten. Dieser Zeitpunkt wird hoffentlich bald kommen.* [...][267]

Wenngleich die endgültige Kriegswende zu diesem Zeitpunkt, im Winter 1942, im Osten bereits erfolgt war, sollte der Krieg noch weitere zweieinhalb Jahre dauern.

264 Evers an Landrat Dr. Lampe, seinerzeit Landrat in Dannenberg/Elbe, 29. Dezember 1942. Nl Evers, Kor.m.Bek.

265 Evers an Hauptentnazifizierungsausschuss, 10. März 1947, a.a.O.

266 Nl Evers, Feldpostbriefe.

267 Evers an Landrat Dr. Lampe, 29. Dezember 1942. Nl Evers, Kor.m.Bek.

Im Winter 1944/45 war Margarete im Reservelazarett von Travemünde. Hier empfing sie Wolfgangs Post, der in diesen Winterwochen in der Nähe von Insterburg in Ostpreußen stationiert war.[268] Wolfgang war ein begnadeter Briefschreiber. Seine Feldpostbriefe an Margarete sind einzigartige, bewegende Zeitzeugnisse. Mit hoher Sensibilität beschreibt er prosaisch die Umgebung und Atmosphäre, in der er sich, zu Untätigkeit verbannt, befindet. Der Leser spürt die klare Luft, den Schnee, den unendlich weiten blauen Himmel, die Stille und eine tiefe Sehnsucht. Unterschwellig schwingt unbestimmte Angst mit - vor der lautlos aus weiter Ferne näher rückenden, bedrohlichen Kriegsfront. So wie Wolfgang erging es Millionen. Wie lange wohl würden sie hier noch ausharren müssen? Hin und wieder waren Geräusche von Fliegern zu vernehmen. Sonst nichts - die Zeit schien still zu stehen. Keiner der Männer wusste, was um sie herum vorging. Es gab nichts zu tun als die Ungewissheit auszuhalten und geduldig zu warten - auf den nächsten Einsatzbefehl. Ein Ortswechsel? Wohin? In welche Richtung? Die Freude ist unvorstellbar groß, wenn nach scheinbar unendlich langer Zeit ein Stapel Briefe aus der Heimat in der Poststelle eingetroffen ist. Ein Treffen mit Margarete war geplant - irgendwo bei Warschau. Doch wo könnten sie unterkommen und - wie sich dann ernähren? Würden die Züge fahrplanmäßig fahren, würden sie überhaupt noch fahren? Die letzten Briefe erhielt Margarete im März 1945 aus der Nähe von Insterburg.

Für unendlich viele Frauen muss es furchtbar gewesen sein - über Monate oder gar Jahre noch nach Kriegsende -, nichts von dem nächsten und am meisten geliebten Menschen zu erfahren. Für Margarete dauerte die Ungewissheit mit dem ständigen Wechsel von Hoffnung und Hoffnungslosigkeit ein Jahr. Dann kam die knappe Nachricht, dass Dr. Wolfgang Voss am 17. April 1945, wenige Tage vor Kriegsende, gefallen sei. Er wurde von einem Bombensplitter am Kopf tödlich verwundet. Der tragische Verlust hat Margarete tief getroffen. Auch die Familienangehörigen empfanden so: Sie hatten sich gut verstanden. Bis zu Luises Lebensende hielten sie engen Kontakt und besuchten sich regelmäßig. Luise Evers besuchte Familie Voss in Hamburg auch für mehrere Tage allein.

Wie haben Margarete und mit ihr Tausende Operationsschwestern und Ärzte die Eindrücke von der Kriegsfront verarbeitet? Selbst für schwer Verwundete gab es keine Betäubungs- und Schmerzmittel. Wo hat es in der Vergangenheit Hilfe oder Verständnis für die individuellen und doch zugleich kollektiven Traumata gegeben? Wo konnte darüber gesprochen werden?

Frau Voss litt ihr ganzes weiteres Leben unter diesen seelischen Erschütterungen. Ihr ganzes weiteres Leben lang trug sie in der Öffentlichkeit vornehm anmutende, lange weiße Handschuhe an ihren erhobenen Händen und ging in der Art einer Operationsschwester, die gerade ihre desinfizierten Handschuhe übergestreift hat. Sie litt unter Waschzwang und musste sich täglich wiederholt, manchmal über fünfzehn Minuten unter fließendem Wasser die Hände waschen und zusätzlich desinfizieren. Ihre Hände und Arme waren noch Jahrzehnte nach Kriegsende rot und wund. - Die langen weißen Handschuhe sollten die tiefen, unverheilten Wunden des Krieges schützen.

268 Heute: Tschernjachowsk.

Am 27. April 1945 besetzten britische Truppen Bremen. Für Ritterhude endete der Zweite Weltkrieg, nach letzten Kämpfen in dem nahe gelegenen kleinen Ort Wasserhorst, am 5. Mai. Stündlich rechnete man mit dem Einmarsch der Briten. Noch am 25. April waren die Wümmebrücke in Wasserhorst und am 1. Mai die Schloss- und Dammbrücke über die Hamme in Ritterhude gesprengt worden. Alle Versuche, die unsinnige Sprengung der für den Verkehr so bedeutenden Brücken in den letzten Kriegstagen zu verhindern, waren gescheitert. Baumeister Arend Lürßen, der in seiner Funktion als Pionierhauptmann seit dem 25. März den Befehl zur Sprengung der Brücken hatte, weigerte sich, diesen auszuführen. Ende April hatte er heimlich den bereits an der Schlossbrücke befestigten Sprengstoff abgebaut und auf dem eigenen Grundstück versteckt. Doch die Sprengladungen wurden entdeckt, abgeholt und am 1. Mai gezündet.[269]

Eine der wenigen überlieferten Akten, die des Wirtschaftsamtes der Gemeinde vom Mai 1945 über die Versorgung der Bevölkerung mit Brennholz, dokumentiert die letzte Amtshandlung des Bürgermeisters von Ritterhude: Als am 8. Mai 1945 die Briten ins Rathaus kamen, schrieb Christian Evers gerade Rechnungen an das Hochbauamt in Bremen, das die Kosten für Brennholzlieferungen an das Lager »Am Sandberg« übernehmen sollte.[270]

Die britische Militärregierung enthob Christian Evers am 9. Mai 1945 nach 26-jähriger Tätigkeit als Gemeindevorsteher und Bürgermeister seines Amtes. Er selbst schrieb später in einer Stellungnahme: »[...] Am 9/5 45 bin ich meines Amtes als Bürgermeister von dem englischen Kommandanten in Osterholz-Scharmbeck enthoben worden. [...]« Aus derselben Stellungnahme geht hervor, dass er seit März damit gerechnet hatte. Hier erwähnt Evers einen Besuch mit dem Oberfeldarzt Dr. Thürnagel bei Apotheker Leo Niemann:

Wir haben uns angeregt unterhalten, politisiert und kritisiert und waren uns über den kurz bevorstehenden Zusammenbruch der Front klar. Im Verlaufe der Unterhaltung sagte ich, daß meine Tage als Bürgermeister gezählt seien, da ich Pg. sei. Herr Apotheker Niemann versuchte meine Befürchtungen abzuschwächen und sagte mir wörtlich »Du bist ja gar kein Nazi gewesen, wenn man von Dir etwas will, kannst Du Dich zu jeder Zeit auf mich berufen.«

Zeitzeugen können sich gut daran erinnern, dass es an den Tagen vor dem 8. Mai 1945 wiederholt hinter dem Rathaus gebrannt hat. So erklärt sich, warum die Schriftzeugnisse aus der NS-Herrschaftsperiode fehlen. Evers wird seine Gründe gehabt haben.

Die Briten bestimmten den Sozialdemokraten Friedrich Verholen als Nachfolger von Christian Evers zum Bürgermeister.[271] Der Landkreis Osterholz wurde Teil der »amerikanischen

269 Zeitzeugenbericht. Zur Brückensprengung, Einsatz der Flak, Sandberglager, DRK- und Feuerwehr-Einsatz, die letzten Kriegstage und Flüchtlingsproblematik in Ritterhude vgl. auch: Müller, K.: Ritterhuder Hefte 2, 1980, S. 27-31 und ders.: Ritterhuder Hefte 17, S. 46-64.

270 In dem der DAF (Deutsche Arbeitsfront) unterstellten Lager »Am Sandberg«, kurz Sandberglager genannt, waren Zwangsarbeiter und Zwangsarbeiterinnen sowie Kriegsgefangene aus der Sowjetunion, Polen, Frankreich und Belgien untergebracht. Bei Kriegsende waren hier 2500 bis 3000 DPs (displaced persons). Seit Dezember 1943 und vor allem nach dem Angriff in der Nacht vom 18. auf den 19. August 1944, bei dem die westliche Vorstadt Bremens durch einen Feuersturm völlig vernichtet wurde und 49 000 Menschen obdachlos geworden waren, fanden ausgebombte Menschen hier eine erste Notunterkunft. Vgl.: Ritterhuder Hefte 17 und: Ritterhuder Frauen, a.a.O., S. 21ff.

271 Vgl. auch: Müller, Ritterhuder Hefte 17, hier S. 57-59.

Enklave Bremen« im britischen Besatzungsgebiet. US-amerikanische Soldaten durchsuchten für die Ausstattung der von ihnen ausgewählten Militärverwaltungsgebäude, z.B. das Kreishaus in Osterholz, auch private Wohnhäuser nach geeigneter Möblierung. In Ritterhude sollen wertvolle Möbel beschlagnahmt und Gemälde einfach aus den Rahmen geschnitten worden sein.

Am 7. Juni wurde Christian Evers in Ritterhude verhaftet und aufgrund seiner Tätigkeit als Kreishauptstellenleiter Rundfunk zunächst in ein Lager nach Bremen gebracht. Ein Jahr musste er in den Internierungslagern Allendorf, Rockenberg, Butzbach und Darmstadt verbringen. Am 8. Juni 1946 wurde er entlassen.[272] Evers' einzige Bemerkung über diese Zeit findet sich in einem Jahre später verfassten Brief an einen Mitinternierten, worin er die Langeweile in der Haft beklagt.

Seit Juni 1946 war Christian Evers also wieder in Ritterhude. Das bezeugt auch ein Brief zur Silbernen Hochzeit an Luise von ihrer Schwester Meta Stelljes aus Brooklyn, die dort Diakonissin war:

Ich bin froh das man dich so gut mit Blumen bedacht hat zur Silbernen Hochzeit. Wäre auch gerne dabei gewesen, war aber in Gedanken bei dir. Ich bin auch so froh dass Christian wieder daheim ist. Heute schicke ich ein Packet an Dich ab: Kaffee, 2 Pf. Mehl, Farina, Kakao, Käse, Chocolade, Kleiderstoff, 2 paar Handschuhe, 2 p. Strümpfe, 2 Unterröcke die habe ich von meinen Kleidern gemacht den einen habe ich abgeschnitten weil das obere Teil des Kleides kaputt war aber der Rock gut ist. Du kannst es schon verwerten. Die Handtasche kannst du oder Margarete nehmen. ... Der Brief schließt mit den Worten: [...] *Möge Gott geben das dieses Jahr den ersehnten Frieden bringt. Ja möchte doch Frieden im Herzen der Menschen sein dann gebe es auch keinen Krieg mehr.* [...]

Oma Evers erhielt nachträglich herzliche Geburtstagsgrüße.[273]

Im Januar 1947 endete für Familie Evers eine weitere Ära. Seit 1928 hatte sie in der komfortablen, 120 Quadratmeter großen Dienstwohnung im ersten Obergeschoss des Rathauses gelebt. Margarete hatte zusätzliche Zimmer im Dachgeschoss bewohnt. Mit der Amtsenthebung endete der Anspruch auf die Wohnung. Evers hätte sie spätestens zum 1. Januar 1947 räumen sollen. Das fiel ihm sehr schwer. Er gab vor, nicht zu wissen, wohin er ziehen sollte, denn sein eigenes Haus, soeben nicht mehr Adolf Hitler Straße, sondern jetzt Hauptstrasse 108, war vermietet. Allgemein herrschte große Wohnungsnot. Die Zahl der Einwohner von Ritterhude hatte sich durch die vielen Flüchtlinge in kurzer Zeit von 3000 auf 6000 verdoppelt, ohne dass - von Flüchtlingsbaracken abgesehen - Wohnraum geschaffen worden war. Die Ritterhuder beherbergten in ihren Wohnungen bereits zahlreiche Flüchtlinge - oft teilten sie nicht nur ihre Zimmer, sondern auch ihre Betten mit mehreren Personen.

Erst nach Androhung der Zwangsräumung übergab Evers schließlich am 20. Januar 1947 die Schlüssel der Rathauswohnung an Gemeindedirektor Tacke[274] und bezog in seinem eigenen Haus zunächst zwei oder drei Zimmer, die ihm seine Mieterin zur Verfügung stellte.[275] Seinem

272 Vgl. Evers' Notiz zum Artikel im »Weser Kurier«, 17.10.1947 und Entlassungsschein. Nl Evers, Akte Entnazifizierung.

273 Meta Stelljes aus New York, 6. Januar 1947. Nl Evers Kor.m.Verw. 9.

274 Schreiben Gemeindedirektor an den Landkreis Osterholz mit der Bestätigung, dass Evers die Dienstwohnung am 23. Januar 1947 geräumt hat, 18. Februar 1947. Nl Evers, Diverses.

275 Mietvertrag Dienstwohnung im Rathaus vom 1. Juni 1928. Ebd.

Freund Nikolaus in Hannover schrieb er in den folgenden Tagen, er fühle sich »wie ein Flüchtling im eigenen Haus«.[276]

Mit einem fünfseitigen handgeschriebenen Brief an seine Nichte Kathy und ihren Ehemann Hermann, Tochter von Onkel Friedrich und Tante Marie, nahm er im Februar 1947 erstmals wieder Kontakt nach New York auf.

Liebe Kathy, lieber Hermann!
Ihr Lieben werdet Euch wundern etwas von mir zu hören. Ich habe aber das Bedürfnis nach der langen Zeit, in der wir nichts voneinander hörten, ein Lebenszeichen von mir zu geben und Euch etwas über die Verhältnisse hier zu berichten. Der böse Krieg hat uns alle sehr mitgenommen, d.h. uns Entbehrungen auferlegt, die nicht leicht zu ertragen sind und uns Schwierigkeiten unterwerfen, die nicht weniger leicht zu überwinden sind. - Ab Mai 1940 hatten wir infolge der Nähe Bremens, anfangs einmal und später öfter am Tage und besonders während der Nacht Fliegeralarm und sehr häufig auch Angriffe zu erdulden u. zu überstehen. Bremen war mit einem Gürtel von Flakstellungen umgeben, sodaß auf Ritterhuder Gebiet auch mehrere Flakstellungen waren, die auch aus der Luft angegriffen wurden. Hierdurch ging es auch hier sehr kriegerisch zu. Wir mussten dauernd in die Keller laufen und dort soweit wie möglich Schutz suchen vor Granatsplittern und Bomben. Es war dauernd Schießerei im Gange, bei der man oft sein eigenes Wort nicht verstehen konnte. Dazwischen hörte man das Pfeifen, Sausen, Heulen und Detonieren der leichten, schweren und gebrannten Bomben. Bremen ist zu etwa 2/3 völlig zerstört. In Ritterhude sind 4 Wohngebäude, darunter auch das von Tante Hedwig, [unleserl. sic.], *geb. Heilshorn und 3 Stallgebäude, darunter der große Viehstall von dem Gut von Rex-Gröning durch Brandbomben völlig zerstört. Außerdem haben etwa 150 weitere Wohn- und Stallgebäude in Ritterhude teils größeren und teils kleinere Schäden erlitten. Auf Ritterhuder Gebiet sind rund 3000 Spreng- und Brandbomben geworfen. Ich selbst habe auf unsere Grundstücke etwa 30 Sprengbomben und 100 Brandbomben bekommen, wodurch die Grundstücke teilweise sehr verwüstet worden sind. Die größten Schäden habe ich in der Zwischenzeit allerdings wieder beseitigen können. Eine schwere Sprengbombe, die wahrscheinlich die Schloßbrücke in der Nähe unseres Hauses treffen sollte, ging etwa 50 m südlich der Schloßbrücke auf unserem Grasland nieder. Der Luftdruck, der hierdurch hervorgerufen wurde, war so groß, daß sämtliche Fensterscheiben in unserem Wohnhaus und in den Stallgebäuden herausgeschleudert wurden, ja ganze Fensterrahmen und die Haustür wurden heraus gerissen und die Dächer fast vollständig abgedeckt. Ja, meine Lieben, was war das alles für ein Irrsinn. - Gesundheitlich haben wir den Krieg, trotz aller Sorgen, Entbehrungen und Nöte gut überstanden, mit Ausnahme unser Schwiegersohn. Unsere Margarete war während des Krieges als Schwester im Roten-Kreuz auf allen Kriegsschauplätzen tätig, lernte einen jungen Arzt kennen, mit dem sie sich am 9/4.1944 verheiratete. Der junge Mann hieß Dr. med. Wolfgang Voss und stammte aus Hamburg. Er war ein sehr lieber, guter und kluger Mensch. Leider ist er noch während der letzten Kampftage, am 17/4.1945 in Ostspreußen gefallen. Hierdurch ist Margaretes Glück sehr schnell wieder zerstört worden. Wenn uns dieses*

276 Evers an Nicolaus, 12. Oktober 1947. Nl Evers, Kor.m.Bek.

Leid erspart geblieben wäre, hätten wir alles andere leichter ertragen wollen.- Die Nachwirkungen des Krieges sind einfach furchtbar und lassen sich leider bei dieser Gelegenheit nicht schildern. - Oma hat am 11/1. 47 ihren 83. Geburtstag begehen können. Bis dahin ging es ihr leidlich gut. Aber seit dieser Zeit ist sie sehr erkältet, was bei dem strengen Winter und den wenigen Feuerungsmaterialien, die uns zur Verfügung stehen, kein Wunder ist. Wir wollen aber hoffen, daß es ihr bald wieder besser geht. Was einem als Kind sehr weh tut ist, das man sie auch nicht so pflegen kann, wie man das möchte und wie ich das auch in anderen Zeiten konnte und getan habe. Ich glaube, daß Oma sich hierüber auch in keiner Weise beklagen kann. Tante Baby, Luise u. Margarete pflegen sie, so gut sie können. Wir alle wollen unsere liebe Oma ja gern noch hier behalten.

Am 14/11. 1944 konnte ich mein 25 jähriges Dienstjubiläum begehen, zu dem ich von allen Seiten herzlichst beglückwünscht worden bin. Man hat mir von allen Seiten ein gutes Zeugnis ausgestellt und bestätigt, daß ich viel Gutes für die Gemeinde getan habe. Trotz dieses guten Rufes, dieses Ansehens und dieser Leistungen musste ich am 8/5.45 mein Amt zur Verfügung stellen. Daß mir dieses nicht leicht geworden ist, könnt Ihr Euch wohl vorstellen, nicht meiner Privat-Leistungen wegen, sondern wegen meiner öffentlichen Leistungen, da ich noch viele Pläne geschmiedet hatte, die ich noch verwirklichen wollte. Aber hieran ist nichts zu ändern. Hoffentlich können wir uns später mal über alles mündlich eingehend unterhalten und aussprechen. Am 20/1.47 sind Luise, Margarete und ich wieder bei unserer Oma eingezogen. Wir haben leider nur sehr wenig Platz. Das muß sich aber erst helfen. Die Hauptsache ist, daß wir gesund sind, arbeiten können u. arbeiten wollen. Wir können aber vorläufig keine großen Ansprüche an das Leben stellen, als es die recht bescheidenen Verhältnisse zu lassen. Wir wollen aber hoffen, daß alles noch mal wieder besser wird. - nun liebe Katie und lieber Hermann komme ich mit einer großen Bitte, könnt Ihr uns in erster Linie für Oma etwas Kaffee, Kekse, Zimt, Pfeffer, Rosinen und Speiseöl schicken, das sind alles Sachen, die wir schon seit 8 Jahren entbehren und regulär nicht kaufen können.

Ferner möchte ich Euch fragen u. bitten, ob Ihr mir ein Wollweste oder Pullover, eine warme Unterhose, ein warmes Unterhemd und wenn Ihr es nicht für unverschämt anseht etwas Pfeifentabak und einige Feuersteine für ein Feuerzeug schicken könnt? Die Woll- u. Wäschesachen wurden hier während des Krieges zwangsbewirtschaftet, d.h. gab es nur auf BezugsBerechtigungsschein zu kaufen, die ich zwar selbst ausgab, aber nur in einer so geringen Anzahl, daß ich damit nur die dringendsten Fälle berücksichtigen konnte. Gerade weil ich diese Scheine selbst ausgab, konnte ich mich nicht berücksichtigen, wenn ich der Öffentlichkeit gegenüber korrekt dastehen wollte. Außerdem musste ich bei Sammlungen auch immer ordentlich spenden (mit gutem Beispiel vorangehen), so daß ich nun nach 8 Jahren während der man nichts kaufen konnte, tatsächlich sehr [unleserl. sic.] *bin. - Liebe Katie u. lieber Hermann seid versichert, daß ich nicht gerne Bettelbriefe schreibe, und vor allem dann nicht, wenn die Bitten mich selbst betreffen. Die Verhältnisse geben aber Veranlassung dazu. Andererseits will ich nichts geschenkt haben und bitte ich Euch, falls Ihr meine Wünsche erfüllen solltet, daß Ihr sämtliche Ausgaben notiert, um sie bei einem späteren Besuch in Deutschland von mir wieder in irgendeiner Form zurück zu bekommen. Für Eure Bemühungen sage ich schon im Voraus herzlichen Dank.- Schade ist, daß Eure lieben Eltern, unsere Tante Marie und unser Onkel Friedrich nicht mehr leben. Gern würde ich dem lieben und guten Onkel Friedrich, der sich für alles von hier so sehr interessierte, ausführliche Briefe schreiben. Über Onkel Friedrichs Tod haben wir seinerzeit von Sophie erfahren. Über Tante Maries Tod haben wir von anderer Seite gehört aber nichts Genaueres. [...] Liebe Katie und lieber Hermann. Ich hatte 3 Einladungen nach Amerika zu fahren und zwar einmal von den Herren Ries, einmal von dem Ritterhuder Freundschafts-Bund und einmal vom Plattdeutschen Volksfest-Verein. Ich habe geglaubt alle 3 Einladungen ablehnen zu müssen weil ich glaubte hier nicht entkommen zu können, nicht entbehrlich zu sein. Ja, so leicht ist man gewogen, daß man sich eingebildet hat, von morgens bis abends, jahrein u. jahraus für die Gemeinde arbeiten zu müssen, ohne an sich selbst zu denken. Und nun ist man auf einmal so ganz überflüssig. Ja, das ist nicht fein!- Ob jetzt von einer Reise nach drüben noch mal was wird, weiß ich nicht, das hängt von den künftigen Verhältnissen ab. - Darum Ihr Lieben, kommt mal zu uns, besucht uns sobald wie möglich. Wir werden alles für Euch tun, was wir zu tun vermögen.*

Mit den herzlichsten Grüßen von uns allen, besonders von unserer lieben Oma, verbleibe ich Euer Christian.[277]

Den großen Hunger und den Mangel an allen Gütern des täglichen Bedarfs schildern weitere Briefe an Verwandte in New York:

Lieber Harry!
[...] *Hier gibt es kaum etwas zu kaufen, außer dem, was es auf Marken gibt und das ist sehr wenig. Die Verhältnisse sind hier sehr schlecht. Der Krieg hat das Deutsche Volk in ein Elend, eine Not und eine Katastrophe getrieben, die kaum zu beschreiben sind. Hoffentlich hat die Welt Erbarmen mit uns, denn das Deutsche Volk ist seiner Regierung nur blind gefolgt, wie das andere Völker auch tun. Der einzelne Mensch konnte weder für den Krieg, noch gegen den Krieg etwas tun, sondern der einzelne Bürger musste gehorchen. Daß ich nach 26 ½ jähriger Dienstzeit nicht mehr Bürgermeister bin, wirst du inzwischen wohl wissen. Ohne mich loben zu wollen glaube ich jedoch sagen zu dürfen, daß ich bei der Bevölkerung noch nach wie vor das gleiche Vertrauen genieße. Ich durfte jedoch nicht im Amt bleiben.*

Jetzt bin ich in der Landwirtschaft tätig und fühle mich gesundheitlich ganz wohl. Schließlich ist die Gesundheit ja auch die Hauptsache und das größte Gut. Andererseits ist es nicht leicht, wenn man sich mit 50 Jahren von geistiger Arbeit auf körperliche Arbeit umstellen muß. ... Lieber Harry! Ich gestatte mir Dir noch eine große Bitte vorzutragen. Du weißt, daß unsere Ländereien hier in Ritterhude an verschiedenen Plätzen liegen. Mein neues Auto musste ich im Jahre 1941 für Kriegszwecke abgeben. Ein Auto wieder zu kaufen, ist unmöglich. Da ist es schwer herum zu kommen. Ich habe noch ein Fahrrad aber keine Gummis und Gummi ist hier nicht zu kaufen. Sollte es Dir wohl möglich sein, mir Fahrraddecken Nr. 28 11/2 und dazu passende Schläuche zu schicken. Ich wäre Dir sehr dankbar. [...][278]

Wenige Wochen später war der Wunsch erfüllt, und es wurde großer Dank für das wertvolle Paket ausgesprochen:

[...] *Es sind alles Sachen, die es hier seit 1939 nicht zu kaufen gibt.* [...] *Zucker, Bonbons, Fahrradbereifung. Auch für die guten Zigarren sage ich recht herzlichen Dank* [...] *Lieber*

277 Evers an Kathy und Hermann, 15. Februar 1947. Nl Evers Kor.m.Verw. 8.
278 Evers an Harry und Margret, 11. Juni 1947. Nl Evers Kor.m.Verw. 7.

Harry, wir sind leider ein Bettler-Volk geworden, d.h. wir können uns das kaufen, was es auf Marken gibt und das ist sehr wenig. Ich möchte Dich nun gebeten haben die Ausgaben für uns zu notieren. Ich hoffe, daß ich das später wieder gut machen kann. [...] [279]

Luise Evers wurde in dieser Zeit immer wieder krank. Lange Zeit ließ sich keine Erklärung für ihre Schwäche finden, bis sich herausstellte, dass sie an Diabetes mellitus litt. Die Dosierung der täglichen Insulinspritze gestaltete sich schwierig. Tante Bebe war ebenfalls krank und wurde über Wochen in verschiedenen Krankenhäusern behandelt.[280] Auch der Großmutter ging es gesundheitlich nicht gut. Sie war schwer erkältet und mochte nichts essen. »Das einzige worauf sie sich freuen kann, ist eine Tasse Bohnenkaffee«, schrieb Luise nach New York und bat um Unterstützung für Kaffee und um Stoff für ein Ballkleid für Margarete:

Margaretes Mann ist nun schon drei Jahre tot. So langsam fängt sie an, mal wieder auszugehen. Ab und zu hat sie mal einen Ball besucht. Sie ist ja auch erst 25 Jahre alt und darf ja noch nicht mit dem Leben abschließen. Als der Krieg begann war sie sechzehn und seitdem hat sie nur geänderte Kleider ihrer Verwandtschaft getragen. [...][281]

Im Frühjahr 1948 hatte sich die wirtschaftliche Knappheit und Not noch immer nicht wesentlich gebessert. Evers schrieb an Kathy und Hermann nach einleitenden Dankesworten für ein erhaltenes Paket:

Wir Deutschen sind durch den Krieg ganz furchtbar erniedrigt worden. Davon könnt Ihr Euch, glaube ich, gar nicht die richtige Vorstellung machen. Die meisten Deutschen entbehren so viel, dass sie sich wirklich nicht sattessen können, und wissen nicht, wann und ob die Verhältnisse sich überhaupt noch einmal bessern werden, sodass die Menschen der Verzweiflung nahe sind. Das sind die sogenannten Normalverbraucher, von denen ich spreche. Das sind die Menschen, die von dem leben müssen, was sie auf Karten kaufen können, wir dagegen betreiben ja Landwirtschaft und sind wenigstens noch in der Lage uns an Kartoffeln und Brot so einigermaßen sattessen zu können. Doch fehlt auch uns, gemessen an dem, was man früher hatte, Fett und Fleisch. [...] *Ein Normalverbraucher erhält etwas 7-10 Pfund Fleisch und 3-31/2 Pfund Fett pro Jahr. Wie wenig davon auf den einzelnen Tag entfällt, könnt Ihr Euch selbst errechnen. Meines Erachtens ist es ausgeschlossen, dass sich die westlichen Zonen mit ihrer starken Überbevölkerung ohne die Gebiete, die die Polen und die Russen genommen haben, ernähren können. Wenn wir diese Gebiete nicht zurückerhalten sollten, wird die Zukunft für uns furchtbar sein.* [...][282]

Im selben Brief äußerte Evers eine besondere Bitte:

Die Herren Ries waren mit einem Richter Dugro befreundet. Der Richter Dugro hatte eine Tochter, die häufig hier in Deutschland zu Besuch war und mit den Herren Ries auch sehr häufig zu uns gekommen ist. Ich würde sehr gern auch mal an diese Dame schreiben, wenn ich ihre Adresse wüsste. Falls es Dir möglich sein sollte, mir die Adresse mitteilen zu können, würde ich Dir sehr dankbar sein. [...]

279 Evers an Harry und Margret, 28. November 1947. Nl Evers Kor.m.Verw. 5.

280 Luise Evers an Verwandte, Ostern 1948. Nl Evers Kor.m.Verw. 1.

281 Ebd.

282 Evers, 5. Februar 1948. Nl Evers Kor.m.Verw. 2.

Die Depression drückt sich in den Briefen dieser Jahre in unterschiedlichsten Zusammenhängen aus. Ebenfalls an Harry schreibt Evers:

Es hat mich sehr interessiert, daß Du in South Dakota auf Jagd warst. Jagd ist der schönste Sport den ich mir denken kann. [...]

Christian Evers war zeitlebens leidenschaftlicher Jäger.

Ich habe über 25 Jahre eine Jagd gepachtet und in dieser Zeit viel Freude gehabt. Nach der Kapitulation habe ich 3 sehr schöne Gewehre abgeben müssen. Vorläufig dürfen wir hier nicht auf Jagd gehen. Ich hoffe jedoch, daß alles noch mal wieder besser wird, denn so wie jetzt hat das Leben bei uns keinen Wert mehr. [...][283]

Im Juni 1948 war die Währungsreform. Die Reichsmark wurde durch die D-Mark ersetzt. Evers ließ das Wohnhaus umbauen. In Zeiten größten Mangels gelang es ihm, alle notwendigen Baustoffe zu besorgen. Tauschgeschäfte blühten. Das Architektenhonorar für die Bauzeichnung betrug im November 1948 ½ Hunt Torf.[284]

Christian Evers' Mutter hat seinen Vater um 30 Jahre überlebt. Sie starb am 15. März 1949. Die am 11. Januar 1864 geborene Katharina Evers, verw. Plump, geb. Evers, war 84 Jahre alt geworden. Noch bevor sie starb, wusste sie ihren Sohn wieder »in Amt und Würden«.

Entnazifizierungsverfahren und Landratswahl 1948

Am 1. November 1948 wurde Christian Evers vom Entnazifizierungs-Hauptausschuss des Landkreises Osterholz für vollständig entlastet (Kategorie V) erklärt. Diese Nachricht muss ihn und seine Familie sehr erleichtert haben, denn er war zunächst aufgrund seiner Tätigkeit als Kreishauptstellenleiter Rundfunk und weil er vor 1937 in die NSDAP eingetreten war, in die Kategorie IV mit Vermögenssperre eingeordnet worden. Mit dieser Einstufung war ihm das passive Wahlrecht aberkannt, d.h. er hätte nie wieder ein öffentliches Amt bekleiden können und auch kein Unternehmen führen dürfen. Evers' Besitz und Vermögen waren unter Treuhänderschaft gestellt. Der Treuhänder hatte das Recht, jederzeit das Haus zu betreten, Rechnungen, Belege und andere Schriftstücke einzusehen, und die Pflicht, die Geschäfte zu prüfen. Ohne Zustimmung des Treuhänders durfte Evers keine größeren Geschäfte oder längerfristige Verträge abschließen.

In der Entlasssungsbenachrichtigung der Militärbehörde vom Juni 1947 hieß es:

Da Sie Mitglied der NSDAP vor dem 1. Mai 1937 waren, sind Sie mehr als ein nominelles Mitglied der NSDAP gewesen. [...] *Ihnen wird daher die Befähigung abgesprochen, irgendein öffentliches oder halb-öffentliches Amt oder irgendeine verantwortliche Stellung in einem wichtigen Privatunternehmen zu bekleiden.* [...][285]

Gegen den Bescheid legte Evers Widerspruch ein. Zur Begründung führte er an, er sei zu keiner Zeit überzeugter NSDAP-Anhänger gewesen und niemals, weder als Privatmensch noch

283 Evers an Harry in New York, 28. November 1947. Nl Evers Kor.m.Verw.5. Evers war Mitpächter einer Jagd in Werschenrege und Lesumstotel.

284 Ein Hunt bezeichnet einen offenen, meist schienengebundenen Transportwagen.

285 Nl Evers, Akte Entnazifizierung.

als Amtsperson, politisch für die NSDAP aktiv geworden. Seinem Entlastungsschreiben an den Entnazifizierungsausschuss legte er vier Leumundszeugnisse bei. Eines schrieb im September 1946 Friedrich Wäbekindt, der spätere Ortschronist. Er war seit 1889 Lehrer in Ritterhude gewesen und kannte Christian Evers noch als seinen Schüler.

[...] *Ich habe Herrn Evers Werdegang verfolgen können und ihn als einen aufrichtigen, einsichtsvollen, ausserordentlich fleißigen und tüchtigen Mann achten und schätzen gelernt. Und nicht nur ich, sondern mit mir wohl alle Einwohner unseres Ortes. So kam es dann auch, dass er im Oktober 1919, eben 21 Jahre alt, mit Genehmigung des Ministers Bürgermeister der grossen Gemeinde Ritterhude wurde, gewiss ein Zeichen der Wertschätzung der gesamten Einwohnerschaft. Nicht nach rechts und links schauend ging Herr Evers in Verfolgung des sich selbst gesteckten Zieles zum Wohle der von ihm betreuten Gemeinde gerade aus und fand in der übergroßen und schweren Arbeit, die ihm aufgebürdet war, kaum Zeit sich um andere Dinge zu kümmern als um die, die der Gemeinde zum Besten dienten. Darum konnte er weder parteipolitisch noch rassepolitisch sich irgendwie und irgendwo hervortun, und wenn er schliesslich in die NSDAP eintrat, so tat er es gewiss nicht aus Überzeugung, sondern nur unter dem Druck der Verhältnisse: entweder Bürgermeister oder nicht. Fahnenflüchtig wollte er nicht werden. Dazu war ihm die Gemeinde zu sehr ans Herz gewachsen; also musste er in den sauren Apfel beißen und in die NSDAP eintreten. Aber ein »Nazi« ist er meines Wissens trotzdem nicht geworden. In den vielen Gesprächen, die ich mit ihm führen konnte, zeigte er sich stets anders als ein sogenannter Parteimensch, machte im Gegenteil mir gegenüber aus seinem Herzen keine Mördergrube und sprach des öfteren frei von der Leber weg recht scharf über die Maßnahmen der Nazipartei, die ihm durchaus nicht genehm waren. Leider konnte auch er, ebenso wenig wie ich, etwas daran ändern und musste die Hände in der Tasche ballen. Und was er für die Gemeinde geleistet hat, das wird ihm unvergessen bleiben.* [...][286]

Das zweite Zeugnis schrieb Dr. Ferdinand Becker, bis 1932 Landrat von Osterholz:

[...] *Politische Dinge habe ich mit Evers wiederholt ausführlich besprochen. Er war Anhänger der Deutschen Volkspartei, war aber durch seine Amtstätigkeit so stark in Anspruch genommen, dass ihm für politische Betätigung nur wenig Zeit blieb. Er hing mit allen Fasern seines Wesens an seiner Verwaltungstätigkeit: sie bildete seinen wesentlichen Lebensinhalt. Als er darum im Frühjahr 1933 nach der nationalsozialistischen Machtergreifung vor die Frage gestellt war, entweder der Partei beizutreten oder mit dem Verlust seines Amtes rechnen zu müssen, entschloss er sich zu ersterem. Doch habe ich nie Äußerungen von ihm gehört, die mich hätten annehmen lassen, dass er innerlich Nationalsozialist war, vielmehr hat er sich mir gegenüber über manche Maßnahmen der damaligen Regierung und besonders über das Vorgehen der Partei gegen die Juden scharf ablehnend geäußert. Auch ist mir nie etwas darüber bekannt geworden, dass er sich irgendwie propagandistisch für die Partei eingesetzt hätte.* [...][287]

Der Verfahrensakte liegen zwei weitere Stellungnahmen befreundeter Landräte bei, die keine Leumundszeugnisse sind, aber eindeutige Aussagen über Evers Eigenschaften treffen:

286 Leumundszeugnis Friedrich Wäbekindt, Ritterhude, 20. September 1946. Nl Evers, Akte Entnazifizierung.
287 Dr. Ferdinand Becker, Bremen, 27. September 1946. Ebd.

[...] *Herr Evers ist mir seit 1919 bekannt. Er ist Kommunalpolitiker, kein Parteipolitiker. Sein ganzes Denken dreht sich um Gemeindearbeit.* [...] *Er hat mir desöfteren seine Schwierigkeiten mit der Parteileitung geklagt. Goebbels nannte er einen Aufschneider. Die Judenverfolgung lehnte er mit Worten schärfster Verurteilung ab und nahm die Juden in Schutz, nicht, weil er sie besonders liebte, sondern weil er eine Ungerechtigkeit und eine Verletzung der persönlichen Freiheit in den Ausnahmebestimmungen gegen die Juden erblickte.* [...] *Ich halte es daher für unmöglich, dass Herr Evers Personen, die dem Nationalsozialismus feindlich gegenüber standen, verfolgt hat.* [...][288]

Ein seit 25 Jahren befreundeter Landrat schrieb:

[...] *Evers war immer ein streng nationaler Mann mit einem starken sozialen Empfinden; diese Eigenschaften haben ihn zum Vertrauensmann weit über die Grenzen seiner Gemeinde hinaus gemacht. Wenn Evers Mitglied der NSDAP geworden ist, so ist er das nur geworden, um sich der Gemeinde als dessen Leiter zu erhalten. Ich habe oft mit ihm hierüber gesprochen und weiß ganz genau, daß er seiner alten politischen Einstellung treu geblieben ist.* [...][289]

Als weiteren Leumund wählte Evers eine Bürgerin, die seit 1916 in Ritterhude lebte. Sie erklärte eidesstattlich:

[...] *Evers nahm niemals an der Verfolgung der jüdischen Familien teil. Als ein wohlbekannter Schlachter in Ritterhude in Not und Armut geriet, beschäftigte ihn Evers bei der Gemeinde. Durch die ihm dadurch zugewiesene Arbeit war der Jude in der Lage seinen Lebensunterhalt zu bestreiten.* [...][290]

In Ritterhude wohnten über Generationen die drei jüdischen Familien Cohen, Simon und ter Berg. Seit 1933 wurden sie von der SA belästigt und ausgegrenzt. Nach dem Erlass der als »Nürnberger Gesetze« in die Geschichte eingegangenen Verfassungsgesetze waren sie seit 1935 gezwungen, ihre Geschäfte aufzugeben. Als Einziger ist der Sohn der Familie ter Berg ausgewandert. In der Pogromnacht vom 9. auf den 10. November 1938 trieb die SA die Familien Cohen und Simon im Morgengrauen im Nachthemd durch die nassen Hammewiesen. Familie ter Berg konnte sich zunächst verstecken, wurde aber dann ins Lesumer Gefängnis gebracht und lebte bis zum 18. November 1941 in einem so genannten Judenhaus in Bremen. An diesem Tag wurden 570 Juden aus Bremen und dem Regierungsbezirk Stade, darunter auch die Familien ter Berg, Cohen und Simon, nach Minsk deportiert. Von dort ist niemand zurückgekehrt.[291]

Evers beschrieb sein Verhalten gegenüber den bedrohten jüdischen Familien folgendermaßen:

[...] *Als die beiden anderen Familien in Not gerieten, wandten sie sich vertrauensvoll an mich mit der Bitte ihnen zu helfen. Dem Haushaltsvorstand der Familie namens Cohen habe ich Arbeit bei einer Tiefbaufirma in Bremen beschafft. Den Haushaltsvorstand der Familie*

288 Landrat (Unterschrift unleserl.), 1. März 1947. Ebd.

289 Ohne Namen, 1. März 1947. Ebd.

290 Eidesstattliche Erklärung, 1. Oktober 1946. Ebd.

291 Vgl. Müller, H.: Chronik der Familie Simon, S. 36-43 und: Die Juden zur Zeit des Nationalsozialismus, S. 43-47. In: Ritterhuder Hefte 11, 1989, hier S. 47. Vgl.: Friedländer, Saul: Das Dritte Reich und die Juden. Bd.1: Die Jahre der Verfolgung 1933 bis 1939. München 2000. Und: Balz, Hanno: Die »Arisierung« von jüdischem Haus- und Grundbesitz in Bremen. Bremen 2004. Mit vielen weiterführenden Literaturangaben.

Simon habe ich gemeindeseitig bei Wege- und Straßenarbeiten jahrelang beschäftigt. Ich habe auf diese Weise zur Zufriedenheit der jüdischen Familien die bei ihnen bestehende Notlage beseitigt. Die Leiterin des Wirtschaftsamtes Ritterhude, [...] *wird bestätigen können, das ich während des Krieges beide Familien bei der Zuteilung von Bezugsberechtigungsscheinen über bewirtschaftete Waren gebührend berücksichtigt habe, obwohl das nach den Bestimmungen nicht geschehen durfte. Mein Gerechtigkeitssinn und mein Mitgefühl ließen es aber nicht zu, dass diese Menschen schliesslich ohne Schuhe und ausreichende Kleidung herumlaufen würden. An den Judenprogromen 8./9. November 1938 bin ich völlig unbeteiligt. Ich habe erst am Morgen des 9. November davon gehört und die geschehenen Handlungen als wahnsinnig, unerhört und unmenschlich bezeichnet.* [...] *Als die beiden jüdischen Familien Cohen und Simon Ritterhude schließlich verlassen mussten, um angeblich im Osten angesiedelt zu werden, haben sie sich beide von mir verabschiedet und mich bei der Gelegenheit gefragt, ob sie mal an mich schreiben dürften. Ich habe diese Frage bejaht, allerdings nichts wieder von den Familien gehört. Mir war jedenfalls das, was mit ihnen geschehen sein soll, völlig unbekannt.* [...][292]

Sicher ist aber auch, dass es Evers nicht hätte unbekannt sein müssen.

Das vierte Leumundszeugnis schrieb Friedrich Mahnken, Kopf der Kommunisten in Ritterhude und bis 1933 KPD-Mitglied im Gemeindeausschuss. Er verwies insbesondere darauf, dass der ehemalige Bürgermeister unter den schwierigsten finanziellen Verhältnissen für guten und gesunden Wohnraum der Arbeiterschaft gesorgt habe. Evers sei durch Straßen-, Deich-, und Sielbauten in der Zeit der großen Arbeitslosigkeit sehr bemüht gewesen, Arbeit zu beschaffen, ohne Rücksicht darauf, welcher politischen Richtung die Arbeiter angehörten. Ihm selbst habe er 1928 einen Arbeitsplatz beschafft, so dass er seine Familie mit drei Kindern habe ernähren können. Friedrich Mahnken war von Oktober 1936 bis April 1939 wegen der Zugehörigkeit zur KPD verhaftet und mit zweieinhalb Jahren Zuchthaus bestraft worden.

Während dieser Zeit hat Evers meiner Frau und meiner Familie mit Rat und Tat zur Seite gestanden und sie so weit, wie es ihm möglich war, unterstützt. Insbesondere hat Evers für mich die auf meinem Hausgrundstück ruhenden Steuern, Zinsen- und Tilgungsbeträge gemeindeseitig verauslagt, die drohende Zwangsversteigerung meines Hausgrundstückes damit abgewendet und mir und meiner Familie das Haus erhalten. [...][293]

Evers führte in seinem sechsseitigen Entlastungsschreiben weiterhin an, er habe für die ihm aus Bremen zugeteilten 16 Ostarbeiter, die nach seinen Worten

[...] *in einem völlig zerlumpten und verhungerten Zustand direkt vom Osten hier ankamen, Baracken gebaut und sie wohnlich untergebracht, bekleidet und verpflegt.* [...] *Die Menschen haben einen Lohn in gleicher Höhe wie Deutsche erhalten und waren so zufrieden, das sie bei Beendigung des Arbeitsverhältnisses in den Tagen nach der Kapitulation sich bei mir für die gute Behandlung, die sie in Ritterhude erfahren hatten, herzlichst bedankten.* [...]

Evers fährt fort, er habe ein kleines Lager eingerichtet, in dem durchschnittlich 30 Kriegsgefangene untergebracht waren. Diese arbeiteten bei hiesigen Bauern. Das Lager wurde von den Kriegsgefangenen selbst als Musterlager bezeichnet.

292 Evers an Hauptentnazifizierungsausschuss, 30. November 1946, a.a.O., S. 4.
293 Leumundszeugnis, 3. November 1946. Nl Evers, Akte Entnazifizierung.

Ich habe für ausreichende Behandlung und Verpflegung der Kriegsgefangenen durch die Bauern gesorgt mit dem Erfolg, dass die Kriegsgefangenen bei ihrem Weggehen in den Tagen nach der Kapitulation sich ebenfalls herzlichst von mir verabschiedeten und sich bei mir bedankten. [...] [294]

Das handschriftliche Schreiben, die Leumundszeugnisse und die Fragebögen der Militärregierung bildeten die offizielle Entscheidungsgrundlage für den Entnazifizierungsauschuss. Um eine Zukunft zu haben, musste Evers sich hier in positivem Licht zeigen und unter diesem Gesichtspunkt auch seine Zeugen auswählen. Dass es ihm lag, sich selbst vorteilhaft darzustellen, wissen wir bereits. Die Zeugen hingegen hätten Evers' Bitte, ihm ein dienliches Zeugnis auszustellen, ablehnen können. Das haben sie aber nicht getan. Im Gegenteil: Sie haben ihn unterstützt, ohne in irgendeiner Weise von ihm abhängig zu sein.

Doch bis zu seiner vollen Entlastung sollte es noch zwei Jahre dauern. Nicht alle Ritterhuder waren gegenüber Evers positiv gestimmt. Er hatte sich auch Feinde gemacht. Im Frühjahr 1947 fand im Ritterhuder Ratssaal eine Befragung derjenigen Zeugen statt, die Evers belasteten. Im Mai 1933 hatte Evers seinem Amtsnachfolger, Bürgermeister Friedrich Verholen, dessen damalige Stellung als Pflegeheimvater gekündigt. Evers verteidigte seine Handlungsweise: Er habe damals ausschließlich auf Anweisung der NSDAP gehandelt. Tatsächlich hatte die NSDAP-Ortsgruppe nur drei Tage nach den Märzwahlen 1933 den Gemeindeschulzen Evers aufgefordert, den Heimvater des Pflegeheims, Friedrich Verholen, und den Kassierer der Gas- und Elektrizitätswerke, Johann Brünjes, aus ihren Ämtern zu entlassen. Beide waren bis dahin langjährige Gemeindeausschussmitglieder für die SPD gewesen. Verholen musste sich über 16 Wochen täglich im Rathaus oder bei der Polizei melden. Zudem war er durch die Kündigung wohnungslos geworden, und kaum jemand traute sich noch, ihn als Mieter aufzunehmen. Evers gab gegenüber dem Entnazifizierungssausschuss zu Protokoll:

Nachträglich bin ich Herrn Verholen dann bei der Errichtung eines Eigenheimes durch Gewährung gemeindlicher Mittel behilflich gewesen. [...][295]

Eine Zeitzeugin berichtete von einem weiteren Fall, in dem Evers sich menschlich äußerst hart verhalten haben soll. Der Bürgermeister hatte den Antrag auf u.k. Stellung[296] eines Ehemannes und Vaters abgelehnt, dessen Frau beinamputiert und stark gehbehindert war, so dass sie den weit entfernt liegenden Luftschutzraum bei Bombenangriffen nicht erreichen konnte. Für die 13-jährige Tochter war es unmöglich, ihre Mutter allein dorthin zu bringen. Aufgrund dieser familiären Notlage beantragte der Ehemann während seines Kurzurlaubs von der Front die Freistellung vom weiteren Kriegseinsatz. Evers erklärte sich für nicht zuständig und verwies den Familienvater nach Bremen. Dort wurde diesem mitgeteilt, die Entscheidung läge beim örtlichen Bürgermeister. Evers verweigerte die u.k. Stellung und sandte ihn noch 1944 zurück in den Krieg. Der Ehefrau und der Tochter versicherte er, bei Fliegeralarm werde eine DRK-Schwester kommen. Diese ist aber nie erschienen. Die Familie war über die Entscheidung sehr verbittert und trat in der Anhörung am 14. April 1947 vor dem Entnazifizierungsausschuss gegen Evers in den Zeugenstand.

294 Evers an Hauptentnazifizierungsausschuss, 30. November 1946, a.a.O., S. 4. Hier sind die Baracken gemeint, die in der Dammstraße bei Landwirt Mehrtens für französische und belgische Kriegsgefangene gebaut worden waren. Ausführlich zu Krieg und Kriegsende vgl. auch Müller, H. u. K., Ritterhuder Hefte, 17, 1995.

295 Evers an Hauptentnazifizierungsausschuss, 16. April 1947, a.a.O.

Im Juni 1947 hatte Evers gegen seinen Einstufungsbescheid Widerspruch eingelegt. Stark beunruhigt, fuhr er wiederholt direkt zum Entnazifizierungs-Hauptausschuss nach Osterholz und erkundigte sich nach dem Stand seines Verfahrens. Die Akte sei an die Militärregierung nach Stade gegeben worden - er solle sich keine Sorgen machen, teilte man ihm mit, und: »Ihre Sache bringen wir von hieraus in Ordnung.«[297] Entgegen anders lautenden Beschwichtigungen erhielt Evers im Dezember 1947 den Einreihungsbescheid in Kategorie IV mit Vermögenssperre. Daraufhin legte er am 29. Januar 1948 Berufung ein.

Mit Wirkung vom 1. Juli 1948 wurde allgemein die Vermögenssperre für alle in die Kategorie IV eingereihten Personen zunächst von einer bestehenden Vollkontrolle in eine einfache Kontrolle umgewandelt. Damit hatte Evers laut Militärregierungsgesetz Nr. 52 nach wie vor seinen Treuhänder über alle Vorhaben zu unterrichten. Anfang August gab das Niedersächsische Landesamt für gesperrtes Vermögen bekannt, die Vermögenssperre für Personen der Kategorie IV sei aufzuheben. Damit war auch die Treuhänderschaft über Christian Evers' Betrieb und sein Vermögen aufgelöst.[298]

Am 11. Oktober 1948 zog Evers die Berufung vom 29. Januar 1948 gegen den Einreihungsbescheid vom 31. Dezember 1947 zurück und beantragte statt dessen eine erneute Überprüfung seines Verfahrens.[299] Daraufhin ging plötzlich alles sehr schnell. Am 1. November erhielt Christian Evers vom Entnazifizierungs-Hauptausschuss des Kreises Osterholz mit Wirkung zum 19. November 1948 die vollständige Entlastung. Die Begründung lautete:

Der Betroffene ist von 1919 bis 1945 ununterbrochen Bürgermeister in Ritterhude gewesen, wobei er sich bedeutende Verdienste erworben hat.

Um seine Tätigkeit als Bürgermeister fortsetzen zu können, sah er sich 1933 gezwungen der NSDAP beizutreten. Ein politisches Amt hat er nicht inne gehabt, außer dem eines Hauptstellenleiters Rundfunk; dieses Amt war aber politisch belanglos; [...] *Der Betroffene ist mehrfach denunziert worden wegen Amtsmissbrauch im politischen Sinne und Bereicherung aufgrund seiner Stellung als Bürgermeister. Es wurden zahlreiche sich über mehrere Tage hinziehende Vernehmungen angestellt, und es ergab sich folgendes Bild: ... Der überwiegende Teil der Ritterhuder Bevölkerung erkennt dankbar die Verdienste ihres früheren Bürgermeisters an. Es ist nicht ein Fall festgestellt worden, in dem der Betroffene Mitmenschen unter Gewissensdruck setzte oder verfolgt hätte. Der Betroffene hat sich auch nicht bereichert. Es ist vielmehr erwiesen, daß er sein Amt als Bürgermeister selbstlos und als Ehrenmann geführt hat.*

Der Betroffene war [...] *kein Naziaktivist, vielmehr war seine Zugehörigkeit zur NSDAP formeller Natur. Er hat keinen politischen Einfluss ausgeübt und hat den Nationalsozialismus auch durch Zuwendungen nicht unterstützt.*

296 U.k.= unabkömmlich.

297 Vermerk Evers, Ritterhude, 17. Juni 1947. Nl Evers, Akte Entnazifizierung.

298 Niedersächsisches Landesamt für die Beaufsichtigung gesperrten Vermögens, Außenstelle für die Landkreise Wesermünde und Osterholz-Scharmbeck vom 25. August 1948. Kontrollnummer: MG/STA/IV/5 E. Nl Evers, Akte Entnazifizierung.

299 Evers an Entnazifizierungsausschuss, 11. Oktober 1948. Ebd.

Es ist bekannt, daß er den Juden Simon in Ritterhude trotz Verbotes Arbeit und Verdienst gegeben und einem Mitglied der KPD, als dieser interniert war, seine Zinsen entrichtet und somit diesem sein Heim erhalten hat.

Nach allem ist eine politische Betätigung nicht feststellbar und die getroffene Entscheidung gerechtfertigt.

Beweismittel: 1. Fragebogen, 2. Vernehmungsprotokolle

(Stempel:) Der Niedersächsische Minister für die Entnazifizierung
Entnazifizierungs-Hauptausschuss des Kreises Osterholz
(Unterschrift:) Augustiny [300]

Damit hatte Johann Christian Evers alle bürgerlichen Rechte zurückerhalten, also auch das aktive und passive Wahlrecht. Der Weg lag frei für eine weitere Karriere in einem öffentlichen Amt.

Die Gelegenheit dazu ließ nicht lange auf sich warten. Nur einen Monat später kandidierte Evers bei Kreistagswahlen am 30. Dezember 1948 für die Deutsche Partei (DP) und wurde mit der Mehrheit von 18 zu 17 Stimmen gegen die SPD zum Landrat des Kreises Osterholz gewählt. Die knapp gewonnene Wahl war von äußerst heftigen Protesten begleitet.[301] Für den stärksten Zündstoff in der Debatte sorgten, neben Evers NSDAP-Mitgliedschaft, zwei Hakenkreuze, die während seiner Amtszeit Mitte der 1930er Jahre in den Straßenbelag »An der Untermühle« nahe der Bahnunterführung eingepflastert worden waren.[302] Die SPD-Kreistagsfraktion hatte aus diesem Grund sogar eine Wiederaufnahme des Entnazifizierungsverfahrens in Hannover beantragt, zog den Antrag aber kurze Zeit später zurück und berief statt dessen einen Untersuchungsausschuss ein.[303] Schließlich konnte der Steinsetzer ausfindig gemacht werden, der die Hakenkreuze seinerzeit eingepflastert hatte. Dieser gab gegenüber der Polizei Folgendes zu Protokoll:

Ich erkläre hierdurch der vollen Wahrheit entsprechend, dass wir das Hakenkreuz aus freien Stücken als Zeichen der damaligen Zeit ohne Auftrag von dem damaligen Bürgermeister Evers in dem Pflaster angebracht haben. [...][304]

Evers konnte nicht nachgewiesen werden, dass die Symbole auf seine Veranlassung hin eingepflastert worden waren. Erst im Januar 1950 entschied der Osterholzer Kreistag, die Hakenkreuze aus dem Straßenpflaster entfernen zu lassen.[305]

300 Entnazifizierungs-Entscheidung im schriftlichen Verfahren gegen Christian Evers. Der Niedersächsische Minister für die Entnazifizierung, Entnazifizierungs-Hauptausschuß des Kreises Osterholz Unterschrift: Augustiny, 1. November 1948. Ebd.

301 Die SPD hatte als stärkste Fraktion zunächst beansprucht, den Landrat zu stellen und schlug Herrn Biester vor. DP und CDU schlugen gemeinsam Christian Evers als Kandidaten vor. Vgl.: Bericht des Landkreises Osterholz an Mil. Gov.L/K. Osterholz, 15. Januar 1949. Nl Evers, Akte Lageberichte an die Britische Militärregierung.

302» Landrat Evers wiedergewählt.« In: Osterholzer Kreisblatt, 3. Januar 1950 und »Christian Evers bleibt Landrat.« In: Weser Kurier, 4. Januar 1950 und Nordsee-Zeitung, 26. Januar 1949.

303 Nl Evers, Akte Angriffe der SPD gegen meine Wahl zum Landrat des Kreises Osterholz, 30. Dezember 1948.

304 5. Januar 1949. Ebd.

305 Bericht des Landkreises Osterholz an Mil. Gov. LK. Osterholz, 15. Januar 1949. Nl Evers, Akte Lageberichte an die Britische Militärregierung.

Die Diskussion um Christian Evers' Vergangenheit wurde zunächst noch weiter geführt, verebbte aber im Laufe der Jahre. Das entsprach dem allgemeinen Zeitgeist. Eine fundierte Aufarbeitung des Nationalsozialismus und des Krieges hat es damals nicht gegeben.

Facetten seiner Landratszeit 1948 bis 1964

Christian Evers sollte bis 1964 Landrat von Osterholz bleiben. Sein Wirken in dieser Zeit des Wiederaufbaus und Wirtschaftswunders, als in der jungen Bundesrepublik richtungweisende Weichen gestellt wurden, bedarf einer eigenen Studie. In aller Kürze sollen hier jene Facetten seines Schaffens skizziert werden, die mit seinem Nachlass überliefert sind, ihn wesentlich kennzeichnen und von Zeitzeugen bestätigt sind.

Landrat Evers blieb in Ritterhude wohnen und fuhr nun täglich mit seinem Mercedes in die Kreisstadt nach Osterholz, mal mit und mal ohne Chauffeur. Am 3. März 1951 trat er eine Reise nach Nordengland an. Das Britische Auswärtige Amt hatte ihn zu einem dreiwöchigen Studium der Kommunalpolitik eingeladen. Es war vermutlich sein einziger Auslandsaufenthalt.[306]

Nach dem Zusammenbruch der Ritterhuder Schleuse bei den Sturmfluten im Herbst 1948 konnte sie am 30. April 1951 wieder vollständig in Betrieb genommen werden. Aus diesem Anlass erhielt der Landrat eine bebilderte Dokumentation zur Geschichte und Reparatur der Hammeschleuse.[307]

Landrat Evers gewann im Vergleich zum Gemeindevorsteher Evers noch einmal enorm an Einfluss: Am 6. Mai 1951 wurde Johann Christian Evers als Abgeordneter der DP in den Niedersächsischen Landtag gewählt und vertrat über zwei Legislaturperioden bis 1959 den Landkreis Osterholz in Hannover. Evers war Mitglied im Straßen- und Verkehrsausschuss. Der stark zunehmende Personen- und Güterverkehr erforderte zu Beginn der 1950er Jahre weitreichende Regulierungsmaßnahmen. Zahlreiche Straßen und Wege wurden im Laufe von Evers' Amtszeit neu gebaut und befestigt, z.B. die Kreisstrasse von Osterholz über Buschhausen nach Schwanewede. Auch im feuchten, tief gelegenen St. Jürgensland wurden viele Wege befestigt. Ein langwieriges Projekt war die Wegbefestigung entlang des nördlichen Wümmedeiches von der Wümmebrücke (Nordseite) über Höftdeich bis zum Schöpfwerk. Unmengen von Sand mussten hier aufgefahren werden. Die von Wallhöfen nach Hellingst führende Landstraße trägt heute zwischen der Ortschaft Steden und Hellingst über mehrere Kilometer den Namen Landrat-Chr.-Evers-Straße. In Steden hatte Evers ein Patenkind.

Zu Beginn der 1950er Jahre hatte man durchaus noch darüber nachgedacht, den Schwerpunkt des Personen- und Güterverkehrs auf die Bahn zu verlegen. Doch die Omnibusbetriebe waren kurzfristig schneller zur Stelle. Der Straßenverkehr hatte damals noch andere Dimensionen: Evers beschrieb, wie bedrohlich und gefährlich er es empfunden habe, im eigenen Pkw auf der Autobahnstrecke von Bremen bis Köln insgesamt zwölf Lastkraftwagen überholen zu müssen.

306 Nl Evers, Personalia.
307 Nl Evers, Diverses, Ritterhuder Schleuse 1951, Inbetriebnahme mit Fotos, 14 S.

Christian Evers war Mitglied und Ehrenmitglied zahlreicher überregionaler und lokaler Verbände, Ausschüsse und Vereine, oft über Jahrzehnte.[308]

Am 30. Juni 1954 verstarb überraschend Luise Evers. In ihrem 58. Lebensjahr erlag sie im Bremer DRK-Krankenhaus den Folgen eines Herzanfalls. Im August teilt Evers einem Freund mit:

Meine über alles von mir geliebte Frau war seit mehreren Jahren zuckerkrank und herzleidend. Sie war während der letzten Jahre fünfmal für mehrere Wochen im Kreiskrankenhaus Osterholz-Scharmbeck, in den Städtischen Krankenanstalten in Bremen und sollte jetzt im Spätsommer nach Bad Pyrmont. [...][309]

Auch Christian Evers enger Parteifreund, Dr. Hans Joachim von Merkatz, amtierender Bundesminister für Justiz, übersandte ein herzlich formuliertes Beileidsschreiben.[310]

Von Merkatz, Ministerpräsident Heinrich Hellwege und andere Freunde aus der DP, der rechtskonservativen Welfenpartei, waren wiederholt zu Gast bei Christian Evers in der Ritterhuder Riesstraße 19, wie die Hauptstraße seit 1954 hieß.[311] Evers' Parteibuch trug die Nummer I/48. Er war Vorsitzender des Kreisverbandes Osterholz und versuchte die DP im Landkreis zu etablieren.[312]

308 Eine Auswahl: Ausschussmitglied des Elektrizitätsverbandes Stade (Zweckverband) Überlandwerke Nord-Hannover AG, Vorsitzender des Verwaltungsrates der Sparkasse Osterholz, Mitglied des Verwaltungsrates der Bremer Landesbank, Mitglied des Polizeibeirates bei der Regierung in Stade, Ausschussmitglied der landwirtschaftlichen Brandkasse Hannover, Mitglied des Landwirtschaftlichen Ausschusses der Landschaft der Herzogtümer Bremen und Verden, Ausschussmitglied der Bremen-Verden'schen Ritterschaft, Mitglied im Landvolkverband, seit 1919 Mitglied des Deutschen Roten Kreuzes und im Kyffhäuserbund, Ev. Hospital Lilienthal e.V., SOS Kinderdorf Worpswede, Jagdverband, Scharmbecker Schützenverein, Verband der Warmblutzüchter, Turn- und Sportgemeinde Ritterhude (seit 1911). Bis 1961 war er Verbandsvorsteher des Ritterhuder Deichverbandes auf dem rechten Hammeufer. Evers abonnierte die Presseorgane der DP: »Vertrauensmännerbriefe« und »Deutsche Stimmen«.

309 14. August 1954. Nl Evers, Personalia.

310 von Merkatz an Evers vom 8. Juli 1954. Nl Evers, Personalia. Dr. Hans Joachim von Merkatz, geb.1905 in Pommern, gest.1982 in Bonn, war 1947 Sekretär der DP im Niedersächsischen Landtag, 1955 stellv. Vorsitzender der DP, 1953 bis 1955 Vorsitzender der DP-Bundestagsfraktion, 1949 bis1969 Mitglied des Bundestages (MdB). Er gehörte zu den bekennenden Monarchisten. Vom Oktober 1956 bis 1957 war er Bundesjustizminister und 1960/61 Bundesminister für Vertriebene, Flüchtlinge und Kriegsgeschädigte. Am 1. Juli 1960 verließ er zusammen mit zahlreichen weiteren Abgeordneten die DP-Bundestagsfraktion, die daraufhin ihren Fraktionsstatus einbüßte. Am 20. September trat er der CDU/CSU-Bundestagsfraktion bei. Er war direkt gewählter Abgeordneter seines Wahlkreises Verden-Rotenburg-Osterholz.

311 Die Riesstrasse erhielt ihren Namen 1954. Zu diesem Zeitpunkt wurden auch die bis heute gültigen Hausnummern vergeben. 1934 hatten die Nationalsozialisten die Hauptdurchgangsstrasse von Alt-Ritterhude in Adolf-Hitler Straße umbenannt. Die britische Militärregierung benannte sie um in Hauptstrasse. Bis 1934 hatte es nur Hausnummern gegeben. Das Rathaus trug die Nr. 447, das Evers'sche Haus die Nr. 108, heute Riesstrasse Nr. 19.

312 Die rechtskonservative DP, im Volksmund Welfenpartei genannt, hatte ihre Wurzeln in der 1866 gegründeten Deutsch-Hannoverschen Partei. Nach dem Zweiten Weltkrieg bildete sie sich aus der 1945 gegründeten niedersächsischen Landespartei. 1947 versuchte sie mit der Umbenennung in DP ihren Charakter als Regionalpartei zu überwinden und organisatorisch zu expandieren. Von 1949 bis 1961 stellte sie Minister der Bundesregierung (Dr. H.C. Seebohm und Dr. H.J. von Merkatz) sowie Abgeordnete im Bundestag und in Landtagen.

Zu seinem Geburtstag, am 2. Mai 1956 dichtete der Oberkreisdirektor einen Reim, der auf humorvolle Weise weithin bekannte Eigenschaften des Landrates beschreibt. Die Verse, mit schwarzer Feder auf Karton getuscht, sind mit originellen Zeichnungen, den »Wendelkenschen« Bildern illustriert:[313]

Die Früchte seines Landrathbaumes
Sind Wert des Preises und des Ruhmes,
So, daß am heutigen Ehrentage,
Ich voll Überzeugung zu dichten wage,
Um dankbar Herrn Evers Taten zu schildern,
Verschönt mit Wendelken'schen Bildern.

Es wurden in der letzten Zeit
Verschiedene Schulen eingeweiht,
Ohn' daß die Lehrer und Schüler wissen,
Wem sie dafür danken müssen.
Wenn er nicht den »Zuschuss« flüssig gemacht,
Wer hätte dann an den Neubau gedacht.
Und mancher fährt auf Beton und Granit,
Wo früher der Reifen in Schlaglöchern litt.
Und weiß nicht, daß ohne Herrn Christians Drängen,
Das Geld bliebe hübsch in Hannover hängen.
Doch kommt er her mit dem alten Mercedes,
Dann klappt alles und jedes!

Ihm ist im Lande Niedersachsen
An Durchschlagskraft kein Landrat gewachsen.
Herr William und der RP aus Stade,
Wandeln beide Herrn Evers Pfade.
Und in Hannover seufzt und stöhnt der Minister:
»Evers?- ein grässlicher Quälgeist ist er!«

Zum Schrecken der Räte in den Ministerien,
Kennt er nur Arbeit und keine Ferien.
Im Amt empfängt er alle und jeden
Und hält am Sonntag noch zwei Reden.
Weil solche Beanspruchung schließlich verpflichtet,
Er uns einen Krankenhausneubau errichtet.
Das Krankenhaus wächst an allen Ecken,
Schon können sich Handwerker darin verstecken.
Und geht der Neubau so zügig weiter,
Verkriechen sich auch bald die Mitarbeiter
Im »Christian-Evers-Krankenhaus« -
»Denn wer hält solch ein Tempo aus?«

313 Nl Evers, Personalia.

Die außerordentliche Hartnäckigkeit des Osterholzer Landrates war im Hannoverschen Landtag gefürchtet. Wenn Evers für ein Projekt Geld bewilligt haben wollte, verließ er so lange einfach nicht den Raum, bis man ihn zur Tür hinaus beförderte. Doch kaum war der Mann zur einen Tür hinaus, so kam er - hatte er sein Ziel nicht erreicht - zur Seitentür wieder herein, so ein Zeitzeuge.

Tatsächlich hielt er sein selbst gestecktes Tempo nicht aus. Es ging ihm gesundheitlich nicht gut. Im Februar 1957 wurde ihm von engsten Freunden und von ärztlicher Seite »Reparaturbedürftigkeit« attestiert. Doch der dringenden Empfehlung, sich für einen sechswöchigen Kuraufenthalt in ein Herzbad zu begeben, folgte er auch nach dem persönlichen Rat seiner Freundes von Merkatz nicht, der sich selbst einen solchen Aufenthalt soeben gegönnt hatte.

In Erwartung des bevorstehenden Besuchs des Bundesministers im Landkreis schrieb Martha Vogeler aus Worpswede folgenden Brief an Landrat Evers, der diesen in seinem Nachlass verwahrte:[314]

HAUS IM SCHLUH
MARTHA VOGELER , WORPSWEDE
15.2.57

Sehr geehrter Herr Landrat!
Eben sende ich Ihnen noch eine Beschreibung unserer Häuser und Sammlungen im Schluh. Wir erwarten Sie mit Herrn Minister von Merkatz Sonntag und hoffen, daß Sie beide den richtigen Eindruck bekommen.

Mit besten Grüßen
Ihre ergebene
Martha Vogeler

Zum Besuchsverlauf und Ergebnis enthält der Nachlass keine Informationen. Evers hatte auch Kontakt zu Prof. Dr. Phil. h.c. Fritz Mackensen:[315]

Sehr verehrter Herr Landrat!
Folgendes möchte ich Ihnen mitteilen: Heute erhielt ich die Nachricht, daß mir der Bremer Senat mit Wirkung vom 1. April 1950 einen Ehrensold von monatlich 100 R.M. für meine Verdienste um die Bremer Kunst zuerkannt hat.

Mit vorzüglicher Hochachtung
Ihr ergebener
Fritz Mackensen

314 Martha Vogeler an Landrat Evers, 15. Februar 1957. Nl Evers, Diverses. Die Malerin und Bildweberin Martha Vogeler, geb. Schröder, wurde 1879 in Worpswede geboren. 1901 hatte sie Heinrich Vogeler geheiratet. 1920 verließ sie mit ihren drei Kindern den Barkenhoff und zog in das Haus Im Schluh. Hier ist sie 1961 auch gestorben.

315 Fritz Mackensen an Evers, 6. Juni 1950. Nl Evers, Diverses. Fritz Mackensen, geb. am 8. April 1866, war Mitbegründer der Künstlerkolonie Worpswede und u.a. Leiter der Nordischen Kunstschule, Bremen, woraus die heutige Hochschule für Künste (HfK) hervorgegangen ist. Er starb am 12. Mai 1953.

Im Auftrag des damaligen Bundespräsidenten Theodor Heuss erhielt »Landwirt Johann Christian Evers, MdL in Anerkennung der um Staat und Volk erworbenen besonderen Verdienste« das Bundesverdienstkreuz erster Klasse. Die Urkunde ist auf den 7. November 1957 datiert. Der niedersächsische Ministerpräsident Heinrich Hellwege übernahm die Ordensverleihung im Hause der Landesregierung in Hannover.[316] Die Titulierung auf der Urkunde war dem Landrat allerdings nicht ganz recht. Evers sandte das Dokument an den Ministerpräsidenten zurück und bat, als Berufsbezeichnung nicht Landwirt, sondern Landrat des Kreises Osterholz eintragen zu lassen. Die Staatskanzlei griff die Angelegenheit tatsächlich auf und wandte sich an das Bundespräsidialamt, erhielt dort aber abschlägigen Bescheid.

1958 wollte Evers die Landwirtschaft des Hofes verpachten. Es fand sich jedoch kein Pächter, denn dieser hätte in dem 200 Meter entfernt liegenden Haus der Halbschwester Tante Bebe, Riesstrasse 42 wohnen sollen. Das schreckte die Interessenten ab. Daraufhin überlegte Evers, dem Pächter eine eigene Wohnung in das vorhandene Wohnhaus einbauen zu lassen. Das wurde ihm wiederum zu teuer.[317] Zum Evers'schen Hof zählten 1957 noch 15 Kühe, zwei oder drei Arbeitspferde, acht oder neun Schweine und Hühner. Zusammen mit den Ländereien von Margarete Plump betrug der Landbesitz 17,3 Hektar Wiesen, Weiden und Ackerland.

Am 14. Dezember 1958 erlitt Christian Evers abends um 21.50 Uhr einen Herzinfarkt. An diesem Tag hatte auch eine Mitgliederversammlung der DP stattgefunden. Erst drei Tage später, am 17., begab Evers sich zur stationären Behandlung ins Bremer St. Joseph-Stift. Der Krankenhausaufenthalt währte drei Monate bis zum 17. März 1959.

Kurze Zeit später fanden Landtagswahlen statt. Evers schrieb anschließend, die Wahl des Jahres 1959 habe ihn abserviert:

Zum Teil mag es daran liegen, daß ich mich selbst an der Wahlvorbereitung nicht beteiligen konnte, zum anderen hat es aber auch daran gelegen, daß ein großer Teil des Bürgertums aus Lauheit und Gleichgültigkeit einfach nicht den Mumm aufgebracht hat, zur Wahl zu gehen. Über 10.000 Stimmberechtigte haben im Landkreis Osterholz ihr Wahlrecht nicht ausgeübt: davon entfällt sicherlich ein erheblicher Prozentsatz auf Stimmen, die für mich in Frage gekommen wären. [...] *Dr. von Merkatz schreibt mir jedenfalls unter anderen Zeilen folgende Worte: »Mein erster Gedanke, als ich das Wahlergebnis erfuhr, war der, daß das Wahlergebnis wahrscheinlich die Verlängerung Ihres Lebens bedeutet. Ich hätte die größten Sorgen um ihre Gesundheit gehabt, wenn Sie in der nächsten Zeit zu ihren landrätlichen Aufgaben wiederum das Mandat eines Abgeordneten hätten übernehmen müssen.* [...]«[318]

Evers ist es offensichtlich sehr schwer gefallen, sein Landtagsmandat abgeben zu müssen. Ironie der Geschichte? Ein zweites Mal wurde Friedrich Verholen (SPD) aus Ritterhude sein Nachfolger in einem öffentlichen Amt.

316 Nl Evers, Personalia, Akte Verleihung Bundesverdienstkreuz und Wiederwahl als Landrat am 9. Dezember 1957. Heinrich Hellwege war von 1955 bis 1959 amtierender Ministerpräsident von Niedersachsen. Er hatte ein Direktmandat der DP aus dem Wahlkreis Stade-Bremervörde. Von 1949 bis 1955 war er Mitglied im Deutschen Bundestag und von Bundeskanzler Konrad Adenauer zum Bundesminister für Angelegenheiten im Bundesrat berufen.

317 Nl Evers, Haus und Hof 1-20.

318 5. Mai 1959. Nl Evers, Diverses.

Im Juni 1960 löste sich die DP-Bundestagsfraktion auf, nachdem 17 DP-Abgeordneten, darunter auch von Merkatz, zur CDU übergewechselt waren. Die restliche DP fusionierte im April 1961 mit anderen Parteien zur Gesamtdeutschen Partei (GDP, DP-BHE[319]). Nach ihrem ersten Bundesparteitag im April berichtete das Wochenblatt »Deutsche Stimmen«:

Die von vielen Deutschen seit langem erhoffte und erwartete Sammlung aller konservativen, nationalen und sozialen Kräfte in der Bundesrepublik Deutschland ist politische Wirklichkeit geworden. [...]

Bei der Bundestagswahl 1961 schnitt die GDP allerdings derart schlecht ab, dass auch Evers keine Aussicht mehr auf Rettung der DP sah. Er schrieb, die GDP habe die Wahl mit »Pauken und Trompeten« verloren, sie sei untergegangen. Über die endgültige Auflösung der DP war Evers schwer enttäuscht. Im April 1962 sah er sich, wie zahlreiche andere Kommunalpolitiker auch, gezwungen, zur CDU zu wechseln.[320] Die CDU nominierte ihn einstimmig zum Kandidaten für die kommende Landtagswahl.

Zeitzeugen, die ihn viele Jahre gut gekannt haben, ließen einfließen, wofür er auch bekannt war: Christian Evers dachte stets »sehr profitlich« und dabei »nicht immer uneigennützig«. Wenngleich diese Eigenschaft sowohl der Gemeinde Ritterhude als auch dem Landkreis sehr zugute gekommen ist, nahm sie gelegentlich doch extreme Ausmaße an. So verzögerte er über Jahre den Ausbau von Ritterhudes Hauptverkehrsader, weil er um den Grundstückspreis einiger weniger Quadratmeter feilschte. 1962 erschien aus diesem Anlass der Zeitungsartikel: »Landrat verhindert Ausbau der Riesstraße«. Er wollte für einen schmalen, vor dem Haus der Schwester an der Riesstrasse 42 gelegenen Grundstücksstreifen partout 32 DM pro Quadratmeter Entschädigung aushandeln. Alle anderen Anwohner hatten ihre Grundstücksstreifen schon Monate zuvor für 5 DM pro Quadratmeter verkauft. Evers begründete sein Verhalten damit, es könne kein Heuwagen mehr vor dem Hoftor wenden. Fakt war allerdings, dass dort schon seit Jahren kein Heu mehr ein- und ausgefahren worden war und es auch nicht so aussah, als ob es jemals wieder dazu kommen würde. Diese Art - ohne Not - zu feilschen, machte Evers in den Augen seiner Mitbürger kleinlich und penetrant. Ein Zeitzeuge berichtete ein weiteres Beispiel seiner dreisten Bauernschläue: Die Gemeinde benötigte zum Bau einer Trafostation[321] ungefähr 50 Quadratmeter ansonsten wertlosen Sumpflandes, das Christian Evers gehörte. Die Gemeinde bot zunächst 10 Pfennige pro Quadratmeter, was seinerzeit schon ein hoher Preis gewesen sein soll. Nach zähen Verhandlungen einigte man sich schließlich auf drei Mark pro Quadratmeter. Beim Notartermin soll Evers dann gesagt haben: »Jahaa, gesagt habe ich drei Mark, gemeint habe ich aber fünf.« Diejenigen, die Landrat Christian Evers noch gekannt haben, werden weitere Geschichten erinnern.

Am 7. April 1964 begab Christian Evers sich auf Anraten seines Arztes für drei Wochen in das Bremer St. Joseph Stift. Einem Jagdfreund vertraute er an, die unangenehmen Herzanfälle

319 Bund der Heimatvertriebenen (BHE).

320 Evers an Gesamtdeutsche Partei (GDP), Kreisverband Osterholz, 27. März 1962 und Evers an Kreisverband der CDU, 21. September 1962. Nl Evers, Diverses. Im Frühjahr 1962 wechselten von 18 Abgeordneten der DP im Niedersächsischen Landtag 16 zur CDU. Die DP verlor im Jahr 1980 ihre Rechtsstellung als Partei, bestand aber als Verein fort.

321 Abkürzung für: Transformatorenstation

hätten sich seit dem 17. November 1962 in immer zunehmendem Maße eingestellt. Sie seien aber nun, am 21. April 1964, seit acht Tagen ausgeblieben. In diesem Brief - einem seiner letzten - bedankte er sich noch einmal herzlich für den ihm zugesandten Katalog einer Geweihschau in Goslar, an der er sehr gern teilgenommen hätte. Hatte der leidenschaftliche Jäger doch im vorangegangenen Herbst im Harz seit langem mal wieder einen Hirsch erlegt.[322]

Am 4. Mai 1964 starb Johann Christian Evers plötzlich während einer Kreisausschuss-Sitzung infolge eines Herzanfalls. Zwei Tage zuvor hatte er in seinem renovierten und neu möblierten Haus in Gesellschaft geladener Gäste seinen 66. Geburtstag gefeiert.[323]

Die Trauerfeier für den weit über die Landesgrenzen hinaus bekannt gewordenen Landrat begann am 8. Mai um 10.30 Uhr in der Aula der Kreisberufsschule in Osterholz. Zahlreiche Trauergäste gaben ihm das letzte Geleit, unter ihnen viel Redner.[324] Um 13.00 Uhr folgte die gemeindliche Trauerfeier in der neuen Friedhofskapelle in Ritterhude mit anschließender Beisetzung.

Eine der unzähligen Beileidsbriefe für die Familienangehörigen lautete:

Euer lieber Vater und Bruder hat sich im Dienst und in der Tätigkeit für seine geliebte Heimat und das Deutsche Vaterland verzehrt. So wird er immer uns vor Augen stehen und sein Andenken uns bewahrt bleiben. Möge Euch in Eurem Schmerz das Lebenswerk Eures Vaters und Bruders ein Trost sein. [...][325]

Mit seinem Lebenswerk mussten sie sich trösten. Um seine Familie hat Christian Evers sich nie viel gekümmert. Seine Tochter Margarete Voss und seine Halbschwester Tante Bebe bewohnten weiterhin, neben den Mieterinnen, bis zu ihrem Lebensende das Haus Riesstraße 19. Margarete Plump, alias Tante Bebe, 1890 in New York geboren, starb am 8. November 1975 im Alter von 85 Jahren. Margarete Voss ließ sich gelegentlich mit dem Taxi in Europas Hauptstädte nach Paris oder Rom chauffieren. Als Alleinerbin ihres Vaters und ihrer Tante verfügte sie über ein bedeutendes Vermögen. Sie starb am 26. April 1997. Testamentarisch hatte sie festlegen lassen, dass der Eingangsbereich des Hauses, das Arbeitszimmer und der Schreibtisch ihres Vaters für die Dauer von neun Jahren nach ihrem Tod nicht verändert werden sollten. Der Schreibtisch ihres Vaters war ihr heilig. Sie muss diesen für sie kaum erreichbaren Vater sehr verehrt haben.

Christian Evers hat an diesem Schreibtisch viele Tage und Nächte seines Lebens verbracht. Er führte leidenschaftlich Buch. Auch darüber legt der Nachlass Zeugnis ab. Jede Rechnung wurde aufbewahrt: über die maßgeschneiderten Anzüge, den Kauf eines Hutes oder eines Pelzbesatzes, Quittungen für das tägliche Insulin seiner Frau, für den Klempner, den Hufschmied, das Dämpfen von Kartoffeln bis hin zu Zuckerrübensamen; Wiegekarten für Kühe und Schweine auf dem Tiermarkt in Bremen, Stundenzettel seiner Tagelöhner, u.v.a. mehr.

322 Evers, 21. April 1964. Nl Evers, Personalia.

323 Zeitzeugin, die an der Geburtstagsfeier teilgenommen hat.

324 Der stellvertretende Landrat Otto Dippe; Regierungspräsident Mierické als Vertreter der Niedersächsischen Landesregierung; Chefarzt Dr. Brandenburger für das Kreiskrankenhaus; Bürgermeister Horstmann für den Verwaltungsrat der Kreissparkasse; Landrat Burfeindt, Bremervörde für die Landräte des Bezirks; Oberkreisdirektor Dr. zum Felde für den Niedersächsischen Landkreistag; Pastor Bennemann; Oberkreisdirektor Gottschalk.

325 Flensburg, 6. Mai 1964. Nl Evers, Personalia.

Die Hotel- und Gaststättenrechungen der Dienstreisen, vor allem nach Hannover, zeigen, dass er sich gern einmal einen Cognac genehmigte. Zahllose Stunden muss er über den Büchern gesessen und gerechnet, gegengerechnet und noch mal kontrolliert haben. Selbst einem langjährigen, landwirtschaftlichen Mitarbeiter, der seinen Stundenzettel in Händen hielt, entgegnete er auf dessen Bitte ihm den Lohn auszuzahlen: »Das muss ich erst einmal prüfen.« Dieser Satz hat sich tief in das Gedächtnis von Zeitzeugen eingeschliffen und klingt bis heute nach. Seine eigenen Rechnungen zahlte Evers gewöhnlich spät. Selbst jahrzehntelange, zuverlässige einheimische Geschäftspartner wie die Ritterhuder Mühle »Garbade und Heilshorn« mussten ihm in den wirtschaftlichen Krisenzeiten für das Mahlen seines Getreides wiederholt Mahnungen schreiben.

Auf dem Hof soll er nie selbst geholfen haben. Die Arbeit erledigten als Hilfskräfte beschäftigte Mägde und Knechte. Christian Evers hielt gern die Fäden in der Hand und sah sich gern im Mittelpunkt. Eine Zeitzeugin erzählte:

»Er war sehr langsam. Er kam immer als letzter. Manchmal war es sehr anstrengend zu warten. Wenn er da war, stand er im Mittelpunkt und es drehte sich alles um ihn. Frau Voss war genau so. Sie kam immer viel zu spät und war plötzlich wieder verschwunden.«

* * *

Die vielen politischen Parteien, denen Christian Evers Zeit seines Lebens angehört hat, bezeugen seine rechtsliberale Gesinnung. »Er verehrte Königshäuser, Adlige und vor allem die Welfen«, so ein langjähriger Kollege.

Nach meiner Einschätzung war Christian Evers kein überzeugter Nationalsozialist. Zum Zeitpunkt seines Parteieintritts im Mai 1933 war er 35 Jahre alt. Er war wortgewandt und agil. In seinem bisherigen Leben waren all seine Bestrebungen und Unternehmungen sehr erfolgreich verlaufen. An Einfluss und Macht interessiert, war er dennoch kein politischer Aktivist. Christian Evers war vor allem ein Verwaltungsmensch. Einen anderen Beruf als den des Bürgermeisters hatte er nicht gelernt. Christian Evers war kein Landwirt: Körperliche Arbeit zu verrichten - das lag ihm nicht. Die Tatsache, einen Hof geerbt zu haben, macht noch keinen Landwirt aus.

Sein Nachlass lässt darauf schließen, dass er die unvorstellbaren Verbrechen gegen die Menschlichkeit während der Nazi-Zeit weder befürwortet noch aktiv unterstützt hat. Wenngleich er sie nicht hätte verhindern können, deutet auch nichts darauf hin, dass er dem Widerstand nahe gestanden hätte.

In seiner Amtszeit als Gemeindevorsteher und während seiner 16-jährigen Landratszeit hat Christian Evers sich stark für den Wohnungs-, Straßen- und Wegebau engagiert. Evers ließ viele landwirtschaftliche Wege befestigen. Mit Pferd und Wagen hatte man die nassen Wiesen und Felder noch erreichen können, doch mit den Maschinen war das nicht mehr möglich. Die Bauern dankten es ihm. Er hatte viele Freunde im Umland und war bei der Dorfbevölkerung sehr beliebt: Mit leuchtenden Augen hieß es: »unser Landrat«.

Als Mitglied des niedersächsischen Landtages hat er sich in der Landeshauptstadt Hannover mit allen ihm zur Verfügung stehenden Mitteln für die Interessen des Landkreises Osterholz eingesetzt und dabei viel erreicht, wovon ein Kreiskrankenhaus und Schulen im gesamten Landkreis Zeugnisse sind.

Über einen Zeitraum von 26 Jahren hat er das Gemeindeleben von Ritterhude maßgeblich mit geprägt. Zur Zeit der Weimarer Republik, als Ritterhudes Gemeindeausschuss mehrheitlich durch die SPD besetzt war, wurde er vom linken und rechten Parteienspektrum zum Gemeindevorsteher gewählt.

Es ist das große Verdienst des damals 21-jährigen Gemeindevorstehers Christian Evers, nach dem Ersten Weltkrieg den zerrissenen Freundschaftsfaden mit den seinerzeit in New York lebenden Ritterhuder Ehrenbürgern, den Brüdern Ries, neu geknüpft zu haben. Er war es, der Hermann und John F. Ries und ihre Schwester, die Ehrenbürgerin Marie Bergmann, zu den großzügigen Stiftungen im Wert von insgesamt rund 1,5 Millionen Goldmark motiviert hat. Bis heute prägen die fünf markanten Gebäude entlang der nach den Geschwistern benannten Riesstraße das Ortsbild von Ritterhude. Das letzte Projekt hatte zähe Verhandlungen erfordert. Es gelang Evers, den Geschwistern, die ihr Geld auch anderweitig angelegt hätten, eine weitere Stiftung abzuringen: die bis heute bestehende Hundertjährige Ries-Stiftung. Ohne sie wäre der Erhalt der schon vorhandenen Gebäude nicht möglich gewesen.

Christian Evers' Initiativen trafen bei den Brüdern auf fruchtbaren Boden. Ihre starke Heimatverbundenheit und eine tief empfundene Dankbarkeit den Eltern gegenüber machte sie für seine Vorschläge empfänglich. Den Brüdern Ries war bewusst, dass sie ihr erfolgreiches Leben auch ihren Eltern und ihrer Heimatgemeinde verdankten.

* * *

Christian Evers würde sich über die Auswertung seines Nachlasses vermutlich sehr gefreut haben. Seine Mühe, von vielen handgeschriebenen Briefen Abschriften anzufertigen und diese gelegentlich mit erklärenden Anmerkungen zu versehen, hat sich damit gelohnt. Ohne diese aufwendige Schreibarbeit hätten wir nichts darüber erfahren, wie die Ries-Stiftungen entstanden sind und wie der über 26 Jahre amtierende Gemeindevorsteher und Bürgermeister von Ritterhude 1948 Landrat von Osterholz geworden ist.

Dennoch: Geschichte kann nur berichten, was schriftlich oder mündlich überliefert ist. Wir wissen nicht, was wir alles nicht wissen.

Abb. 50: Landrat Evers beim Abflug nach England. Hannover, 1951.

Abb. 51: Sielbau an der Einmündung der Beek in die Hamme. Ritterhude, 50er-Jahre. Vorn rechts: Landrat Evers.

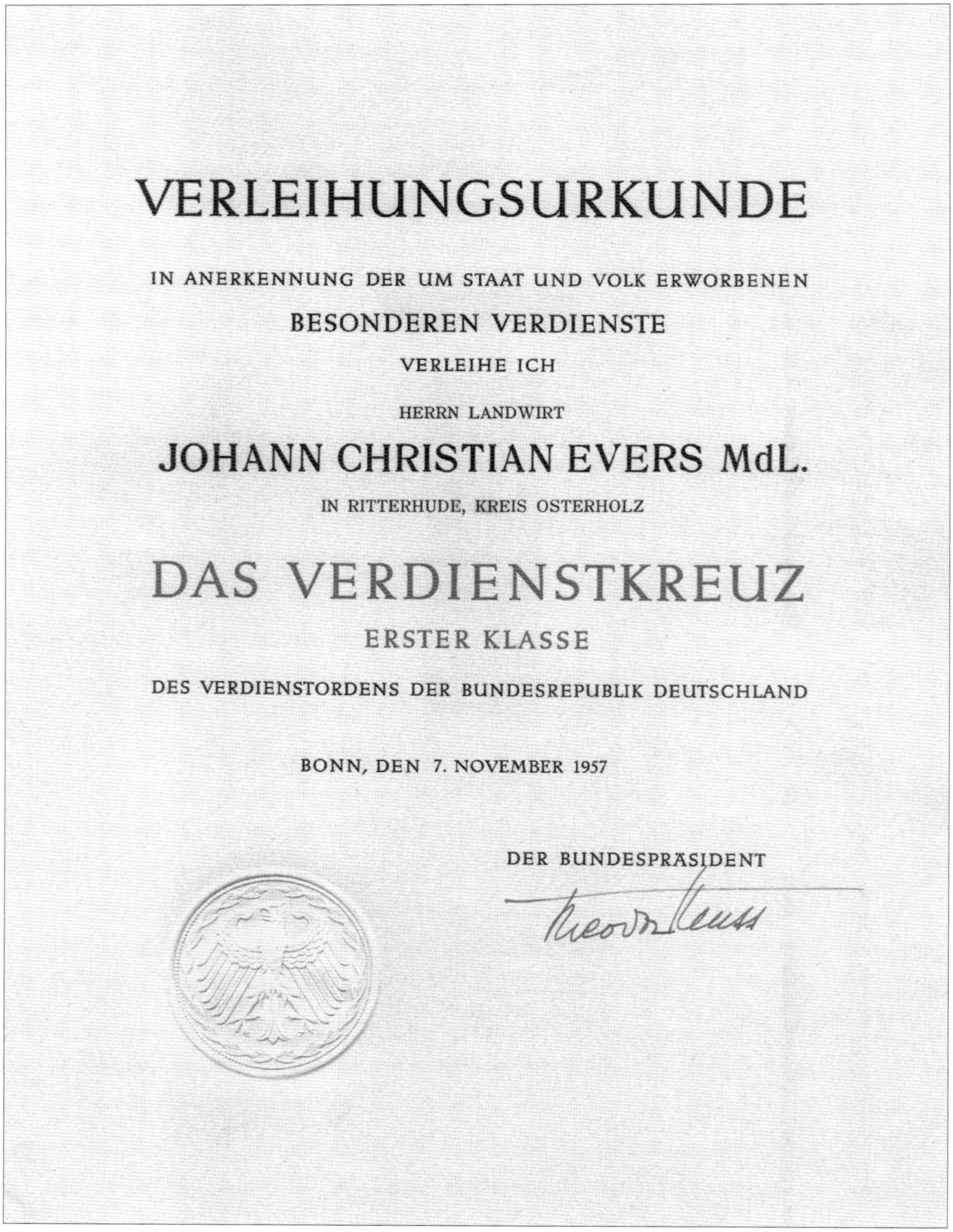

VERLEIHUNGSURKUNDE

IN ANERKENNUNG DER UM STAAT UND VOLK ERWORBENEN

BESONDEREN VERDIENSTE

VERLEIHE ICH

HERRN LANDWIRT

JOHANN CHRISTIAN EVERS MdL.

IN RITTERHUDE, KREIS OSTERHOLZ

DAS VERDIENSTKREUZ

ERSTER KLASSE

DES VERDIENSTORDENS DER BUNDESREPUBLIK DEUTSCHLAND

BONN, DEN 7. NOVEMBER 1957

DER BUNDESPRÄSIDENT

Theodor Heuss

Abb. 52: Am 4. Dezember 1957 erhielt Landrat Christian Evers im Gästehaus der Landesregierung in Hannover vom Niedersächsischen Ministerpräsidenten Heinrich Hellwege das Bundesverdienstkreuz 1. Klasse verliehen. Unterschrift: Der Bundespräsident Theodor Heuss.

Abb. 53: Margarete Evers im Januar 1937.

Abb. 54: Das noch heute an der Riesstraße gelegene Wohnhaus von Landrat Christian Evers. April 1964.

Quellenverzeichnis:

Nachlass (Nl) Evers:
Nl Evers Bergmann/Ries-Briefe (BRiesBr) 1-40.
Nl Evers Korrespondenz mit Verwandten (Kor.m.Verw.) 1-20.
Nl Evers Korrespondenz mit Bekannten (Kor.m.Bek.) 1-12.
Nl Evers, Haus und Hof 1-20.
Nl Evers, Personalia.
Nl Evers, Diverses.
Nl Evers, Fotos.
Nl Evers, 20er Jahre.
Nl Evers, Akte Entnazifizierungsverfahren, Berufungsverfahren, 1946-48.
Nl Evers, Akte Entnazifizierungsverfahren, Diverses: Fragebögen der Militärregierung, Internierung, Leumundbriefe, Zeitungsartikel, 1946-1948.
Nl Evers, Akte Entnazifizierung, Vorstellungsverfahren Christian Evers, Ritterhude, Hauptstr. 447, 1946-47.
Nl Evers, Akte Lageberichte des Landkreises an die Britische Militärregierung, 1949-1951.
Nl Evers, Akte Angriffe der SPD gegen meine Wahl zum Landrat am 30. Dezember 1948.
Nl Evers, Zeitungsartikel 1927 bis 1950.
Nl Evers, Verleihung Bundesverdienstkreuz und Wiederwahl als Landrat am 9.12.1957.

Gemeinde Ritterhude:
Akte Rathausbau
Fotos

Archiv der St. Petri-Domkanzlei, Domarchiv Bremen (DAB):
DAB H.2.c. Nr. 1-5 Legate und Stiftungen 1935 -1943.
DAB Marie Bergmann-Stiftung Akte 462-1.5.2 Vermietung Kornstr. 155.
DAB Marie Bergmann Stiftung Akte 462-1.5.3 Vermietung Kornstr. 153/155/Claudiusstr.
DAB Marie Bergmann Stiftung Akte 462-1.6 Haus Fehrfeld 42 1968.
DAB 363-4, St. Petri Waisenhaus 1938 -1966.

Staatsarchiv Bremen (StA Bremen):
StA Bremen, Bremer Adressbuch, Einwohner-, Straßen- und Branchenverzeichnisse 1869 bis 1936.
StA Bremen, Bremer Handelsregister 1, Personalgesellschaften, Bd. 3, Handelsregisterbuch 1872.
StA Bremen, Häuserakten.

Verein für Blinde, Bremen:
Protocolle der Vorstandssitzungen des Vereins für Blinde. 1896 bis 1968.

Archiv der New York Times.
Archiv der New York Tribune.
The New York Historical Society, New York.
The New York Public Library, Astor, Lenox and Tilden Foundations, New York: Milstein Division, Digital Gallery.

Literaturverzeichnis:

Monographien:

Balz, Hanno: Die »Arisierung« von jüdischem Haus- und Grundbesitz in Bremen. Schriftenreihe Erinnern für die Zukunft. Herausgegeben von »Erinnern für die Zukunft e.V.«. Bremen 2004.

Cassel, Dietbrandt: Ritterhuder Chronik. Osterholz 1971.

Friedländer, Saul: Das Dritte Reich und die Juden. Bd.1: Die Jahre der Verfolgung 1933 bis 1939. München 2000.

Hauser, Andrea: Ritterhuder Frauen erzählen über Arbeit, Liebe, Freizeit und Konsum 1939 -1999. Gemeinde Ritterhude (Hrsg.) 2002.

Hotel Savoy Illustrated. Fifty-Ninth Street and Fifth Avenue, New York City. Designed, Compiled and Arranged by O. D. Kisner. New York o.J.

Lange, Bernhard: Chronik der Polizei Ritterhude. Ritterhude 1978.

Meyer-Korte, Jürgen und Metzing, Rolf: Ritterhude. Osterholz-Scharmbeck 1983.

Peters, Fritz: Zwölf Jahre Bremen 1933-1945. Herausgegeben von der Historischen Gesellschaft in Bremen, Bremen 1951.

Müller, Helga und Kurt (Hrsg.): Ritterhude in alten Ansichten. Europäische Zentralbibliothek - Zaltbommel/Niederlande 1980.

Schütze, Ernst: Beiträge zur Geschichte der Ritterhuder Kirche. Unveröffentlichtes Manuskript.

Schwarzwälder, Harry: Der Bremer Bürgerparkverein und seine Brücken. Unveröffentlichtes Manuskript.1986-1989.

Wriedt, Karl-Heinz: Bald Leid, bald Freud. Die Geschichte der Stiftung St. Petri Waisenhaus von 1692 in Bremen. Herausgegeben im Eigenverlag: Stiftung St. Petri Waisenhaus v. 1692 in Bremen 1992.

Aufsätze und Artikel in Periodica, Sammelbänden und Tageszeitungen:

Berhorst, Ralf: Die Stunde der Spekulanten. In: GEOEpoche, Die Weimarer Republik, Heft Nr. 27, Januar 2007, S. 89 bis 99.

Budde, Hans mit Schotge, Günter: Bremer Baumeister Prof. Oskar Leopold Schuckmann und sein Sohn Georg Friedrich August Schuckmann, in: Der Aufbau. Bürger und Stadt. 52. Jahrgang, Heft 1, Bremen, Juni 1997, S. 17-19.

»Christian Evers bleibt Landrat.« In: Weser Kurier, 4. Januar 1950.

»Ein Wohnhaus als Denkmal«. In: Weser Kurier, 16. August 1956.

Evers, Christian: Die Entwicklung der Gemeinde Ritterhude vom Jahre 1900 bis zum Jahre 1929. In: Volkskalender 1930. Volks-Zeitung für die Kreise Blumenthal, Osterholz und Stadt Vegesack. 88 S. Hier: S. 82-85. Vgl. auch: Originalmanuskript von 1929. Nachlass Evers, Diverses.

Jungclaussen, John F.: Sturz ins Bodenlose. Die Währungskrise von 1923 und ihre Ursachen. In: ZEITGeschichte, 1918 Aufbruch in die Weimarer Republik, Heft Nr. 3, 2008, S. 52-58.

»Landrat Evers wiedergewählt.« In: Osterholzer Kreisblatt, 3. Januar 1950.

Mohrmann, Hans.: 40 Jahre Riesschule und was nun? In: Ritterhuder Monatsblätter Nr. 8, 20. August 1970.

Ders.: Die Brüder Ries. Wohltäter für Ritterhude. In: 50 Jahre Riesschule Ritterhude 1930 -1980. S. 5-7. Und: Ritterhuder Monatsblätter, März 1970.

Müller, Helga: Ein Denkmal für die Brüder Ries. In: Ritterhuder Heimat- und Bürgerzeitung, 21.06.1989 mit Fortsetzungen: 06.09, 11.10., 08.11., 13.12.1989 und 17.01., 14.02., 14.03., 23.05., 20.06., 29.08.1990.

Dies.: Auswanderung nach Nordamerika. In: Ritterhuder Hefte Nr. 7, 1985, S. 3-15.

Dies.: Namen von Auswanderern. In: Ritterhuder Hefte Nr. 7, 1985, S. 42-48.

Dies.: Ein großes Dorf braucht eine Apotheke. In: Ritterhuder Hefte Nr. 9, 1987, S. 38-48.

Dies.: Verdiente Ritterhuder Kommunalpolitiker. Georg Evers. In: Ritterhuder Hefte Nr. 21, 1999, S. 17-25.

Dies.: Verdiente Ritterhuder Kommunalpolitiker. Johann Christian Evers. In: ebd., S. 40-47.

Dies.: Beiträge zur Ortsgeschichte 1997, in: Ritterhuder Heimat- und Bürgerzeitung, 12. März 1997.

Müller, Kurt: Von der Eimerkette zur Freiwilligen Feuerwehr. In: Ritterhuder Hefte Nr. 13, 1991, S. 3-17.

Ders.: Die Ries-Gebäude und ihre Architekten. In: Ritterhuder Hefte Nr. 19, 1997, S. 39-48.

Ders.: Deichbau an Hamme und Wümme. In: Ritterhuder Hefte Nr. 20, 1998, S. 32-40.

Rode, Lutz: Dammgut ziert den 75-Pfennig-Schein. Gemeinde ließ 1921 Notgeld drucken. In: Osterholzer Zeitung, Nr. 150, 30. Juni 2007.

Schnackenberg, Heinrich: Zur Geschichte der Schule. In: 50 Jahre Riesschule Ritterhude 1930 -1980. S. 9-21. Und: Ritterhuder Monatsblätter, Nr. 8, August 1970.

Schotge, Günter: Die Rathausseite. In: Ritterhuder Heimat- und Bürgerzeitung, 13.11.1996.

Schütze, Ernst: Ritterhuder Vorfahren der Gebrüder Ries. In: Ritterhuder Hefte, Nr. 3, 1981, S. 26-31.

Ders.: Beiträge zur Geschichte der Ritterhuder Kirche, V. Teil. In: Ritterhuder Hefte, Nr. 20, 1998, S. 3-22.

Ulrich, Peter: Der Domprediger Oscar Mauritz (1867-1958). In: Pastoren in Bremen. Lebensbilder aus dem 19. und 20. Jahrhundert. Peter G. Gross (Hrsg.). S. 93-109. Schriftenreihe der Stiftung Bremer Dom, e.V., Band 2. Bremen 2007.

Jubiläumshefte:

50 Jahre Rathaus Ritterhude. Gemeinde Ritterhude Hrsg., 1978.

50 Jahre Riesschule Ritterhude 1930-1980. Gemeinde Ritterhude Hrsg., 1980.

Overath, Margot: Interview mit Margarete Voss, geb. Evers und Bürgermeister Arnold Schölzl am 21. Januar 1992. Unveröffentlichtes Manuskript.

Internetadressen:

Officer, H. Lawrence and Williamson, Samuel H.: Purchasing Power of Money in the United States from 1774 to 2007, Measuring Worth.Com, 2008. www.measuringworth.com

Datenbanken:
www.schiffslisten.de
www.ellisisland.org

Dank

Ich bedanke mich bei der Gemeinde Ritterhude, die den Auftrag zu dieser Dokumentation gab. Vor allem danke ich Bürgermeisterin Susanne Geils und ihrer Stellvertreterin Ute Schmidt für das mir entgegengebrachte Vertrauen. Es ist der Initiative und dem Engagement von Ute Schmidt zu verdanken, dass der Nachlass von Christian Evers ausgewertet und die historisch wertvollen Briefe herausgegeben werden konnten.

Ohne die finanzielle Unterstützung der Rolf und Hannelore Kähler-Stiftung hätte das Buch in dieser Form nicht publiziert werden können. Hannes Windhorst danke ich für sein Interesse und seine überzeugende Vermittlung.

Mein herzlicher Dank gilt den Zeitzeugen Arnold Schölzl, Kreistagsmitglied und Bürgermeister a.D. und Maria Lürßen, ehemalige Ratsfrau und Tochter von Arend Lürßen. Der Austausch mit ihnen war von großer Bedeutung für die biografische Skizze über Christian Evers. Maria Lürßen möchte ich noch einmal ganz herzlich für all ihre Unterstützung danken. Einzigartige Hilfestellung gab mir Doramaria Mohr. Weitere Zeitzeugen haben sich telefonisch gemeldet. Auch Ihnen danke ich für ihr Vertrauen und ihre wertvollen Hinweise.

Mit vielen Anregungen und inspirierenden Gesprächen hat Bauamtsleiter Günter Schotge das Projekt kontinuierlich begleitet. Sein großes Interesse an der Geschichte von Ritterhude ist dieser Dokumentation sehr zugute gekommen. Ist es doch sein Verdienst, dass er die Akte Rathausbau vor wenigen Jahren vor der Vernichtung bewahrt hat. Ohne sie hätte die Stiftungsgeschichte in dieser Ausführlichkeit nicht geschrieben werden können.

Helga Müller und Familie Udo Schuckmann danke ich für die ausführlichen Gespräche und die Einsichtnahme in ihre Privatunterlagen. Margot Overath danke ich sehr herzlich für die Überlassung ihres Interviews mit Margarete Voss.

Für freundliche Auskunft danke ich außerdem den Archivaren, Archivmitarbeitern und Privatpersonen: Frau Jannowitz, Kreisarchiv Osterholz, Dr. Hoffmann, Domarchiv Bremen, Dr. Lange, St. Petri Domgemeinde, Bremen, Frau Breitenfeldt, Staatsarchiv Bremen, Jill Slaight, New York Historical Society, den Mitarbeitern der New York Public Library, Herrn Slowiak, Dr. Noltenius, Herrn Jürgen Albrecht, Verein für Blinde, Bremen, Schwester Jenny Dreier vom Evangelischen Diakonissenmutterhaus, Gröpelingen, Herrn Damke, Bremer Bürgerparkverein.

Mein herzlichster Dank gilt meinen Kolleginnen und Kollegen im Ritterhuder Rathaus, die mich auf vielfältige Weise unterstützt und das Buch mit auf den Weg gebracht haben.

Ulrike Hartung, Ritterhude, November 2008